菊池信彦［編著］
Nobuhiko Kikuchi

人文学を社会に開くには。

パブリックヒューマニティーズから考え・行動する

Opening the Humanities to Society: Thinking and Practicing through Public Humanities

菅豊
岡本充弘
松田陽
池尻良平
関谷雄一
佐藤二葉
川上郁雄
橋本雄太
盛山和夫
青木眞兵
Thomas Cauvin
徳原拓哉
矢野浩二朗
光平有希
北村紗衣
石棒クラブ
三好清超
山野弘樹
小林蓮香
上原惇
大川内直子
柳原伸洋
大谷哲
藤野裕子
堀井洋
内山大介
河西秀哉
五月女賢司
堀井美里

庄子大亮
福島幸宏

文学通信

●目次

はじめに［菊池信彦］ 5

第1部　パブリックヒューマニティーズ／公共人文学の現在地

01　パブリックフォークロアを支える理念
　　―協働、共有されたオーソリティ、対話主義―［菅　豊］ 19

02　パブリック（ス）とパブリックヒストリー［岡本充弘］ 41

03　パブリックアーケオロジーと考古学の公共性［松田　陽］ 55

04　公共人類学と協働の民族誌［関谷雄一］ 67

05　デジタルパブリックヒューマニティーズの実践とその課題［菊池信彦］ 83

06　ディスカッション［菊池信彦×菅　豊×岡本充弘×松田陽×関谷雄一］ 99

第2部　現在地を多様な立場から考える

07　公共社会学の挑戦―よりよい共同性を求めて―［盛山和夫］ 123

08　公共日本語教育学の理論と実践［川上郁雄］ 141

09　パブリックヒストリーにかかる議論［トマ・コヴァン（徳原拓哉訳）］ 157

第3部　人文学を社会で実践する

#発信する

10　「人文知コミュニケーション」を考える
　　―研究機関発信にみるパブリックヒューマニティーズ―［光平有希］ 185

11　Philosophy for everyone の理念とその実践［山野弘樹］ 191

12　小さなミュージアムの大きな野望
　　［石棒クラブ（三好清超、上原　惇、小林遼香）］ 197

#描く／書く

13　漫画を通じた歴史実践［佐藤二葉］ 203

14　神話継承・受容の研究動向から感じること［庄子大亮］ 209

15　研究成果をもっとウィキペディアに！
　　―学会、図書館、博物館との連携―［北村紗衣］ 215

3

#展示する

16 東日本大震災を起点とした博物館活動と社会実践［内山大介］ 221

17 COVID-19 に関する博物館展示を通じた人文学の発信［五月女賢司］ 227

#場を作る

18 山村で自宅を図書館として開くということ
—人文系私設図書館ルチャ・リブロの実践から—［青木真兵］ 237

19 シチズンサイエンスとアジャイルソフトウェア開発
—「みんなで翻刻」の取り組みを通じて—［橋本雄太］ 243

#体験する

20 VR とメタバースを人文学教育に活用する—その方法と課題—［矢野浩二朗］ 249

21 ゲームを通じて歴史学者の思考を体験する［池尻良平］ 255

22 街歩きを通じた人文学の発信
—「まいまい京都」での実践を通じて—［福島幸宏］ 261

#活かす

23 文化人類学の「応用」としての起業と実践［大川内直子］ 271

24 AMANE の取り組み
—人文系学術専門人材が活躍できる社会の実現を目指して—［堀井 洋］ 279

#楽しむ

25 歴史的な奥行きを考えるおもしろさ
—過去と現在との対話としての記念碑遠足のススメ—［柳原伸洋］ 285

26 歴史フェス、はじめました—歴史を楽しみたい すべての人へ—
［歴史フェス実行委員会（大谷 哲、河西秀哉、菊池信彦、福島幸宏、藤野裕子、堀井美里）］ 293

あとがき［菊池信彦］ 299

執筆者プロフィール 300

はじめに

菊池信彦

人文学を社会に開くには

人文学を社会に開くにはどうすればよいのか。

このように問うと、人文学はすでに開かれている、あるいは、そもそも開いているのが前提だと思われるかもしれない。確かに、人文学の研究者は研究成果を本にまとめ、世に送り出してきたのであって、人文学を開いてきたと言える。あるいは、社会に開くことをわざわざ問題にせずとも、本にまとめて発表するのは当たり前のことなのであって、むしろその成果をまとめるまでの過程に注力すべきだという意見もあるかもしれない。それらはもっともな意見ではあるが、しかし、本にまとめ、社会に成果を還元するということをこれまで連綿と行ってきたのにも関わらず、人文学は「役に立たない」、もっと社会の課題解決に貢献を、あるいはイノベーションを生み出せと求められ続けている現状もまた否定できないだろう。

このような人文学不要論あるいは人文学に対する逆風を背景に、人文学の復権を目指すような本が多数刊行されている。ここ 10 年ほどの間に刊行された「人文学」をタイトルにもつ本を検索してみると、例えば『人文学と制度』（西山雄二編、未来社、2013 年）や『人文学概論：新しい人文学の地平を求めて』（安酸敏眞著、知泉書館、2014 年、増補改訂版は 2018 年）、『人文学宣言』（山室信一編、ナカニシヤ出版、2019 年）など、現代における人文学を論じるうえで重要な著作が次々と刊行されており、もちろんここに挙げきれないほど多数の成果が存在する。しかし、そ

れらをやや強引にカテゴリー分けしてみると、文学部の教員が、人文学を学ぶ意義について、特に新入生や高校生に向けてそれぞれの研究分野から論じるものであったり、社会において、あるいは、大学という組織において人文学が存在する意義を論じるものであったり、はたまた、人文学そのものを対象にその歴史的形成過程を論じたり、近年では人文社会科学研究の評価やインパクトを論じたりするものも登場している。

　もちろん、筆者はこれらの成果を批判しようというのではない。いずれの成果も、現代における人文学の意義を考える極めて重要なものである。だがその一方で、人文学を論じる際に、人文学とは何であって、どのような意義があるのか、人文学の研究者はどのようなことを考えているのかを説くことに力点が置かれ、人文学をど・の・よ・う・に・し・て・社会へ発信していけばよいのか、社会とど・の・よ・う・な・関係を取り結べばよいのかといったことは、積極的な論点となっていないままではないだろうか。本書の題名『人文学を社会に開くには。』は、そのような問題意識に基づくものであって、人文学の何を開くのかではなく、どのように開くのか、その開き方そのものを問う姿勢を示すものである。

「スイミー化」を目指すためのパブリックヒューマニティーズ

　人文学を社会に開くにはどうすればよいのか。本書はその手掛かりを「パブリックヒューマニティーズ」（Public Humanities）から考えていくものである。

　パブリックヒューマニティーズとは、人文学の研究成果を研究者だけでなく社会に向けて発信し、人文学の研究活動を通じ市民と対話し、そしてその活動に市民を巻き込んでいこうとする実践を伴った研究領域を指す。すなわち、人文学を社会に開くにはどうすればよいのかという問いを正面から考え、そして実践するものである。しかし、パブリックヒューマニティーズは、すでに諸外国では一定程度確立した研究領域であるものの、本書の第１部及び第２部の各論でも論じられるように、日本では人文学の諸分野――歴史学や民俗学など――を中心に行われてきた。そのため、各分野におけるパブリック〇〇／公共〇〇学――例えばパブリックヒストリーなど――が中心となっており、人文学

6

全体を覆うパブリックヒューマニティーズは、少なくとも日本においては、成立しているとは言い難い状況にある。

だが、ともかくも人文学の個別領域におけるパブリックヒューマニティーズが既に存在しているのであれば、わざわざその上に包括的な概念としてパブリックヒューマニティーズをいまさら設定するのは屋上屋を架すものであり、必要ないのかもしれない。しかし、これまで個々の成果を発信し、それぞれの学問領域を社会に開いていく試みが行われてきたにもかかわらず、やはり依然として「人文学の危機」が続いているのだから、個々の研究実践が集まって一つの大きな形を示す時期に来ているのではないだろうかとも思われる。いわば、「スイミー化」である。

ここでいう「スイミー化」とは、個々の学問領域におけるパブリック〇〇／公共〇〇学を包含し、まとまりをつくるということである。レオ・レオニの『スイミー』（谷川俊太郎訳、好学社、1969 年）は、教科書にも収録されているお話であり、よく知られているだろう。『スイミー』では、岩かげに隠れる赤い魚たちが集まり「うみで いちばん おおきなさかなの ふりして」[1]、大きな魚を追い出した（図 1 参照）。それと同様に、パブリックヒューマニティーズも、人文学に対する否定的で破壊的な見解や意見に対して、まとまりをつくることで、大きな魚を追い出すことができる――かもしれない。

まとまりをつくることは、同時に、それぞれのパブリック〇〇／公共〇〇学の研究実践を共有し、議論する場を作ることにも貢献することができる。これは、編者の論考（第 1 部第 5 章参照）で触れている、デジタルヒューマニティーズ（Digital Humanities）における「方法論の共有地」（Methodological Commons）という前例からも指摘できることである[2]。「方法論の共有地」がデジタルヒューマニティーズの成立と発展に寄与したのと同様に、それぞれのパブリック〇〇／公共〇〇学

1 　レオ・レオニ著、谷川俊太郎訳『スイミー』好学社、1969 年、24 頁。
2 　「方法論の共有地」については次も参考になる。
　永崎研宣「デジタルアーカイブの内実はどう表現されるべきか？：DA に関する議論の基盤構築に向けて」『デジタルアーカイブ学会誌』5(s1), 2021, pp.s86-s89.

で積み重ねられてきた、人文学を社会に開くための「方法論の共有」を通じて、研究領域としてのパブリックヒューマニティーズの基盤を作ることにつながりうると考えられるのである。

人文学の諸領域における研究実践がパブリックヒューマニティーズとして

図1：スイミー

まとまることで、人文学のインパクトを増し、人文学の存在意義の認知向上や人文学を修めた学生のキャリアパスの拡大あるいは研究者の育成へとつながり、これまで以上に「人文学の危機」へ対応することができるはずである。そのことは同時に、人文学の研究と実践を、職業研究者に限らずその先にある社会へと広げ、人文学の担い手を拡大することにもつながるだろう。

本書は、人文学を社会にどのように開けばよいのかを、個々の学問領域ではなく人文学総体として取り組んでいくために、パブリックヒューマニティーズから考え、実践することを提案するものである。そのためにもまずはそのパブリックヒューマニティーズの確立に向けて、さまざまなパブリック○○／公共○○学がどこから来て、現在どのような状況にあり、そしてパブリックヒューマニティーズ／公共人文学としてまとまる余地はあるのかどうか。個々のパブリックヒューマニティーズ／公共人文学の実践には、どのような取り組みがあり、それを実践する方々はどのような考えからそれを行っているのか。これらをテーマとした理論的な論文と実践的なコラムをまとめることで、パブリックヒューマニティーズの「現在地」を示すとともに、今後の確立に向けた検討を始めるスタート地点となることを、本書は目的としている。

本書の構成

本書は大きく三つの部に分かれる。**第1部「パブリックヒューマニティーズ／公共人文学の現在地」**は、2021年11月12日に、関西大学アジア・オープン・

リサーチセンター（KU-ORCAS）がパブリックヒストリー研究会と共催で開催したオンライン研究集会「日本におけるパブリックヒューマニティーズ／公共人文学の現在地」をベースにしている[3]。この第1部には、KU-ORCAS の研究集会での菅、岡本、松田、関谷の各氏、そして編者の菊池が、それぞれの専門分野におけるパブリック◯◯／公共◯◯学に関して報告した内容をまとめている。また、研究集会の発表後のディスカッションの記録も収録している（図2）。

菅豊による**第1章「パブリックフォークロアを支える理念：協働、共有されたオーソリティ、対話主義」**は、パブリックセクターと絡み合うパブリックフォークロアの歴史を紐解きながら、アメリカ民俗学のなかでパブリックフォークロアが大きな潮流の一つに成長していく様子を描いている。さらに、現代のパブリックフォークロアの基本理念を、副題に掲げた三つの観点——協働、共有されたオーソリティ、対話主義——から解説する。これらの基本理念をもとに、公共機関（パブリックセクター）という権力機構との緊張感のある関係を築くことが、「文化の仲介者」（cultural brokers）としてのパブリックフォークロリストの役割だと、菅は指摘する。

岡本充弘による**第2章「パブリック（ス）とパブリックヒストリー」**は、歴史学におけるパブリックヒストリーについて、その基本的な枠組みと問題点を論じている。岡本は、パブリックヒストリーが、「アカデミアの歴史を外部の人々に伝えること」だとする考えから、「普通の人々をアカデミアが作る歴史を受容する客体としてではなく、歴史を作りだしている主体であるとみなし」（45頁）、その「普通の人々」である複数形のパブリック——パブリックス——によって担われる歴史へと関心を寄せるようになっていく様子を描く。

第3章「パブリックアーケオロジーと考古学の公共性」では、松田陽が考古学の公共性を問うパブリックアーケオロジーについて、その歴史的経緯を踏まえながら、「教育的、広報的、多義的、批判的という四つのアプローチ」から、

3　KU-ORCAS が研究集会「日本におけるパブリックヒューマニティーズ／公共人文学の現在地」を開催 . 関西大学 . https://www.kansai-u.ac.jp/ja/about/pr/topics/2021/11/post_63628.html,（アクセス日：2024-07-19)

現在のパブリックアーケオロジーの考え方を整理して紹介する。最後にパブリックアーケオロジーが有する他のパブリック○○／公共○○学とは異なる特徴も指摘する。

関谷雄一は、**第4章「公共人類学と協働の民族誌」**において、「この10年余りの間に著者が公共人類学的に取り組み、研究者や現地の人々と協働で取り組んできた民族誌のかたちを具体的に示す」（68頁）として、東日本大震災からの復興活動にかかわる公共人類学の活動を紹介している。第3章までの各論が主に学問史的観点からそれぞれのパブリック○○／公共○○学を論じたのとは対照的に、関谷自身の実践に焦点が当てられている。

菊池信彦による**第5章「デジタルパブリックヒューマニティーズの現状と課題」**では、デジタル技術を活用したパブリックヒューマニティーズ、すなわちデジタルパブリックヒューマニティーズをテーマに、幅広い観点からその現状をまとめている。特にデジタルパブリックヒューマニティーズの実践で重視されるクラウドソーシングという手法について、自身の実践経験を踏まえて、その課題を指摘している。

第6章「ディスカッション」では、第1章から第5章までの報告を踏まえながら、研究集会当日のフロアを交えた議論を収録している。ディスカッションでは、「パブリック○○あるいは公共○○学における専門知の役割」「パブリックヒューマニティーズによる地域社会の課題解決は可能か」「反知性主義との関わり」「パブリックヒューマニティーズ／公共人文学に向けて」の大きく4つのテーマが議論されている。

第2部「現在地を多様な立場から考える」は、KU-ORCASの研究集会で取り上げることができなかった、公共○○学をすでに有する二つの分野、すなわち社会学と日本語教育学の論考を収め、さらに欧米のパブリックヒストリーの概説論文を収録している。

盛山和夫による**第7章「公共社会学の挑戦：より良い共同性を求めて」**では、盛山自身が定義する「『共同性という公共的価値』を探究する学問」としての公

共社会学と、アメリカで 2000 年代初頭に提唱された公共社会学を比較整理し、「『公共』とか『public』の語が使われているからといって、同じことが意味されているわけではない」（130 頁）と指摘する。これは本論集全体にも当てはまる重要な指摘であろう。さらに盛山は、自身の考える公共社会学について、社会学の中に位置づけながら考察を深めている。

第 8 章「公共日本語教育学の理論と実践」は、川上郁雄が盛山らの論を引きながら、日本語教育学に「公共性」という視点を導入し、「やさしい日本語」をめぐる論点を参照しながら、公共日本語教育学を理論的に、そして実践を交えて定義づけていく試みである。

図 2：KU-ORCAS 研究集会「日本におけるパブリックヒューマニティーズ／公共人文学の現在地」フライヤー[4]

---

4 【11 月 12 日開催】KU-ORCAS2021 研究集会のお知らせ. 関西大学アジア・オープン・リサーチセンター. https://www.ku-orcas.kansai-u.ac.jp/news/20210922_874/,（アクセス日：2024-07-29.）

第9章「パブリックヒストリーにかかる議論」（トマ・コヴァン著、徳原拓哉訳）は、これまでの各論とは異なり、日本を視点から外し、海外の状況を論じている。世界的なパブリックヒストリーの潮流を作っているひとりであるトマ・コヴァン（Thomas Cauvin）が、アメリカにおけるパブリックヒストリーの成り立ちとその後の世界的な広がり、そしてパブリックヒストリーの重要概念やデジタルパブリックヒストリーを含めて、概説的に論じている。内容としては第2章の岡本論文に響きあうものであるため、あわせてお読みいただくことをお勧めしたい。

第3部「人文学を社会で実践する」は、パブリックヒューマニティーズの実践に焦点を当てた、17点のコラムを集めた。人文学を社会に開く活動を行っている方々に、それぞれの実践内容や考え、あるいは思いなどを寄稿していただいた。そして、編者がそれぞれの実践内容を表現する「動詞」を措定し、これをもとに7つにグルーピングを行い配置している。

一つ目は「発信する」である。まず光平有希が、「『人文知コミュニケーション』を考える：研究機関発信にみるパブリックヒューマニティーズ」と題し、人間文化研究機構の人文知コミュニケーターとして行った、国際日本文化研究センターのパブリックヒューマニティーズに関わる活動を紹介している。次いで、山野弘樹が、「Philosophy for everyone の理念とその実践」と題して、東京大学のUTCP（共生のための国際哲学研究センター）での、哲学の意義と魅力を社会に伝える取り組みについて論じている。二つとも研究機関や大学組織での人文学を「発信する」活動について総論的に論じたものだが、両方に共通するのが、ただ一方的な発信ではなく、参加者あるいは聞き手との間で問題意識を共有したり、双方向のコミュニケーションを重視したりする姿勢が示されていることだろう。一方、石棒クラブ（三好清超、上原悼、小林遼香）による「小さなミュージアムの大きな野望」は、飛騨みやがわ考古民俗館と石棒という考古資料の魅力を発信する、石棒クラブの活動を紹介するものである。光平と山野のように専門研究者が発信する活動とは異なり、石棒クラブは市の学芸員だけでなく、IT企業や金融機関、

建築士らも参加するコミュニティ活動であり、地域の魅力を人文学を通じて発信する実践となっている。

二つ目は「**描く／書く**」である。佐藤二葉による「漫画を通じた歴史実践」は、西洋古典やビザンツ帝国を舞台にした歴史漫画による歴史実践について紹介する。一方、庄子大亮の「神話継承・受容の研究動向から感じること」は、ギリシア神話が大衆文化やポップカルチャーを介して現代でもなお受容され、それが研究され、そして裾野を広げている現状を踏まえ、「人文学のあり方について前向きに示唆できる」（213 頁）と提起する。二人が扱う題材は異なるとはいえ、どのように受容するかに気を配りながら歴史を描く佐藤と、どのように受容されているかに関心を向けてそれを書く庄子のコラムは、鏡像のような関係になっている。そして、北村紗衣の「研究成果をもっとウィキペディアに！：学会、図書館、博物館との連携」は、少し視点を変え、ウィキペディアへ最新の研究成果を発信する取り組みを紹介している。これもまた「書く」ことを通じたパブリックヒューマニティーズの実践であり、それと同時に、次段洛で述べる文化機関による実践につながる内容となっている。

三つ目の動詞は「**展示する**」である。このグループには、内山大介の「東日本大震災を起点とした博物館活動と社会実践」と五月女賢司の「COVID-19 に関する博物館展示を通じた人文学の発信」の二つを収めた。二つのコラムは、東日本大震災と新型コロナウイルスのパンデミックという、どちらも現在の事態を扱い、それゆえに歴史的評価も定まらないなかで資料を集め、展示するという活動を紹介する。来場者とのコミュニケーションを含めたパブリックヒューマニティーズの実践が、それぞれのテーマのもと描かれている。

四つ目は「**場を作る**」である。青木真兵は、「山村で自宅を図書館として開くということ：人文系私設図書館ルチャ・リブロの実践から」で、山村の穏やかな情景のなかで、本の貸し借りを通じた「開かれた対話」を行いながら、資本と贈与という二つの原理の相克を人文知で乗り越えようとする図書館運営について紹介する。青木が物理的な場を作るのに対し、橋本雄太の「シチズンサイエンスとアジャイルソフトウェア開発：『みんなで翻刻』の取り組みを通じて」は、

クラウドソーシングというデジタル空間の場を作る取り組みから、研究実務的な話題を取り上げている。

　五つ目は「**体験する**」である。矢野浩二朗の「VRとメタバースを人文学教育に活用する：その方法と課題」は、人文学教育におけるVRとメタバースの可能性について、現代あるいは歴史上の人物の経験の追体験とさまざまな場所の体験という二つの観点から事例を交えつつ論じる。池尻良平の「ゲームを通じて歴史学者の思考を体験する」は、「歴史学者の『知識』ではなく『思考』を社会に開く意義と、そのメディアとしての『ゲーム』の可能性を」（255頁）論じている。「レキシーカー」という池尻自身が開発した学習ゲームを紹介し、それが高校教育の現場でどのように活用されたのかを踏まえながら、人文学を社会に開くために取り組むべきことを指摘している。矢野と池尻のいずれもが、デジタル技術を使うことで体験を促し、そして教育活動につなげている。これに対し、福島幸宏の「街歩きを通じた人文学の発信：『まいまい京都』での実践を通じて」は、地図資料が「デジタル化されてweb公開されたあと、どのように活用されたか、を筆者自身の実践を通じて」（261頁）紹介する。福島は、街歩きがただ人文学を発信するだけではなく、実践者、すなわち福島自身の学びを深めることにもつながっており、「人文学を巡っての交通の場」（267頁）となっていると指摘する。

　六つ目は「**活かす**」である。大川内直子は「文化人類学の『応用』としての起業と実践」と題し、自身が学んだ文化人類学の理論や方法論を社会に応用するために起業し、それを実践した活動を紹介している。堀井洋の「AMANEの取り組み：人文系学術専門人材が活躍できる社会の実現を目指して」は、特に歴史学を活用すべく設立した会社組織の活動を踏まえ、人文学系学術専門人材の活用における現在の課題と展望を述べる。いずれのコラムも、「人文学を学んで就職はどうするの？」というありがちな問いに対して人文学をもってキャリアを切り拓いた実例を紹介する内容であり、大いに勇気づけられる内容だろう。

　最後の七つ目が「**楽しむ**」である。柳原伸洋は、「歴史的な奥行きを考えるおもしろさ：過去と現在との対話としての記念碑遠足のススメ」と題し、研究あ

るいは学びにおける「おもしろさ」を核に、自身が進めている記念碑研究を伝える。歴史フェス実行委員会（藤野裕子、福島幸宏、河西秀哉、大谷哲、菊池信彦、堀井美里）の「歴史フェス、はじめました：歴史を楽しみたい すべての人へ」は、2024年3月17日に名古屋大学で開催した歴史フェスについて、その開催に至った背景とそれぞれのセッション内容を紹介している。「歴史フェスは、歴史に関心のある人が一つの場に集まって、ともに歴史を楽しむお祭りです」という趣旨文が、アカデミズムを超えて多様な立場の人の交流と協働へとつなげようとする、歴史フェスの目的を端的に示している。

　本書は、理論と実践の両面から、日本におけるパブリックヒューマニティーズ／公共人文学の現在地を示している。人文学の研究者が社会とどのような関係を築き、どのように人々と協働し、どのように人文知を伝え、そしてどのように人文学の研究を続けていけばよいのか。読者がそれを考え、実践していくために、本書が役立つことを願ってやまない。

第 I 部

パブリックヒューマニティーズ／公共人文学の現在地

パブリックフォークロアを支える理念

協働、共有されたオーソリティ、対話主義

菅　豊

はじめに

アカデミック／パブリックセクター／パブリック

　手始めに、アカデミックフォークロア、パブリックセクターフォークロア、パブリックフォークロアという、本論で取り扱う三つの民俗学のとらえ方について確認しておきたい[1]。

　まずアカデミックフォークロアとは、大学を中心とするアカデミーに所属し、もっぱら専門教育と自己完結的な研究を行う民俗学を意味する[2]。そういう研究志向、研究本意の民俗学研究者はアカデミックフォークロリストと称される。研究を生業とし、通常その研究成果を学術雑誌での論文や著作、さらに学会発表、シンポジウムなどでの口頭発表という形で、主として学界に向けて発信する。もちろん、一般誌や大衆向けの書籍、また市民講座などで社会還元も行うが、

1　日本の民俗学の場合、さらに独学で民俗学を学び、職業的なミッションとは関係なく民俗学的営為を行うインディペンデントフォークロリストも数多く存在し、それもまたパブリックフォークロアを支える担い手として考え得るが、本論では紙幅の都合上、言及していない。

2　日本では、「アカデミック」という言葉は、「学問的な、学術的な、学究的な、専門の」という形容詞形でとらえられることが多く、大いに誤解を生みやすい表現になっている。しかし、英語の本来の意味では、それは本論で問題とする立場性や職業などの属性というものと不可分ではない。アカデミックは名詞形では、大学の教師、研究者、学識経験者を意味するが、本論においてもその意味を前提として使用することとする。

アカデミックフォークロリストの使命は他のアカデミシャンと同じく、やはり研究の深化と後進の育成と考えられている。民俗学という学問は、アカデミズムに支配される学術世界のなかで弱小であるため、他の人文・社会科学と比べてアカデミックフォークロリストの数はそれほど多くはない。

　一方、パブリックセクターフォークロリスト、すなわち公共機関に所属する民俗学の専門家の数は、人文・社会科学のなかで歴史学や考古学の専門家とともに多い方であろう。パブリックセクターフォークロアとは、国などの中央政府、地方自治体などの地方政府、およびその外郭団体などの公共機関が主導、展開する民俗学である。日本では文化庁などの国の機関、また地方自治体による無形文化遺産や民俗文化財の保護行政や、自治体史民俗編の編纂、博物館での民俗展示や社会教育、小中学校における伝統文化教育などの活動などを思い浮かべるとわかりやすい。それらの活動は政府が行う政策の一部であるが故に、当然、若干なりとも政治性を帯びている。

　本論が主題とするパブリックフォークロアは、このパブリックセクターフォークロアと頻繁に混同されてきた。この二つを混同すると、議論の大きな妨げとなるので、両者を明確に峻別しておく必要がある。[3] 現在のパブリックフォーク

3　パブリックセクターフォークロアとパブリックフォークロアを同一視する見解のなかには、以下のように現代的パブリックフォークロアの実像を大きく歪めて理解している例もある。「『実践』ということに関してですが、民俗学においては、公共的な機関や行政と、私（永池健二：引用者注）だったら『結託』と言いますか、要するに『協力』をして仕事をするということがありますね。協力して調査や民俗学的な仕事をすることが、ある種の公共的な行為であるとか、『パブリック・フォークロア』の一環だ、みたいなことが言われている。」（杉本ほか：2019〔永池健二の発言〕）
　「パブリック・フォークロア」は、公共機関や行政と「結託」する民俗学的な仕事「みたいなこと」と「言われている」との発言がなされているが、それがどこで、誰から「言われている」のか具体的に述べられていない。「言われている」と第三者の言葉に仮託して、パブリックフォークロアを公共機関と結託する仕事と単純化したこの発言は、パブリックフォークロアに関する不勉強、あるいは偏見や先入観に基づく誤謬である。もちろん公共機関や行政と「結託」する（あるいは、「した」）民俗学者の存在は否定できない。文化財行政などの公共機関の政策の遂行過程で意識的、あるいは無意識に、いわゆる「御用学者」となった民俗学者が存在する可能性は十分にある。しかし、そのような公共機関や行政と「結託」する御用学者の行う民俗学的活動と、パブリックフォークロアとをアプリオリに同一視する粗雑な理解が、日本でのパブリックフォークロア理解を阻害しているのである。

ロアは、ときにパブリックセクターフォークロアと関わって、その政治力や制度、資金を援用、活用することはあるものの、第一には伝統の担い手（tradition bearers）を中心として、多様なアクターが何らかの目的で一緒に民衆伝統の保護や活性化、活用といった諸活動を行う応用的な民俗学を意味する。その点においてパブリックフォークロアには、必ずしも公共機関の関与は必須ではないが、その関与によって諸活動の実現可能性が高められる場合がある。

パブリックフォークロアとパブリックセクターフォークロア

　後述するようにパブリックフォークロアは、パブリックセクターフォークロアと密接に関わってきたため、かつて両者は同一視されていた。パブリックフォークロア発祥の地・アメリカでは、その草創期から発展期にかけて、それは公共機関の活動と密接な関係を保っており、現在でもそれをパブリックセクターフォークロアと見なす向きもある。例えば、オンライン百科事典・Wikipedia 英語版では、"Public folklore" は「アメリカおよびカナダにおいては、大学などで行われるアカデミックフォークロアとは対照的に、芸術評議会（アーツカウンシル、arts councils）や博物館、フォークライフフェスティバル、ラジオ局など、大学の外（outside of universities and colleges）の公共的な場所で民俗学者が行う仕事を指す用語である。この用語は "public sector folklore" を略したもので、1970 年代初頭にアメリカ民俗学会の会員によって初めて使われた」と解説されている[5]。Wikipedia に反映される社会の一般イメージでは、パブリックフォークロアは未だパブリックセクターフォークロアと同義として受け止められているようだ。

　また、『アメリカ民俗学百科事典』（*Encyclopedia of American Folklore*）でも、「パブリックセクターフォークロアとして知られるパブリックフォークロアは、アカデミー（大学などの研究主体の世界：引用者注）の外側で、民俗の展示や記録、振興などの試

4　民衆伝統（folk tradition）は、民俗という用語とほぼ同義であるが、民俗が必ずしも伝統性に裏打ちされないことからいえば、民衆伝統は民俗という概念に内包される。さらに民衆伝統は、文化財のように公共機関からお墨付きを与えられ保護の対象になっている伝統文化と、そういう制度とは無関係に継承されている伝統文化をともに内包している。

5　"Public folklore". Wikipedia, https://en.wikipedia.org/wiki/Public_folklore, (accessed 2023-10-12.)

みと向かい合う」（Watts ed.: 2007, 319）と、パブリックフォークロアとパブリック
セクターフォークロアとを同一視する解説がなされている。

　確かにアメリカのパブリックフォークロアは、大学以外の公共機関で応用的
見地からなされる芸術や文化、あるいは教育などに関する民俗学的研究や活動
を指す場合が多い。具体的には芸術などの文化的な審議会や、文化遺産に関わ
る歴史系の協会、図書館、博物館、コミュニティセンター、小中学校などの教
育機関、非営利の民俗芸術や民俗文化組織などの公共機関で数多く行われてい
る。そこではフィールド調査やオーラルヒストリーの記録のみならず、パフォー
マンスや民俗芸術、伝統工芸の継承に関わる専門教育、博物館展示、フォーク
ライフフェスティバルなどのイベント開催・運営、ラジオやテレビ番組、ビデ
オや書籍などの公共的なプログラムや教育関係の素材を生み出す活動が行われ
ている。これらの活動の多くは、公共機関がパトロン、あるいはスポンサーと
なり、その活動を主導してきたため、ときにそれはトップダウン型のパブリッ
クセクターフォークロアになってしまうこともあったし、現在でもトップダウ
ン型になる場合もある。

　しかし、後述するように 20 世紀末の市民社会の成熟期を経てパブリック
フォークロアが発展するなか、政府が主導するトップダウン型のパブリックセ
クターフォークロアから、伝統の担い手である地域住民を主役とし、それらが
自立的にプログラムを立ち上げるボトムアップ型の草の根パブリックフォーク
ロアが理想とされるようになった。そのような状況下、公共機関はその活動を
資金面、制度面で支援したり、促進させたりする点で未だ大きな役割を担って
いるものの、その活動を主導したり、管理したり、制御したりするような絶対
的な存在ではなくなった。もちろん、いまでも公共機関が大きな存在として主
導権を握りたがることもあるが、パブリックフォークロアはそれとは一線を画
した民俗実践の民主化という大きな流れのなかでとらえられるべき動きなので
ある。

　本論では、かつてパブリックフォークロアが政府などの公共機関と密接に関
わってきた歴史を概観し、現在のパブリックフォークロアが真にパブリックな

存在となり、公共機関を相対化し、それを含む多様なアクターと不即不離の健全な関係性を築くために獲得した、「協働」、「共有されたオーソリティ」、「対話主義」という現代的で民主的な新しい理念について解説する。

1　パブリックセクターと関わってきた民俗学の歴史

民俗学の政治性

　あくまで理想論ではあるが、本来、学問と政治は人々の幸福に資するという共通の目標を掲げているはずである。しかし両者の関係は、常に緊張関係にある。学問は自由な研究や思考が求められるが、大学などでのプロフェッショナルな制度的学問は、それを支える政府の諸制度や資金に支えられ、それに少なからず管理されている。現代社会において、学問の管理者としての政府の存在感は大きく、政府は学問に大きな圧力をかけ続けている。

　当然、制度面や資金面で政府に支えられると、学問は政府からの介入を招きやすくなる。また学者が資金獲得のために政府へとすり寄ることすらあり、極端な場合、政治的な意図に沿うように研究成果を歪め、政府を擁護（advocacy）する御用学問、御用学者に堕する場合すらある。そのため、多くの良識ある学者は学問と政治の関係性に敏感となり、それとのつきあい方に慎重になり、距離を取ろうと身構えるのである。

　学問と政治とが癒着し、学問が政治を擁護し、御用学問へと堕ちた結果、社会に惨禍をもたらした悪しき例として、第二次世界大戦前・戦中期のドイツ民俗学（Volkskunde）を挙げることができる。ドイツ民俗学はナチス・ドイツの国策に取り込まれ、第三帝国期の国家社会主義に加担し、多くの民俗学者がその政策に協力した。それはナチス・ドイツ時代に、国民統合やアーリア人中心の人種主義という国家政策に寄与する御用学問となった（Kamenetsky: 1972, 1973, 1977, Wilson: 1973）。このナチズム加担の反省から、第二次世界大戦後、ドイツ民俗学は学問を根本から変革し、その政治性を自己批判し、新しい民俗学を構築する——Volkskunde という名称を捨てる——ことでその汚点を払拭しようした。ド

イツ民俗学の政治関与の歴史は大きなスティグマとなったため、変革後、政治や公共機関と関係を取り結ぶこと、さらに社会へ介入することにとくに慎重になった。そういうドイツ民俗学では、パブリックセクターフォークロアと同一視されやすいパブリックフォークロアは、当然、危険な学問の方向性と受け止められてきた。

　1998年、ドイツのバート・ホンブルク（Bad Homburg）でドイツ民俗学会とアメリカ民俗学会との共同会議が開催された。そのテーマは、「パブリックフォークロア：社会における知的実践の形」（Public Folklore: Forms of Intellectual Practice in Society）であった。この会議ではアメリカとドイツ両国における、民俗学と社会との取り結び方の違い、また学問と政治との距離感の違いが露呈した。アメリカ側は、民俗が存在する場に外部者として「介入」（intervention）し、積極的にその利用や応用（保護も含む）を行い、「文化の仲介」（cultural brokerage）に直接関与するパブリックフォークロアの重要性と有効性について力説した。一方、民俗学の政治性、民俗の政治利用ということに敏感なドイツ側は、社会に介入し少なからず政治とも関わる民俗学のあり方には、当然、極めて慎重に対応せざるを得なかった。ドイツ民俗学はアメリカのパブリックフォークロアに、自らの過去の面影を見たのである。

　このようなアメリカ民俗学とドイツ民俗学との間に横たわる異なる価値や方向性、そして同じ学問が共通の尺度で理解しえない状況を、アメリカ民俗学者のバーバラ・カーシェンブラット＝ギンブレットは、トーマス・クーンが提唱した「共約不可能性」（incommensurabilities）という概念で説明した（Kirshenblatt-Gimblett: 2000, 1-3）。共約不可能性とは、異なるパラダイムの間では、それぞれが利用する概念や方法がうまく対応せず、噛み合わず、相互理解の障害となる状態である。戦勝国アメリカと敗戦国ドイツとの間では、社会における学問の役割、そしてパブリックという言葉へのイメージに関し、根本の部分で互いに理解できない、あるいは相容れない部分が形成されていた。

　興味深いことに、この共約不可能性は、国家間の民俗学の相克として現れるばかりでなく、一つの国家内の民俗学の相克としても現れてくる。具体的には、

アカデミックフォークロア対パブリックセクターフォークロアという二項対立の相克である。

パブリックセクターフォークロアの歴史

アメリカにおいてパブリックフォークロアの発展の軌跡を辿ると、それが芸術や文化に関する他の学問以上に、アメリカ連邦政府の支援を広範に受けたパブリックセクターフォークロアであったことが理解される。アメリカのパブリックフォークロアの発展史については拙著（菅：2013）ですでに詳しく解説しているので、本論ではパブリックフォークロアと公共機関との関わりの歴史について略述しよう。

現在のアメリカ民俗学史では、パブリックフォークロア（初期はパブリックセクターフォークロアと同義である）は、1879年に連邦政府の一部門として設立された「アメリカ民族学局」（BAE: The Bureau of American Ethnology、前身はBureau of Ethnology）の活動を端緒とするとされる。そこでネイティブ・アメリカンの口承文芸や物質文化、習慣、信仰システムなど多岐にわたる文化が大量に記録、収集された（Baron: 2008, 66）。また、1928年には、アメリカ議会図書館（The Library of Congress）に、「アーカイヴ・オブ・アメリカンフォークソング」が設立され、パブリックセクターフォークロアの一大拠点となった。そこにはアラン・ロマックスらによって100万点以上の写真や記録原稿、音声記録などが収集されている。

ロマックスは、フランクリン・ルーズベルト大統領によって主導されたニューディール政策にともなう「フェデラル・ワン」という、芸術家のための失業救済事業の一環である「連邦作家プロジェクト」（FWP: Federal Writers' Project）にも参画した。この政府主導の文化政策は1935年から開始され、地方史、口述史、民族誌、児童書などの編纂事業を国家の支援のもと展開し、大恐慌下で失業した作家、編集者、文芸批評家、歴史学・民俗学・考古学・地理学研究者などを動員し、パブリックフォークロアのみならずパブリックヒストリーやパブリックアーケオロジーなどのパブリックヒューマニティーズがアメリカで胚胎する重要な培養基となった。

このFWPにおいてロマックス以上に重要な役割を果たしたのが、ベンジャミン・A・ボトキンである。ボトキンは、現在、アメリカの「パブリックフォークロアの父」として高く評価されている。ボトキンは1938〜41年、FWPの国家民俗編集者に就任し、実質的なFWPの責任者となる。またボトキンは、1942〜45年には上述したアメリカ議会図書館のアーカイヴ・オブ・アメリカンフォークソングの責任者となった。

　第二次世界大戦後も、ボトキンに代表されるパブリックフォークロリストたちは、研究活動における民衆性の尊重を主張し、民衆向けの出版活動などを行ったが、それは当時、学術界において地歩を固めることに躍起となっていたアカデミック・フォークロリストたちから否定視された。とくに民俗学のアカデミズム化を強く推進したアカデミックフォークロリストの代表であるリチャード・M・ドーソンなどは、民俗学を「通俗化させる人」（popularizer）として、ボトキンを攻撃したのである。だがこの反応は、当時の社会の要請とは大きくずれていた。社会はパブリックフォークロアの発展を支持したのである。1960年代から70年代にかけて、アメリカでは資金面、活動面、組織面という三局面からパブリックフォークロアの発展に大きく寄与した「全米芸術基金」（NEA：The National Endowment for the Arts）、「スミソニアン・フォークライフ・フェスティバル」（Smithsonian Folklife Festival）、「アメリカン・フォークライフセンター」（American Folklife Center）といったパブリックフォークロアの三大拠点が形成され、現在に至っている。[6]

「誤りの二元論」（mistaken dichotomies）

　このような1960〜70年代にかけての国家的なパブリックフォークロアへの支援は、州政府などの地方における文化政策にも影響を与え、1980年代には地方でも民俗学が応用される公共機関が創出され、それに応じてアカデミック

6　1967年に、「スミソニアン全米フォークライフ・フェスティバル」（Smithsonian Festival of American Folklife）が、スミソニアン博物館に勤める民俗学研究者のラルフ・C・リンツラーの主導によって開始された。それが、後にスミソニアン・フォークライフ・フェスティバルへと改称された。

フォークロアで教育を受けた学生たちの活躍の場が増加した。

　そのようなパブリックフォークロアの擡頭にともない、従来、それを軽視し、無視してきた民俗学界においても、必然的にパブリックフォークロアをその議論の俎上に載せることになる。1980 〜 90 年代にもなると、パブリックフォークロアはアメリカ民俗学界の重要テーマの一つとなり、大いに議論が闘わされることとなる。例えば、バーバラ・カーシェンブラット゠ギンブレットは、非実践的なアカデミックフォークロアと、実践志向の強いパブリックフォークロアを二分し、断絶してとらえることを「誤りの二元論」（mistaken dichotomies）として批判した（Kirshenblatt-Gimblett: 1988）。ただし彼女が措定したパブリックフォークロアは、その実、パブリックセクターフォークロアであった。彼女は、公共機関によるパブリックフォークロアが進展することにより、民俗学は社会的地位を獲得したが、しかし、それは補助金などを出す政府の主張を無批判に「擁護」する危険性を孕んでいるとする。一方で、アカデミックフォークロアはその関係性から離れて批判的な言説を立ち上げることができるとする（Kirshenblatt-Gimblett: 1988, 142）。そして彼女は、パブリックフォークロアの実践行為を、民族誌的アプローチを通じて研究、批判するという重要な役割をアカデミックフォークロアが果たせると主張した（Kirshenblatt-Gimblett: 1988, 152）。

　確かにアカデミックフォークロアは、パブリックセクターフォークロアをモニタリングするという重要な役割を果たすことができる。しかし、監視する側（アカデミックフォークロア）と監視される側（パブリックセクターフォークロア）という関係性を固定したカーシェンブラット゠ギンブレットの主張は、詰まるところ両者の断絶を前提としており「誤りの二元論」を克服することができていない。現在のパブリックフォークロアでは、このような誤りの二項対立を乗り越えて、パブリックフォークロアのなかに、多くのアカデミックフォークロリストが、単なる監視者ではなく行為者、当事者として参画している。

2　現代のパブリックフォークロアの特質

パブリックフォークロアの成長

　1980 年代以降、パブリックフォークロアはアメリカで大きく変化し、パブリックセクターフォークロリストのみならず、アカデミックフォークロリストを巻き込みながら、アメリカ民俗学界の重要な学問の方向性と成長した。

　Google Ngram Viewer[7] で、"Public Folklore" の語を検索してみると、1980 年代後半から一挙にその語の使用数は増加し、およそ 1995 年前後にピークを迎え、そしてその後減少し、近年はほぼ横ばい傾向にある（図1）。他のパブリックヒューマニティーズと同様に、パブリックフォークロアの隆盛の背景には、20 世紀末の市民社会の成熟にともなう学問の公共性への関心の高まりという社会状況があった。

　一方、1995 年前後をピークにしてその語の使用頻度が減少しているが、それはパブリックフォークロアの衰退を意味するわけではない。ピーク前の増加期は、アメリカ民俗学界のなかで、従来のアカデミックフォークロアに対してパブリックフォークロアの地位を確立しようとして多くの議論が交わされた時期であり、その確立過程でパブリックフォークロアという用語と概念をめぐって多くの書籍が出されたため、その語の出現頻度が高まったのである。1990 年代に入るとパブリックフォークロアに関する多くの重要論考が発表された（Walle: 1990, Abrahams: 1993, Baron and Spitzer eds.: 1992, Baron: 1993, 1999, Briggs: 1993, Kodish: 1993, Montenyohl: 1996, Beck: 1997, Lloyd: 1997）。この時代は、いわゆるパブリックフォークロアをめぐって "考える（thinking）" 時代であった。その時代の深い議論を経て、今日、パブリックフォークロアはアメリカ民俗学で普通の存在となり、"考える"時代から "行動する(doing)" 時代へと重点を移したのである。アメリカのパブリックヒューマニストであるマシュー・フライ・ヤコブソンは、「パブリックヒューマニティーズは『行動する』ことのなかにある」（Public Humanities is in the doing）

7　Google Books（出版物）のテキストコーパスを検索し、特定単語の書籍への出現頻度を表示するツール。

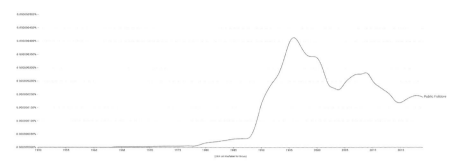

図1　Google Ngram Viewer から見る "Public Folklore" の語の出現頻度

(Jacobson: 2021, 165)と述べたが、現代のパブリックフォークロアもまた、doing ＝「行動する」ことこそが、その学問の基底にある。

　このようなパブリックフォークロアは、いまではアメリカ民俗学の大きな潮流の一つに成長した。2002年にアメリカ民俗学会（American Folklore Society）が行った会員調査によれば、約44パーセントもの学会員がパブリックフォークロリストと自負し、自らの属性をそのように表現していたという。その数には、政府やその外郭団体などの公共機関で職を得ているパブリックセクターフォークロリストで学会に加入していない人々や、あるいは大学に所属するアカデミックフォークロリストでありながら公共機関のプロジェクトに関わり行動する人々は含められていないので、少なくともアメリカの民俗学研究者の過半数は、公共的活動に何らかの関与をしているものと推測されている（Wells: 2006, 7）。

　このようにパブリックフォークロアが、アカデミックやパブリックセクターといった垣根を越えて、両者を含みながら成長するなか、その研究や実践の根本を支える基本理念が検討されてきた。その理念こそが、過去のパブリックセクターフォークロアにはなかった、現代のパブリックフォークロアをパブリックたらしめる要件である。

パブリックフォークロアの基本理念１——協働（collaboration）

　アメリカにおけるパブリックフォークロアを、理論面から主導してきたロバー

ト・バロンとニコラス・R・スピッツァーは、パブリックフォークロアを以下のように定義している。この定義が、現在のパブリックフォークロアが目指す方向性を指し示す定義として、もっともふさわしいだろう。

> 「パブリックフォークロアとは、民衆伝統をそれが生まれたコミュニティの内外で、新たな輪郭と文脈のなかに表象し応用することであり、多くの場合、それは伝統の担い手と民俗学者、その他の専門家との協働的な取り組みを通じて行われる。」(Public folklore is the representation and application of folk traditions in new contours and contexts within and beyond the communities in which they originated, often through the collaborative efforts of tradition bearers and folklorists or other specialists.) (Baron and Spitzer eds. : 1992, 1)

この簡潔な定義のなかには、パブリックフォークロアのエッセンスが込められている。それは「伝統の担い手と民俗学者、その他の専門家との協働」という多様な参画者のあり方、すなわち「協働」(collaboration) という理念である。

協働はパブリックフォークロアに限らず、パブリックヒューマニティーズ全体に共通する基本的な理念といっても過言ではない。バロンとスピッツァーらの定義では、民衆伝統の担い手、すなわち民俗文化の伝承者と、民俗学者や他の専門家との協働的な取り組みが狭く想定されているが、その協働する主体はさらに広くとらえる必要があるだろう。協働の場では民衆伝統の担い手や、パブリックセクターフォークロリストやアカデミックフォークロリストなどの民俗学者、企業やNPOの人々、伝統を担わないけれども関心をもつ一般市民等々、実に多様なアクターの協働が想定される。パブリックフォークロアが拡大するなか、そこではパブリックセクターフォークロリストもアカデミックフォークロリストも等しく、協働の輪のなかに再定置されるのである。

先に、パブリックフォークロアの隆盛の背景に20世紀末の市民社会の成熟にともなう学問の公共性への関心の高まりという状況があることに触れたが、その社会状況を背景に協働は社会的活動における基本理念として尊重され、社会的な活動に多様な人々が立場を越えて参加することを認める理想的なあり方として注目されてきた。完全に実現されているかはさておき、「住民参加」や「市

民参加」といったスローガンに現れる協働の理念は、政治の場から学問の場にまで大きな影響を与えている。かつて公共機関や専門家が主導し統治するトップダウンのガバメントから一般市民は排除されていたが、現在は草の根からのボトムアップが尊重されるコラボラティブ・ガバナンス（協治）の諸局面で、公共機関や専門家と協働する主体として市民が位置づけられている（井上：2004）。協働という基本理念、そしてその理念を具現化した市民参加型の実践は、多くの文化機関や文化政策にとって不可欠なものとなっているのである。パブリックフォークロアという参加型の社会実践と知識生産を具現化し、発展させる重要な拠点である公立の博物館や資料館などでは、現在、その運営や活動に一般市民が関与、参加し協働することが求められている。

パブリックフォークロアの基本理念2
──「共有されたオーソリティ」（shared authority）

協働では、多様な人々が可能な限りフラットな関係でつながることが理想である。この関係は、言いかえるならば、民衆伝統に関わる多様な人々が、それぞれそれに関わるオーソリティ（権威・権限・権能）を共有しているということである。アカデミックフォークロリスト、そしてパブリックセクターフォークロリストも多様な参画者のなかのひとりであり、協働のなかで民俗実践や決定に関して突出した地位やオーソリティを保持しているわけではない。パブリックフォークロアは、多様な知識や技能を有した立場の異なる人々が一緒になって協働の輪を形作り、相互に民衆伝統の実践に関与する「共有されたオーソリティ」（shared authority）を尊重しながら、民俗や民俗の考え方に意識的、能動的に関与する研究や実践である。

「共有されたオーソリティ」は、もとを正せばパブリックヒストリーの基本理念であり、オーラルヒストリー研究を専門とする歴史学者・マイケル・フリッシュが提唱した基本理念である（Frisch: 1990）。オーラルヒストリー、およびパブリックヒストリーでは歴史に関わるオーソリティを専門家以外の人々と共有すること、すなわち専門家がオーソリティを独占しないことの重要性が強く主張され

てきた（Cauvin: 2016, Lyon, Nix and Shrum: 2017，菅：2021）。フリッシュは、オーラルヒストリーの研究や解釈、そしてその公開において、「聞き手」（interviewer）である歴史学者などの専門家と、「語り手」（narrator）である非専門家とに「共有されたオーソリティ」があることを論じた。オーラルヒストリーは、聞き手が語り手から単純に聞き出すものではなく、また語り手が勝手に語るものでもない。それはインタビューという行為の文脈において「聞き手」と「語り手」、つまり専門家と非専門家の双方によって対話的に作られるのである。この「共有されたオーソリティ」をパブリックフォークロアの観点から理解するならば、民衆伝統の研究や実践をめぐって、アカデミックフォークロリストやパブリックセクターフォークロリストなどの民俗学者のみならず、当然、民衆伝統を担う人々に「共有されたオーソリティ」があるということである。そして、オーソリティは後から民俗学者などが民衆伝統を担う人びとに与えるのではなく、その人々が最初から本来的に保持しているものと考えなければならないということである。

　アカデミックフォークロリスト――とくに日本の――は、これまで数多くの民衆伝統の実践を「調査（採訪、採集などとも呼ばれる）」という形でフィールドにおいて観察し、またインタビューをし、それを報告や論文、著書という形で発表してきた。ただ民俗学は、ライティング・カルチャー・ショックを経験した人類学者などと異なって、他者の伝統を表象することが権力関係を背景とした行為であることに鈍感であった。インタビューや観察の場では、調査する立場と調査される立場という関係性に無自覚に依拠しており、そこで得られた民衆伝統のディテールは調査者、すなわち専門性をもった民俗学者が解釈する権限を有することを自明の理としてきた。しかし、民衆伝統を行う伝統の担い手、すなわち被調査者はインタビューされたり、観察されたりするだけの受動的な存在でなく、民衆伝統を語ったり、演じたりする能動的な存在である。そして、そこで語られる、演じられる民衆伝統は、被調査者が中心となってその生成の過程に関わっている。したがって、自分が行う民衆伝統やそれに関する「語り」を解釈し、客体化する権限、権威、権能は、本来はアカデミックフォークロリスト以上に、民衆伝統の担い手へと付与されているはずである。

また、パブリックセクターフォークロリストは、これまで数多くの民衆伝統の実践を文化財や無形文化遺産という形でとらえ観察し、インタビューし、それを記録し、そして最終的には「保護」してきた。しかしその行為が権力の非対称性に基づいていること、また外部的な価値や規範による評価、取捨選択、客体化であること、そして本来、伝統の担い手に民衆伝統に関する「共有されたオーソリティ」があることには、やはり無自覚であった。文化の保護の場では、保護する立場と保護される立場という関係性に無自覚に依拠しており、そこにある民衆伝統の価値は、専門性をもった民俗学者が発見し、解釈し、評価するもの、あるいはその権限があるものと考えられていた。しかし、民衆伝統を行う伝統の担い手は、単に保護されるだけの受動的な存在でなく、民衆伝統を自ら語り、守り、活性化させ、変化させる、そしてときには自らそれを止めることを決断する能動的な存在としてある。そして、そこで保護される民衆伝統は、まずは伝統の担い手が中心となって、その継承の過程に関わるべきものである。したがって、自分が行う民衆伝統を保護したり、活用したり、また廃絶したりする権限、権威、権能は、民衆伝統の担い手に本来的に付与されているのである。[8]

パブリックフォークロアの基本理念３──「対話主義」（dialogism）

　先に紹介したバロンは、オーラルヒストリーが対話的であるのと同じくパブリックフォークロアもまた対話的な性格をもっており、ロシアの哲学者ミハイル・バフチンの対話主義（dialogism）と密接に結びついた思想を体現しているとする（Baron: 2016）。パブリックフォークロアは開かれた継続的な実践であり、その実践の意味は多くの人々の多様な声によって構築されるのであって、モノロジズム（monologism）のように限られた声に基づく実践とは対照的である。民衆伝統は、単に伝統の担い手のみによって継承、活用されるのではなく、多様な

8　伝統文化の所有権という観点からいえば、この民衆伝統の廃絶のオーソリティは、本来はその担い手によって独占されるものであり、パブリックセクターフォークロリストやアカデミックフォークロリストには付与されていない。

人々との協働において対話的に構築されるのである。バロンとともにパブリックフォークロアを定義したスピッツァーは、パブリックフォークロアは、「文化的対話」（cultural conversations）であり、それは民俗学者とコミュニティとの間の相互表象を交渉すること（仲立ちすること）としている（Spitzer: 1992）。

　この対話的な構築過程において、より重みをもっているのは伝統の担い手の声である。バロンは、「共有されたオーソリティ」という理念を民俗学に敷衍させ、より積極的な理解を試みるなか、フリッシュが唱えた「共有されたオーソリティ」は、オーラルヒストリーのインタビューの過程で、専門家である聞き手と非専門家である語り手が、相互に意味を構築することを強調し、地元の人々の知識の価値を十分に認めてはいるものの、やはり専門家が解釈の権限をまだ強く維持していると述べた。また、パブリックフォークロリストもパブリックヒストリアンと同様に、意味の相互構築において解釈の権限を行使することがあるけれども、やはりパブリックフォークロアの方がその実践の解釈を地域住民に委ねることが多いとしている。つまり、パブリックフォークロアでは、専門家と非専門家とに民衆伝統をめぐる権限、権威、権能が等しく共有されているというより、非専門家である伝統の担い手たちにこそ、民衆伝統をめぐる権限、権威、権能が、相対的に高く見積もられているということである。

　「協働性」、「共有されたオーソリティ」、そして「対話性」は、現代パブリックフォークロアを特徴づける性格であり、それを展開する上で心懸けなければならない基本理念といえる。それは、かつてパブリックフォークロアと同一視されたトップダウン型のパブリックセクターフォークロアにはなかった理念であり、今後のパブリックセクターフォークロアが真にパブリックなものとなるために、その活動の中心に据えるべき理念でもある。パブリックフォークロアは民衆伝統をめぐる単なる社会実践ではない。それは学問の公共性への関心の高まりを強く反映しており、民衆伝統をめぐる実践を通して民俗学を取り巻く諸活動を民主化し、民衆伝統の担い手の声を第一としつつも、その実践の現場に複数の声を取り入れ、その成果を多様な聴衆に届け、民衆伝統のプレゼンテーションと保存、活用に多様な人々の参加を促すことを目指しているのである。

おわりに

パブリックと協働への懸念

　以上のように、パブリックフォークロアはそれが生み出されてきた当初から公共機関と密接に関わってきたが、一方でそれは市民社会の成熟を背景に民主的な理念を獲得し、民主的な学問となるべく目指してきた。パブリックフォークロアは、真にパブリックなるものとあろうとして努力し、自らを変革してきたのである。ただし、その変革はまだ終わってはいない。

　例えば「パブリック」、そしてそれが日本語訳された「公共」という語は、いまでも取り扱い注意の言葉として、宙づりのまま人々に使用されている。その語は現代社会で理想化されているものの、一方で多くの人々から警戒感を抱かれ、危険視されるアンビバレントな言葉である。公共には、「お上」といった権威的なイメージがこびり付いている（松田・岡村：2012、21）。それは「公共工事の無駄」といった、その語の使用例を挙げるまでもなく、「国家」「行政」「公共機関」といったいわゆる「官」に絡め取られた来歴をもつ。公共の利益と理解されやすい「公益」が、実は「国益」を隠蔽する言葉として使われてきたことも間違いない（菅：2006）。そのため、パブリックや公共という言葉には、若干なりともいかがわしさや胡散臭さが感じ取られ、疑いのまなざしが向けられるのである。パブリックフォークロアに限らず、パブリックという語を冠する人文学の群れ＝パブリックヒューマニティーズは「官」と結びついているという誤解を受けやすい。そのような誤解を払拭するためには、さらなる「官」の相対化と、それとの平等な関係性の構築、そして健全な協働を推し進めるしかない。ただしその実現は、現実の場面において容易ではないことは言うまでもない。

　さらに、パブリックフォークロアの中核の理念である「協働」という言葉も、絶対視するわけにはいかない。例えば、アカデミックフォークロリストである岩本通弥は、多くの人々から礼讃されている「日本のパブリックフォークロアの父」である宮本常一の政治性を糾弾し、「成功例」「好例」と見なされやすい

宮本の新潟県佐渡島での地域おこしにおける協働的実践を、中央依存体質を地方にもたらしたという観点から厳しく批判している。宮本常一がナチスを礼讃したことがあるという負の経歴はともかく、確かに宮本は公共機関との距離感や関わり方に関する意識は低く、思慮が十分ではなかった。結果、無意識にではあるが、徐々に宮本は政治に巻き込まれパブリックセクターフォークロアと抜き差しならぬ関係を取り結んでしまった。岩本は、そのような宮本の活動で行われていたとする協働について、次のように警鐘を鳴らす。

> 「今日の市民運動も『市民から学ぶ』を謳い、行政／NPO／市民などの間での『協働』がキーワード化しているが、この『協働』がともすると宮本的になりがちであることは否めない。特に一見『素朴』で、政治性とはかけ離れた『無垢』に映りがちな民俗文化やその表象化がイデオロギーを超えて人々を感覚的に大量動員し、結束させること、そして、ファナティックな実践至上主義が、ファシズムを招いたことは、それに加担したドイツ民俗学の学史に深く刻み込まれている。」(岩本：2012、52)

この岩本の批判は、一義的には宮本批判の体裁をとっているが、そこには現代的な市民運動のあり方への懸念、さらに書かれてはいないもののその協働を基本理念とするパブリックフォークロアへの危惧が仄めかされていることは、ほぼ間違いなかろう。ドイツ民俗学の亡霊を、宮本のパブリックフォークロアのなかに看取することはいささか穿ちすぎとも思われるが、確かに協働がともすれば過剰に理想化され、金科玉条のごとく捧持され、絶対善のごとく信奉され、揺るぎない正義として人々を拘束し、政治的動員に利用される危険性があることには、パブリックフォークロリストは十分に注意を払う必要がある。

また、クリティカルな社会批評を得意とするフォークロリスト・大塚英志も、岩本と同様に「協働」という言葉に対する警戒感を表明している。大塚は、第二次世界大戦時下で、官民を軍や翼賛会が主導し協働することで、大東亜共栄圏に向けて文化宣伝工作がなされたとし、また戦時下のファシズムが「参加型」の文化創造運動の側面があるとして「協働」を翼賛体制用語と強く批判した(大塚：2022)。確かに当時、日本で翻訳出版された、ヒトラーの後継者でナチ党の最高

幹部であったヘルマン・ヴィルヘルム・ゲーリング著『永遠の民族』（ゲーリング：1941）にも「協働」という語は頻出し、またナチス通の経済論者・小島精一の著書『ナチス統制経済読本』（小島：1940）でも、官庁と民間経済団体との「協働」が美化して説かれていた。協働という語は、かつてそのような権力体制が権力のための動員に利用する理念としても使われていたのである。

「文化の仲介者」（cultural brokers）としてのパブリックフォークロリスト

　しかし、そのような用語の使用に関しネガティブな過去があるとしても、現在のパブリックヒューマニティーズで基本理念とされている協働と、第二次世界大戦中に使用された協働とを、単純に同根としたり、同じ作用をもたらすものとして排除したりする短絡的なとらえ方に陥ってはならない。その言葉は、先に述べたように市民社会成熟のなかで醸成されてきた新しい概念であり、両者はけっして同根ではない。協働は残念ながら現代社会でも、公共機関による民意の偽装に用いられることもある用語ではあるが（斎藤：2011）、本来は、その語には正反対の意味と精神が込められているのである。したがって、協働という語に危うさを認めつつも、過剰な猜疑心と慎重さによって現代に再構築された協働という概念を使用不可能にすることは不毛である。すでに述べたように、現代社会における協働は権力を擁護するために持ち出された過去の理念ではなく、むしろそのような権力の独占を排し、社会の多様な人々が参画し、民主的なガバナンスを実現するために生み出された現代的理念なのである。

　現代社会の民俗実践では、多様な権威・権限・権能を有した人々の協働が有効であり、実践の実現可能性を高めるためには、制度を整え資源をもたらすことができる公共機関の参画や協力が重要である。むしろアカデミックフォークロアに往々にしてみられる、単純で偏狭な「行政嫌い」は、有為な協働実践を阻害してしまうことすらある。また、それは往々にして、学者が学問を社会へと開くことができないことの弁明、あるいは象牙の塔に閉じこもることの釈明に使われてしまうこともある。私たちは、社会での学問の応用実践に臆病である必要はない。また、政治家や公共機関、営利目的の専門家などを、最初から

敵対視する必要もない。

　しかし、他方でこれからパブリックフォークロリストとして活動する場合は、権力によってパブリックや協働という言葉がすり替えられる危うさに敏感であらねばならない。また、協働のなかで公共機関に取り込まれない、あるいは絡め取られないように、いつでも異議申し立てができる冷静なまなざしと姿勢を保たねばならない。その上で、伝統の担い手たちを主役とした民衆伝統をめぐる協働のコミュニティやグループのために専門知識を活かすだけではなく、公共機関のもつ有効な資源や制度的な力を引き出したり、両者の交流を仲立ちしたり、促進させたりする仕事にも挑戦しなければならない。それが「文化の仲介者」（cultural brokers）（Baron：2021）とあろうとする、パブリックフォークロリストの一つの役割なのである。

参考文献

Abrahams, Roger D. "After New Perspectives: Folklore Study in the Late Twentieth Century." *Western Folklore.* vol. 52, no.2/4, 1993, pp. 379-400.

Baron, Robert. "Multi-Paradigm Discipline, Inter-Disciplinary Field, Peering through and around the Interstices." *Western Folklore.* vol. 52, no. 2/4, 1993, pp. 227-245.

Baron, Robert, "Theorizing Public Folklore Practice: Documentation, Genres of Representation, and Everyday Competencies." *Journal of Folklore Research.* vol. 36, no. 2/3, 1999, pp. 185-201.

Baron, Robert. "American Public Folklore -History, Issues, Challenges." *Indian Folklore Research Journal.* vol. 5, no. 8, 2008, pp. 65-86.

Baron, Robert. "Public Folklore Dialogism and Critical Heritage Studies." *International Journal of Heritage Studies.* vol. 22, no. 8, 2016, pp. 588-606.

Baron, Robert. "Cultural Brokerage Revisited." *Journal of Folklore Research.* vol. 58, No. 2, 2021, pp. 63-104.

Baron, Robert and Nicholas R. Spitzer eds. *Public Folklore.* Smithsonian Institution Press, 1992.

Beck, Jane C. "Taking Stock (AFS Presidential Plenary Address, 1996)." *Journal of American Folklore.* vol. 110, no. 436, 1997, pp.123-139.

Briggs, Charles L. "Metadiscursive Practices and Scholarly Authority in Folkloristics." *Journal of American Folklore.* vol. 106, no. 422, 1993, pp. 387-434.

Cauvin, Thomas. *Public History: A Textbook of Practice.* Routledge, 2016.

Frisch, Michael H. *A Shared Authority: Essays on the Craft and Meaning of Oral and Public History.* State University of New York Press, 1990.

Jacobson, Matthew F. "Afterword: The "Doing" of Doing Public Humanities." Susan Smulyan ed. *Doing Public Humanities.* Routledge, 2021, pp. 163-173.

Kamenetsky, Christa. "Folklore as a Political Tool in Nazi Germany." *Journal of American Folklore.* vol.

85, no. 337, 1972, pp. 221–235.

Kamenetsky, Christa. "The German Folklore Revival in the Eighteenth Century: Herder's Theory of Naturpoesis." *Journal of Popular Culture.* vol. 6, no. 4, 1973, pp. 836-848.

Kamenetsky, Christa. "Folktale and Ideology in the Third Reich." *Journal of American Folklore.* vol. 90, no. 356, 1977, pp. 168-178.

Kirshenblatt-Gimblett, Barbara. "Mistaken Dichotomies." *Journal of American Folklore.* vol. 101, no. 400, 1988, pp. 140-155.

Kirshenblatt-Gimblett, Barbara. "Folklorists in Public: Reflections on Cultural Brokerage in the United States and Germany." *Journal of Folklore Research.* vol. 37, no. 1, 2000, pp. 1-21.

Kodish, Debora. "On Coming of Age in the Sixties." *Western Folklore.* vol. 52, no. 2/4, 1993, pp. 193-207.

Lloyd, Timothy. "Whole Work, Whole Play, Whole People: Folklore and Social Therapeutics in 1920s and 1930s America." *Journal of American Folklore.* vol. 110, no. 437, 1997, pp. 239-259.

Lyon, Cherstin M., Elizabeth M. Nix and Rebecca K. Shrum. *Introduction to Public History: Interpreting the Past, Engaging Audiences*, Rowman & Littlefield Publishers, 2017.

Montenyohl, Eric. "Divergent Paths: On the Evolution of "Folklore" and "Folkloristics"." *Journal of Folklore Research.* vol. 33, no. 3, 1996, pp. 232-235.

Spitzer, Nick. "Cultural Conversations: Metaphors and Methods in Public Folklore," Robert Baron and Nick Spitzer eds. *Public Folklore.* Smithsonian Institution Press, 1992, pp.77-103.

Walle, Alf H. "Cultural Conservation Public Sector Folklore and Its Rivals." *Western Folklore.* vol. 49, no. 3, 1990, pp. 261-275.

Watts, Linda S. ed. *Encyclopedia of American Folklore.* Checkmark Books, 2007.

Wells, Patricia A. "Public Folklore in the Twenty-First Century: New Challenges for the Discipline." *Journal of American Folklore.* vol. 119, no. 471, 2006, pp. 5-18.

Wilson, William A. "Herder, Folklore and Romantic Nationalism." *Journal of Popular Culture.* vol. 6, issue 4, 1973, pp. 819-835.

井上真『コモンズの思想を求めて：カリマンタンの森で考える』（岩波書店、2004 年）

岩本通弥「民俗学の実践性をめぐる諸問題──「野の学問」とアカデミズム」（岩本通弥・中村淳編『民俗学の可能性を拓く──「野の学問」とアカデミズム』青弓社、2012 年）

大塚英志『大東亜共栄圏 のクールジャパン「協働」する文化工作』（集英社、2022 年）

ゲーリング、ヘルマン・ヴィルヘルム『永遠の民族』（高野瀏訳、青磁社、1941 年）

小島精一『ナチス統制経済読本』（千倉書房、1940 年）

斎藤貴男『民意のつくられかた』（岩波書店、2011 年）

菅豊『川は誰のものか―人と環境の民俗学―』（吉川弘文館、2006 年）

菅豊『「新しい野の学問」の時代へ―知識生産と社会実践をつなぐために―』（岩波書店、2013 年）

菅豊「災禍のパブリック・ヒストリーの災禍──東日本大震災・原子力災害伝承館の『語りの制限』事件から考える『共有された権限（shared authority)』」（標葉隆馬編『災禍をめぐる記憶と語り』ナカニシヤ出版、2021 年）

杉本仁ほか「座談会　アカデミック民俗学と野の学の緊張──福田アジオ氏に聞く」（柳田国男研究会編『柳田国男以後・民俗学の再生に向けて──アカデミズムと野の学の緊張』梟社、2019 年）

松田陽・岡村勝行『入門パブリック・アーケオロジー』（同成社、2012 年）

02

パブリック(ス)とパブリックヒストリー

岡本充弘

はじめに

本書の共同執筆者の一人でもある菅豊などの協力を得て、日本におけるパブリックヒストリー研究会が立ち上がったのは、2019年3月である。[1]その前後に「現代史研究会」(2018年11月19日)、「京都歴史学工房」(2019年9月7日)などのいくつかの機会で、パブリックヒストリーの現在の概要について語る機会があり、さらには本書の編者である菊池信彦が主催したオンライン研究集会「日本におけるパブリックヒューマニティーズ/公共人文学の現在」(2021年11月12日)で拙見を報告した。[2]その報告をもとに、パブリックヒューマニティーズを広く問題とするという本書の意図にしたがい、本稿ではパブリックヒストリーの基本的な枠組み、そしてその問題点を論じる。

この間、筆者は「パブリックヒストリー研究序論」「続パブリックヒストリー研究序論」という二つの論考をとおして、パブリックヒストリーの概要を明らかにしてきた。[3]重なるところがあるが、本稿の読者にためにあらためてその概

1　パブリックヒストリー研究会．https://public-history9.webnode.jp/，（アクセス日：2024-03-29.）

2　"【11月12日開催】KU-ORCAS2021研究集会のお知らせ"．関西大学アジア・オープン・リサーチセンター．https://www.ku-orcas.kansai-u.ac.jp/news/20210922_874/，（アクセス日：2024-03-29.）

3　岡本充弘「パブリックヒストリー研究序論」（『東洋大学人間科学総合研究所紀要』第22号、2020年3月、67–88頁）、同「続パブリックヒストリー研究序論」（『東洋大学人間科学総合研究所紀要』第26号、2024年3月、71–90頁）

要を繰り返すと、パブリックヒストリーという言葉が一般化するにあたって大きな役割を果たしたとされるのは、カリフォルニア大学のロバート・ケリーである。ケリーはパブリックヒストリーを、「歴史家と歴史の方法のアカデミアの外：政府、民間企業、メディア、歴史団体や博物館、私的実践における活用」（the employment of historians and historical method outside of academia：in government, private companies, the media, historical societies and museums, even in private practices）と規定した。歴史を大学で学んでも、卒業生がそれを生かせる場は少ない。したがって、慢性的な「就職難」（job crisis）が生じる。その克服のためには、大学における歴史研究・教育には有用性（usability）、応用性（applicability）があるべきだ、というのが彼の主張だった[4]。歴史研究・教育が有用で応用可能でなければならないという考えは以前からもあったが、ケリーの議論の新しさは、それを教育や啓蒙にとどめず、上記の領域に拡大することを主張した点にあった。

　この考えは、ヒューマニティーズの危機を感じとっていた専門的従事者、とりわけ大学、博物館、文書館、あるいは史跡などの機関や施設に属していた歴史研究者の共感を呼んだ。以降パブリックヒストリーという考えは、急速に浸透していく。その場として『ザ・パブリックヒストリアン』（*The Public Historian*）が 1978 年から刊行を開始し、1979 年には「全国パブリックヒストリー評議会」（NCPH）が結成された[5]。

　この二つを中心に進められている流れは、現在でもパブリックヒストリーの有力な流れの一つである。大学、博物館、文書館、あるいは史跡などの機関や施設に属す専門的な歴史研究者が作りだす実証的な歴史を、外部の一般の人々

4　Robert Kelley, 'Public History: Its Origins, Nature, and Prospect', *The Public Historian*. 1（Fall 1978）pp.18–28, esp., p.16. なお「パブリックヒストリー」という言葉自体は、ケリーによってそれが学問的に一般化した 20 世紀後半よりも 19 世紀により多く使用されていたとする指摘が、ビッグデータ検索機能（Google Books Ngram Viewer）を用いた研究で明らかにされ、その例としてプライヴェイト・ライヴズに対するものとして使用された例があげられている。See Frèdèric Clavert and Lars Wieneke, 'Big Data and Public History' in Serge Noiret, Mark Tebeau, and Gerben Zaagsma eds., *Handbook of Digital Public History*. De Gruyter, 2023, pp.453-4.

5　全国パブリックヒストリー評議会については、https://ncph.org/ を参照。『ザ・パブリックヒストリアン』については、https://online.ucpress.edu/tph を参照。（いずれもアクセス日：2024-03-29.）

に伝える、つまりアカデミアの歴史を外部の人々、ケリーの言葉にしたがえば「アカデミアの外部」(outside of academia) に伝えることがパブリックヒストリーであるとする流れである。したがってここでは、それぞれの機関や施設において歴史を作り出し、あるいは送りだしている専門的従事者が public historians とされ、一般の人々 the public はその受け手とみなされた。

1 学問分野としての確立

このようにアメリカにおいてパブリックヒストリーを唱えたケリー、そしてそれを継承したパブリックヒストリアンたちは、学問知としての歴史はあくまでもアカデミアによって作りだされるものであると考えた。この問題はヒューマニティーズの理解と関わっている。通常歴史がそのなかに分類されるヒューマニティーズは、一般的な人文的学知、すなわち文学、哲学、そして歴史など[6]を指すとされ、同じ文科系の学問であるとされる経済学、政治学、社会学、心理学などのいわゆる社会科学、人間科学とは区別される。後者が近代社会の確立に並行するかたちで大学などの専門的研究機関で学問的なものと確立されたものであるのに対して、文学、哲学、歴史は早い時代にさかのぼれる。個別的な学知というよりも広く人間、つまりヒューマンに関わる問いとして、ある種の包括性をもつものとして存在し続けてきたものである。

こうしたあり方を変容させたのは、近代社会の成立にともなって、これらもまた大学などの研究機関に「学問分野」(discipline) として組み込まれたことである。それ以前にも大学にヒューマニティーズが組み込まれていた例も少なくはないが、近代以降の大学は、科学を規範として知を制度化した。そのような大学において、ヒューマニティーズは自然科学、そして社会科学と共にその一翼を構成することになった。人文科学（human sciences）という呼称が生じたのもそのためである。また日本の多くの大学で、理科系・文科系という区分のなかで法学部・経済学部に並行して文学部が設置され、そのなかでいわゆる哲・史・文が基幹

6　この他、言語（language）も通常はヒューマニティーズに属すとされることが多い。

学科となったのもそのためである。

　しかし、そのようなかたちでアカデミアにおいて疑似科学化したヒューマニティーズは、自ずと変化を迫られた。哲学はかつての包括的な探求に代わって、個別哲学者の思想史的解釈を中心とするものになった。文学もまた創造性を失い、作家や作品の批評・解釈を中心とするものとなった。歴史は、もっぱら事実尊重の実証の学として史料分析を中心とするものになった。それぞれの研究対象は細分化され、成果はピアーズと呼ばれる専門家が集団に対してもっぱら開示された。そのような範囲を越えたとしても、成果を受容したのは大学などの高等教育機関に入学することのできる限られた知的社会層だった。

　就職難などに見られるヒューマニティーズの危機は、過度の学問的専門化が知としての実用性や応用性を欠如させ、また「普通の人々」（ordinary people）なかにある知との乖離を生み出したことにあった。最初にも記したようにケリーがパブリックヒストリーを唱えたのはこのような危機意識にもとづいていた。しかし、歴史が「利用可能」、「応用可能」であるべきとしたこのような主張は、広く歴史研究者に受け入れられたわけではない。すでに「学問分野」（discipline）としてその地位を確立した歴史に必要だったことは、実用性や応用性を主張することではなく、その科学性を主張することだったからである。

　Ｅ・Ｈ・カーの著作を挙げるまでもなく、『歴史とは何か』を論じた著作はすでに膨大な量に達しているが、その多くの内容が、「歴史学とは何か」「歴史叙述とは何か」、つまり専門的な歴史学者や歴史叙述者から見た歴史論にとどまっているのはそのためである。共通するのは、アカデミアにおいて一般化している近代歴史学の原理をいかにして保持していくかということである。[7]

....

7　E.H. Carr, *What is History?*, University of Cambridge, 1961（邦訳、清水幾太郎『歴史は何か』岩波書店、1962 年；近藤和彦『歴史とは何か：新版』岩波書店、2022 年）；Richard Evans, *In Defense of History*, Granta, 1997（邦訳、今関恒夫他『歴史学の擁護』晃洋書房、1999 年；筑摩書房、2022 年）；遅塚忠躬『史学概論』（東京大学出版会、2010 年）

2 「普通の人々」にとっての歴史

　このような歴史論に欠けているのは、歴史が普通の人々の間ではどのような
ものとして存在しているのかという問いである。そしてその問いに対する一つ
の答えが、「歴史は歴史家の特権ではないし、…歴史家の『発明』するものでさ
え も な い。」（history is not the prerogative of the historian, nor even…a historian's
invention）と断じたラファエル・サミュエルの主張である[8]。サミュエルが中心と
なってイギリスで組織されたヒストリーワークショップ運動は、それまでの歴
史が捨象していた普通の人々の日常、あるいは周縁的な出来事を歴史として取
り上げた[9]。

　重要なことは、こうした主張が普通の人々をアカデミアが作る歴史を受容す
る客体としてではなく、歴史を作りだしている主体であるとみなしたことであ
る。だとすると、普通の人々のなかにある歴史とはどのようなものなのだろう
か。そのことを論じたのが、ロイ・ローゼンツヴァイク、デイヴィッド・シー
レン著『過去の現前』（*The Presence of the Past*）である。千人を超える人々への電話
インタビューというオーラルヒストリーの手法をもちいたこの書物が明らかに
したことは、普通の人々の過去についての今ある知識においては、学校をとお
して教えられる歴史よりも、家族をとおして伝えられる直近の祖先や、あるい
は近隣社会に関する知識がより大きな比重を占めているということである[10]。こ
うした問題提示はオーストラリア社会を対象に同様の視点からの試みを行った
パウラ・ハミルトン、ポール・アシュトン、そしてアンナ・クラークなどによっ
て継承され、現在に至るまでのパブリックヒストリーのもう一つの大きな流れ
を形成している[11]。

8　Rafael Samuel, *Theatres of Memory*, Verso. 1994, p.8

9　ヒストリーワークショップについては、https://www.historyworkshop.org.uk/, （アクセス日：
　2024-03-29.）

10　Roy Rosenzweig & David Thelen, *The Presence of the Past*, Columbia University Press, 1998.

11　Paul Ashton & Paula Hamilton, *History at Crossroad*. Halstead Press, 2010, p.10 ; Anna Clark, *Private Lives: Public History*. Melbourne University Press, 2016, p.6.

ここで注目したいのは、ローゼンツヴァイクらの著作のタイトルが『過去の現前』とされており、またアシュトンらが「歴史意識」（historical consciousness）という言葉とともに「パースト・マインデットネス」（past-mindedness）という言葉を用いていることである[12]。つまり「歴史」という言葉の使用を留保していることである。おそらくパブリックヒストリーが、どのように歴史を人々に伝えるかという関心から、人々のなかにある歴史への関心に向かうにつれて、このような「歴史」から「過去」への転換が生じたのは、アカデミアを中心とした歴史と普通の人々のなかにある過去認識との乖離が、自覚されるようになったからだろう。こうした問題設定は、ヘイドン・ホワイトの「実用的な過去」という立論とも共通すると言ってよい[13]。

　ではアカデミアを中心とした歴史と普通の人々のなかにある過去認識にはどのような差異があるのだろうか。簡潔に言えば、前者は客観的とされ、後者は主観的とされている。別の言い方をすれば、前者は人々が共有しうるものとされ、後者は個々人によって異なるものとされるとしてもよい。つまり前者は統合性をもつ。アカデミアで確立された客観的な事実とされるものが、教科書をとおして伝えられ、国民を統合する手段となっているのは多くの国家において共通する現象である。対して後者は拡散的である。マスメディアが発達した現在では保守的な歴史修正主義という主観的な意見が集合的に存在しているというパラドキシカルな例もあるが、後者は個々人が属する家族や小集団、特定のグループによって応じて変化する。このように焦点を普通の人々にあてれば、歴史は多様化する。つまりヒストリーはヒストリーズとなる。そのことは現在相次い

....

12　Ashton & Hamilton, ibid. p.10, Clark, ibid. p.6. なお歴史意識論その代表的論者であるイェルン・リューゼンの論文集が最近翻訳刊行された。同書は、Jörn Rüsen, *Historisches Lernen. Grundlagen und Paradigmen.* Zweite, überarbeitete Auflage. SchWalbach/Ts. 2008 ならびに *Historisches Orientierung. Über die Arbeit des Gescihchtsbewußtseins, sich in der Zeit zurechtzufinden.* Zweite, überarbeitete Auflage. SchWalbach/Ts. 2008 に所収された論文と日本での出版のために新たに書き加えられた章で構成されている。イェルン・リューゼン著・原田信行監訳、宇都宮明子訳『ドイツ歴史教授学の基礎理論：歴史意識が織りなす意味形成と語り』三恵社、2024 年。

13　Hayden White, *The Practical Past.* Northwestern University Press, 2014,（邦訳、上村和男『実用的な過去』岩波書店、2017 年）

で刊行されているパブリックヒストリーの論集を見ても明らかである。[14]

3　パブリックヒストリーにおけるパブリック

　次にやや視点を変えてパブリックヒストリーにおいて、パブリックはどのように論じられているかを考えてみよう。「日本におけるパブリックヒューマニティーズ／公共人文学の現在」という本書の元となった研究集会のタイトルがいみじくも示すように、一般的には public という言葉には、それをそのまま使用するケースと、これに公共という言葉を充てるケースがある。歴史に関しても、例えば剣持久木の著作は『越境する歴史認識：ヨーロッパにおける「公共史」の試み』であり、菅豊・北條勝貴の共編著は『パブリック・ヒストリー研究入門』である。[15]　このように「公共」と「パブリック」は public の訳語としてしばしば併用されている。しかし、本稿ではパブリックというカタカナ表記の方を使用してきた。

　その理由は、公共という訳語を充ててしまうと、本稿で論及されているような、現在パブリックヒストリーが対象とする多様な内容を必ずしも表せないからである。数多い訳出例からもわかるように、public は多義的である。例を挙げると、公演、公立図書館、公共施設、公立学校、公共の秩序、世論（公論）さらには公衆便所など、と訳される。誰でもがフリー・アンド・オープンで利用できる場所、例えば公園はパブリックパークである。private and public life というように使い分ければ、私的な生活に対する、公的な生活を意味する。「公共の秩序」（public order）は、軍隊・警察などをとおして治安を維持するという意味を指示し、ここでの「公共」には統合的・統制的なニュアンスが加わる。「公衆」は、かなり幅広い一般の人を意味する。

　このように、public という言葉は多義的であり、それをどう捉えるかはパブ

14　詳しくは注（3）にある論考を参照。
15　菅豊・北條勝貴編『パブリック・ヒストリー入門—開かれた歴史学への挑戦』（勉誠出版、2019 年 10 月）；剣持久木編『越境する歴史認識：ヨーロッパにおける「公共史」の試み』（岩波書店、2018 年 3 月）

リックヒストリーという言葉が使用されはじめてから、研究者の間で議論の対象となってきた。最近では 2019 年にポーランドのブロツラフで開催されたパブリックヒストリーをめぐる会議で行われた報告と、それをもとに刊行された論文集『パブリックヒストリーにおけるパブリック』(*Public in Public History*)において、語源にまでさかのぼるかたちで丁寧な議論が行われている[16]。この会議で基調報告者を務めたのは、国際的なオンラインジャーナル『インターナショナル・パブリックヒストリー』(*International Public History*)(2018 〜)の編集者として、パブリックヒストリーの国際化を推進しているカールトン大学のデイヴィッド・ディーン、およびハイデルベルク大学のコルト・アレンデス、消費されるものという視点から歴史をとらえ、最近では歴史とフィクションについての国際研究会を組織しているマンチェスター大学のジェローム・デ・グルートである[17]。

　『パブリックヒストリーにおけるパブリック』において顕著なことは、public の多様性が強調され、そのことを示すために publics という表現がしばしばもちいられていることである。その代表的な例の一つが、会議への報告をもとにしたディーンの論考である。論集の冒頭に置かれたその論考においてディーンは、パブリックにはハーバーマスが論じた the public sphere という言葉にあるような、ブルジョワ的、男性、教育のある、裕福なエリートなどの、社会・政治過程への能動的参加が可能な一定の知的社会層を指す場合があるとしつつ、ナンシー・フレーザーやマイケル・ウォーナーなどの議論を借りて、the public は publics としてもあるいは a public としても、多義的に捉えうるものであり、the public

....

16　Joanna Wojdon & Dorota Wiśnieswaska eds., *Public in Public History*. Routledge, 2022.
17　このうちデ・グルートの報告は、この論文の執筆時の時点（2023 年 3 月 31 日）では活字化されていないが、デ・グルートに直接問い合わせたところ 46 シーツにおよぶ報告用パワーポイントを入手することができた。パブリックヒストリーの流れを概観した報告で、アカデミアの外部を設定することによって始まったパブリックヒストリーには、大学の新自由主義的再編と必ずしも無関係ではない面のあること、ならびにコメモレーションがナショナリズムと親近性のあることを指摘、脱構築論やポストコロニアルな視点から従来の歴史を批判し、ファミリーヒストリーや DNA という観点からパブリックヒストリーの意味を論じている。Jerome de Groot, 'Public History' reported at the International Public History Summer School, held on June 1~5, 2019 in Wroclaw (unpublished).

sphere は実際にはその集合体であると論じている。[18]

　アレンデスもまた報告をもとに、the public、the public sphere の規定、捉え方を論じた論考を別誌に掲載している。アレンデスは「概念史」（history of conception）という観点から、public を語源にさかのぼって説明している。ラテン語の publicus では state の役割を意味し、啓蒙主義においては 理性の役割を含むようになっていたというのがその説明である。したがって 18 世以降は教育のある、文化的な、そしてなにより能動的な社会階級に結びつくものであったこと、そして近年は社会学などの学問分野をとおしてハーバーマスの考えが規範化しているというのが彼の議論の骨子である。[19]

　このようにパブリックは、一方では「公共圏（パブリックスフィアー）」論を軸として、他方ではより一般的な普通の人々を意味するものとして論じられている。ロシアのパブリックヒストリー研究者であるアレクサンドル・フォドニェフも『パブリックヒストリーにおけるパブリック』において、public の由来であるラテン語の形容詞である publicus は、本来はそこから people が生じる public, popular を意味していたが、それが名詞に転じた publicum は、ローマ時代にはすでに domestic sphere に対する public sphere を意味するものとなっていたと論じている。publics sphere という言葉を用いてハーバーマスが論じたような、都市市民からなる教育のある読者層を意味するという public という言葉への理解は、かなり早い時代に見出すことができるというのが彼の指摘である。しかし同時にフォドニェフは、新しい技術の広がりと the public sphere 自体の断片化によって、the public は新しいコミュニカティヴな環境において形成されているものと考えられるようになり、現在では文化、ファッション、宣伝、広告などの影響下にあるさまざまな人々を指すものとなっていると論じている。[20]

18　David Dean, 'Publics, Public Historians and Participatory Public History' in Wojdon & Wiśnieswaska, *Public in Public History.*

19　Cord Arendes, 'What Do We Mean by "Public"?', *Public History Weekly* 7(2).

20　パブリックヒストリーという言葉自体がロシアに導入されるのは 21 世紀からであるが、フォドニェフ論文は 19 世紀以降のロシア史におけるパブリックに向けられた歴史、パブリックの側のそれに対する対応の流れをたどるものとなっている。Alexander Khodnev, 'Public between the State and Academia: Cultural and Political Essentialism of Public History in Rus-

この他にもパブリックヒストリーの観点から public を論じている議論も少なくはない。その一つを紹介すると、ペトロス・アポストロポウロスはパブリックヒストリーの流れをたどり、the public sphere を、「歴史が人々に伝えられる接合場所」（境界面・場 interface）、すなわち諸メディア、学校、博物館、ネット空間、さらには人々が歴史について知識を得る場所、例えば近隣コミュニティ、家庭、として捉え、同時に public agency という言葉を用いて、普通の人々の歴史への主体的・能動的参加が現在のパブリックヒストリーにおいて重要な役割を果たしていると論じている。[21]以上近年のパブリックという言葉をめぐる議論のいくつかを紹介してきたが、結論として言えることは、パブリックを多様な人々の集団の混成体、パブリックスとして捉える考えが支配的になりつつあることである。つまりヒストリーズと同様、パブリックもパブリックスとして捉えられるようになっていることである。

4　人文「知」の一つとして

　このような多様性、複数性の強調は、別の言い方をすれば個別を尊重する相対的な視点は、アカデミアにおいて確立された学問知を一義的なものとする側からの批判を招いている。例えば、スミソニアン博物館員としてパブリックヒストリーを牽引した人物の一人であるジェイムズ・ガートナーは、専門的研究に支えられた「知識」（knowledge）と、人々それぞれが思い思いに保持する「意見」（opinion）とは異なるとして、歴史の相対性を過剰に主張する急進的な議論を安易に信頼することを「ラディカル・トラスト」（radical trust）と呼び、批判している。[22]

　専門知としてのアカデミアの歴史の優位性を論じるこのような主張は、最初

....
sia', Wojdon & Wiśnieswaska, *Public in Public History*. pp.247-262, esp.249-51.

21　Petros Apostolopoulos, 'What is the Public of Public History?: Between the Public Sphere and Public Agency', *Magazen.* vol.2. num.2, December 2021.

22　James B. Gardner, 'Trust, Risk and Public History: A View From the United States', *Public History Review.* vol. 17, 2010, pp.52-61.

にも述べたように、近代社会の成立にともなって、科学を規範として知を制度化した大学において、事実尊重の実証の学として歴史が自らを確立したことを根拠としている[23]。したがって、こうした側からの広くパブリックの側にある歴史への批判は、専門的研究が明らかにした事実を軽視・否定したり、あるいは事実とフィクションをないまぜにしたりしている点にある。しかし、繰り返すことになるが、その一方でこうした主張は、アカデミアにおける歴史と、普通の人々なかにある歴史との乖離を生み出している。

これはヒューマニティーズ全般に共通する問題である。最初にも述べたように、近代社会の成立にともなって、大学などの研究機関に組み込まれたヒューマニティーズは、専門知として細分化されかつての包括性を喪失した。しかし、留意すべきは、大学などの研究機関に専門知として組み込まれたということは、それらが置かれたコンテクストに自らも組み込まれたことを意味していることである。つまりは、一方では科学性・合理性・客観性を軸とする近代科学に支えられたモダニティ、他方では専門的研究機関を庇護・育成した近代国民国家というナショナリティというコンテクストに内在化したということである。そしてそうしたコンテクストは、近代国民国家に国民として統合されたパブリックもまた通有しているものでもある。

このようなコンテクスチュアリティの下に置かれたヒューマニティーズは、同一の文化的・言語的枠組みを共有する人々との関係において成立している。日本のアカデミアにおけるヒューマニティーズにそのような傾向があったことは、ここでは逐一挙げないが、無数の例から論証することができるだろう。歴史はそのもっとも端的な例である。ナショナリティの枠組みに国民を統合するにあたって、抜きんでた有用な役割を果たしているからである。新聞、ラジオ、映画、テレビ、そして現在ではインターネットで語られ、伝えられる歴史は、国民意識の形成に大きな役割を果たしてきた。アカデミアの歴史は事実という

23　現代社会における専門知の後退への危機感は、Tom Nichols, *The Death of Expertise: The Campaign Against Established Knowledge and Why it Matters*. Oxford University Press, 2017（邦訳、高里ひろ『専門知は、もういらないのか：無知礼賛と民主主義』みすず書房、2019 年）などによって表明されている。

権威をとおしてそれを補完した。現在の社会において人々の歴史意識を形成しているのは、モダニティとナショナリティというコンテクストである。近代社会は凝集力を持ったメディアを発達させた。それが統合的なものか、あるいは拡散的なものかには議論があるにせよ、そうしたメディアが人々の意識を作りだしていることは、確かである。その一方で、国民国家はメディアの手を借りながら、そして公教育をとおして国民の間に共同の歴史を作りだしている。その点でアカデミア、教育、メディアは相補的な関係によっている。

　このように考えるなら、アカデミアの歴史を権威化し、それとのハイアラキルな関係において広く普通の人々の間にある歴史を位置づけることには留保が必要なことに気づくだろう。パブリックな場にある普通の人々の歴史に、メディアの影響を受けたナショナルな傾向が見られることは確かである。しかし、それは同じくナショナルな枠組みのもとに置かれているアカデミアの歴史との相補的な関係からも生み出されているものなのである。とするなら、批判と同時に必要なのは自省である。そしてその自省は同時に、自らが生み出してきた歴史が、その一方でどのようなものを周縁化し、捨象してきたのかに向けられるべきだろう[24]。

　結論的に言えば、近代国民国家の形成に伴ってその庇護のもとに地位を確立したアカデミアの一員として組み込まれた歴史が、人文科学化を目指したのは、それ自体としては当然のことだった。しかし、その科学性はしばしばモダニティへの同化、西洋を規範とする進歩というメタナラティヴへの一体化を強いるものだった。そこからは非西洋社会の歴史や、家族や地域において伝承されてきた過去は周縁へと追いやられた。

　アカデミアの歴史をどのようにパブリックに伝え、維持していくのかという関心から出発したパブリックヒストリーが、現在では広くパブリックスの間にあるヒストリーズ、さらには過去認識に関心を寄せるようになったのはこのためである。そのなかで、アカデミアが周縁化し、捨象してきたものの復権がす

24　こうした問題についての考察は、拙著『開かれた歴史へ』（御茶の水書房、2013 年）；同『過去と歴史』（御茶の水書房、2018 年）を参照してほしい。

すんでいる。普通の人々が一面的な受容者としてではなく、歴史認識、さらには歴史実践の主体として捉えられるようになっている。このことは、歴史が人文科学の一翼から、ヒューマニティーズへと回帰しつつあることを示すものであると見なされてよいかもしれない。

　このような論じ方、ヒューマンサイエンスとヒューマニティーズをことさら区分して論じることには批判があるかもしれない。そもそもこの両者は人文科学と人文学と訳し分けられる場合もあるが、通常は一般的にはアカデミア内部の学知を指すとされることが多いからである。しかし、パブリックヒストリーという観点からは、本稿において言及したように、それが問題とされるようになって以来、歴史はアカデミアの外、つまりパブリック、あるいはパブリックスとの関係から論じられている。その意味ではパブリックヒューマニティーズとの関連においてパブリックヒストリーを論じるなら、その際にヒューマニティーズが意味するものは、人文「学」というより広く人文「知」として理解した方がよいだろう。パブリックヒストリーが問題としていることはそのようなことだからである。歴史をパブリックスのなかにある多様なかたちをとる過去認識として扱っていくことが、現在のパブリックヒストリーが論じていることであり、結局はそのことが人文学の一つとしての歴史学、人文知の一つとしての歴史を豊かなものとしていくだろう。

パブリックアーケオロジーと考古学の公共性

松田　陽

はじめに　人文社会系諸学における公共性の再検討・重視

　近年、人文社会系の諸学問分野で公共性を再検討・重視する動きが見られる。パブリックヒストリー（Ashton and Trapeznik: 2019、Dean: 2018、Gardner and Hamilton: 2017）、パブリックソシオロジー（Burawoy: 2005）、パブリックアンソロポロジー（Borofsky 2004）、パブリックフィロソフィー（Sandel: 2005、Weinstein: 2014）などの領域が伸長し、とりわけパブリックヒストリーでは 2017 年から 2019 年にかけてコンパニオンやハンドブックなどの総覧が 3 冊も英語で出版されている。日本でも 2019 年にパブリックヒストリー研究会が立ち上がり、『パブリック・ヒストリー入門——開かれた歴史学への挑戦』（菅・北條：2019）が公刊された。

　こうした状況を留意しながら、小稿では考古学の公共性を問うパブリックアーケオロジーについて概観する[1]。

1　パブリックアーケオロジーの成立と発展

　パブリックアーケオロジーの嚆矢は、1972 年に米国でチャールズ・マッギムジーが 著書 *Public Archeology*（McGimsey: 1972）を上梓したことに求められる。同

1　本稿の「パブリックアーケオロジーにおける四つのアプローチ」のセクションは、松田陽「古墳とパブリックアーケオロジー」『古墳と現代社会』（同成社、2014 年）に部分的に依拠する。

書でマッギムジーは、遺跡破壊を防ぐために考古学者が率先して市民を教導する責任を強調した。

　米国発の実践を伴う領域として定義されたパブリックアーケオロジーは、1980年代後半から英国、オーストラリア、カナダへと伝わり、実践と思弁が複合した領域へと発展する（Schadla-Hall: 1999、Merriman: 2004）。さらに2000年前後からパブリックアーケオロジーは非英語圏にも紹介され、今日でも世界各地で新たな展開を見せている。

　パブリックアーケオロジーの発展には三つの要因がある。一つ目は1980年代以降の考古学の理論展開。ポストモダン思潮の中でポスト構造主義が隆盛する中、ポストプロセス考古学が台頭し、物質的痕跡を通して過去を考察する行為の相対性と文脈依拠性が強調された。二つ目には、過去をめぐる政治問題（politics of the past）の先鋭化という社会的潮流が挙げられる。過去の解釈が現在における政治力学に強い影響を与え、またその政治力学の影響を強く受けているという認識が社会全体に広がり、考古学と現代社会との政治的関連性に関心が払われるようになった。そして三つ目の要因は、市場主義経済の深化である。考古学という営みの経済性を重視する発想は、一方では公金に大きく依存する考古学の費用対効果をいかに高めるか、また他方では、考古学の価値をいかに商品化した上で顧客としての市民に提供するか、という問題に意識を向けるようになった。以上の三つの要因が複合した結果、どのようにして考古学と現代社会との相互関係を良くし、考古学の公共性を構築・担保していくのかについての議論が深まることになった。

2　パブリックアーケオロジーにおける四つのアプローチ

　今日のパブリックアーケオロジーには、教育的、広報的、多義的、批判的という四つのアプローチが存在する。

　教育的アプローチは、考古学者を知識の伝達者とみなし、教育活動を通して、市民が過去、そして考古学という学問を考古学者と同じような視点から理解で

きるように導こうとする。

　広報的アプローチは、考古学の宣伝・アピール活動を展開することによって市民が抱く考古学のイメージを良いものにし、考古学に対してより多くの社会、経済、政治的な支援が得られるようになることを目指す。広報活動を展開するにあたっては、印象に残る視覚情報や効果的な宣伝文を活用したイメージ戦略を推進することが求められる。

　多義的アプローチは、過去の人間が残した物質的痕跡がいかに多様な意味を持ち得るのかを探求する。遺構や遺物などの考古学的資料は、適用する考古理論や方法論の違いによって異なった過去の解釈を許すものであり、これは言わば考古学的解釈の多様性を意味する。しかし、まったく同じ考古学的資料は、同時に非考古学的な視点からも多様な解釈を可能とする。多義的アプローチはこれら一つ一つの意味を吟味し、そして総合させることによって、過去の物質的痕跡が考古学者のみならず、人類にとって何を意味しているのかを追究する。

　そして批判的アプローチは、社会科学で言うところの批判理論（critical theory）に依拠し（Calhoun: 1995, Horkheimer: 1995(1937)）、考古学の実践や解釈が既存の社会政治的な体制にどのように関係・貢献しているのかを検証する。ここで問われるのは、現行の考古学の実務や政策が社会のある特定グループの既得権益を守ることに貢献していないか、また、現在主流となっている考古学の定説が、実は誰かにとって都合の良い／悪いものとなっていないのか、などの問題である。

　以上の四アプローチのいずれも、考古学をより社会的に意味あるものにすることを最終目的とする。どれか一つしか採用できないというものではなく、現実には複数のアプローチが複合されることも多い。加えて、その採用は意識的に行われるときもあれば、無意識的に行われるときもある。しかし、どのアプローチが優先的に採用されているのかを見極めることによって、各々の考古学者が現代社会にどのように関わろうとしているかを洞察することができる。

3　パブリックアーケオロジーの近年の傾向

　以上の四アプローチを考慮したときに浮かび上がるパブリックアーケオロジーの近年の傾向は、批判的アプローチとその他三アプローチとの「差」が広がりつつあることである。

　2010年頃までは、パブリックアーケオロジーにおける最も顕著な「差」は、教育的・広報的アプローチのグループと、多義的・批判的アプローチのグループの間に見られた。事実、2000年頃以降のパブリックアーケオロジーの議論を大いに盛り立てたのは、教育的・広報的アプローチの支持者と多義的・批判的アプローチを支持者との間の議論である。概して言えば、前者はより実践主導的、現実対応的で、逆に後者はより理論主導的、変革志向的であった（図1）。つまり、教育的・広報的アプローチを採用する者は、現行の考古学の枠組み・体制を維持しながら、その中で可能なかぎり考古学と社会との関係を実践を通じて改善しようとしたのに対し、多義的・批判的アプローチを採用する者は、既存の考古学のあり方そのものを議論を通して社会的に変革しようと試みた。

	実践主導 現実対応的		理論主導 変革志向的	
パブリックアーケオロジーの 四つのアプローチ	教育的 アプローチ	広報的 アプローチ	多義的 アプローチ	批判的 アプローチ
キーワード	考古学教育を通しての 知識の伝達	社会に対しての 考古学の宣伝・アピール	多様な過去の解釈の 分析・総合	考古学と社会政治体制の 関係の批判的検証

図1　2010年頃以前のパブリックアーケオロジーにおける最大の「差」

　明らかに志向性が異なる両者間では、激しい議論が繰り広げられた。教育的・広報的アプローチを支持する者は、多義的・批判的アプローチを考古学の本質とかけ離れている、非科学的であると問題視し（McManamon: 2000a, 2000b、Fagan and Feder: 2006）、後者を採用する者は前者を考古学と一般市民との間に一方向のコミュニケーションしか認めない、権威主義的な考え方であると批判したのである（Bender: 1998、Faulkner: 2000、Holtorf: 2000, 2005b、McDavid: 2004）。

　しかし2010年を過ぎた頃から、この議論は一区切りをつけた観がある。お互

いの主張が十分に出し尽くされ、パブリックアーケオロジーとしての次の一手を探りだした、と言ってもよいかもしれない。

　ここで新たに生じてきたのが、教育的・広報的アプローチと多義的アプローチとの融合である（図2）。これは、ある意味で合理的な融合と言える。社会の多種多様な構成員たちの立場や考え方を十全に理解することは、考古学に関する教育と広報の効果を高めることにつながるからである。無論、これは従来よりも「妥協した」教育・広報活動を行うこと、すなわち、考古学のために教育・広報活動を行うという姿勢から、より多様な社会集団のために考古学の教育・広報活動を行う、という姿勢への変化を意味する。しかし、そうすることによって考古学の社会的有用性が強調されるわけであるから、長期的には考古学を利する変化とも考えられる。このことを反映するかのように、過去10年ほどのパブリックアーケオロジーのキーワードは対話（dialogue）、共同（collaboration）、共有（sharing）となっている。まちづくり、地域活性、観光、アートなど、かつては考古学とは関係ないと目された分野との連携がさかんに強調されるようになった（Jameson: 2014、Little and Shackel: 2014、Stone and Hui: 2014）。

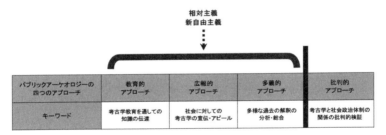

図2　2010年頃以降、新たに広がりつつある「差」

　しかし、この流れの裏返しとして、批判的アプローチが後退していることについては注意せねばならない。20世紀末にポストプロセス考古学の論客たちが行ったような考古学の政治性に対する鋭い批判的な意見表明（Shanks and Tilley 1987a、1987b）は、過去10年で確実に減った。考古学がいかに社会的強者を利してきたのか、そして逆に考古学がいかに社会的弱者を抑圧してきたのかといった事柄についての議論は、今やあまり見られなくなってしまった。権威や体制

に抗うという発想自体がもはや「古臭い」と思われているのか、と感じさせるほどである。

このように今日のパブリックアーケオロジーの最前線は、教育的・広報的アプローチと多義的アプローチとの融合、そしてその裏返しとしての批判的アプローチの後退によって特徴づけられている。

4　相対主義の進展

パブリックアーケオロジーにこうした新たな状況が生まれている背景には、相対主義と新自由主義の影響がある。

相対主義の高まりは 1980 年代頃から徐々に進行した。進歩主義やマルクス主義のような少数の求心力ある社会的価値観が揺らいだ後、個々の価値観が独立したコミュニケーション体系として並立することが次第に容易になっていった。そしてインターネットを介したソーシャルネットワークが爆発的に普及したことによって、この潮流は決定的となった。アカデミズムや伝統的なメディアの影響力が弱まり、誰もが簡単に発信者になれる時代では、異なる価値観の並立が一層促進されていく。無論、パブリックアーケオロジーもこの潮流の影響を強く受けている。先に述べた教育的・広報的アプローチと多義的アプローチとの融合は、相対主義に裏打ちされた多義的アプローチの急伸によって生まれていると言っても良い。

相対主義は、考古資料を含めた文化遺産のあり方にも強い影響を及ぼしている。2005 年に欧州評議会（Council of Europe）がファロ（ポルトガル）で採択し、2011 年に発効した「社会のための文化遺産の価値に関する欧州評議会枠組条約 Convention on the Value of Cultural Heritage for Society（通称「ファロ条約」）」は、文化遺産マネジメントについての画期的な方向性を示すものであるが、そこには民主主義と相対主義の混交が看取できる。

例えば、条約前文の 6 段落目では「現在進められている文化遺産の定義と管理に社会のひとりひとりを関与させる必要」（the need to involve everyone in society in the ongoing process of defining and managing cultural heritage）への言及があり、何が文化遺産であるかを決める過程、またその文化遺産を管理していく過程で、社会のすべての人々の参画が必要であることが強調されている。また、同じ前文の5段落目には、

> すべての人間が他者の権利と自由を尊重する一方で、その選択する文化遺産に関与する権利を有することを認識する（Recognising that every person has a right to engage with the cultural heritage of their choice, while respecting the rights and freedoms of others）

と書かれており、さらに第4条aでは、

> すべての人間は、個人か集団を問わず、文化遺産から恩恵を受け、その充実に貢献する権利を有している（everyone, alone or collectively, has the right to benefit from the cultural heritage and to contribute towards its enrichment）

と記され、個人であれ集団であれ、自分たちの文化遺産が何であるかを決める権利、そうして決めた自らの文化遺産を享受する権利が明記されている。

　このようにファロ条約は文化遺産の定義・管理に関して相対主義を通した民主主義を強調するが、これが欧州評議会という国際機関が採択したものであることを思い返すと、相対主義の影響下で文化遺産の捉え方がいかに大きく変化しているかが理解できるだろう。

　相対主義の伸長は、今日の文化遺産研究（heritage studies）でも確認できる。かつては「特別なもの、傑出したもの、シンボリックなもの」として捉えられていた文化遺産は、今や「日常的なもの、普通のもの、さりげないもの」として再定義されつつある。この新たな文化遺産像の提唱者の一人であるジョン・スコフィールド（John Schofield）は、「文化遺産はどこにでもある」、「文化遺産はすべての人のもの」、「誰もが文化遺産の専門家である」と雄弁に主張し（Schofield: 2014）、これまで社会的強者やエリートが一方的に上から定義し、管理してきた文化遺産を民主化していくビジョンを提示する。

　ここで留意すべきは、相対主義——そしてパブリックアーケオロジーの多義的アプローチ——が「ある程度までは」民主主義的であり、また「ある程度ま

でしか」民主主義的ではないという点である。個々の価値観を認めることは「ある程度までは」民主主義に資するが、個別を承認するだけでは民主主義に到達しない。個別間のコミュニケーションや対話が常時展開している状態こそが民主主義だからである。個別同士が没交渉になってしまうと、ポストモダニズムの終着駅である分断化（fragmentation）にたどり着く。そこでは無数の価値観が細分化しながら並立し、各々が閉じた言説空間として自立し、エコーチェンバー現象によって閉鎖性が一層強化されていく。「ポスト真実」のような個人的信条・感情が客観的事実よりも優先される状況（McIntyre 2018）も、ますます生まれやすくなる。過去の解釈をめぐる多様な価値観を認めた上でいかなる大局的ビジョンを描けるかが、これからのパブリックアーケオロジーの大きな課題なのである。

5　新自由主義の影響

　市場主義経済の深化はパブリックアーケオロジーの成長を後押ししたが、そこに端を発する新自由主義は、パブリックアーケオロジーのあり方をさらに変容させつつある。

　新自由主義は、第一義的には市場における自由競争の促進と政府による経済活動への規制の最小化を目指す経済思想を意味する。しかしその思想が伸長した結果、従来は市場の影響をさほど受けないと考えられていた文化、福祉、教育、医療などの領域においても交換価値——それは市場経済においてはもっぱら金銭価値を意味する——が追求されるようになり、社会のあり方そのものが変わりつつある。その意味では、新自由主義は経済思想を超えた社会思想となっている。かつて、考古資料を含めた文化遺産はただ存在するだけで価値がある、すなわち本来的に存在価値を有していると考えられていた。だが新自由主義の影響下では、文化遺産の存在価値はさほど考慮されず、文化遺産を直接・間接に利用することによって経済的価値を可能なかぎり多く生み出そうという考え方が主流となる。

　こうした新自由主義の拡張が、先に述べた考古学と異分野との対話、共同、共

有を促進する要因となっていることは間違いない。考古学が現代社会により多くのパートナーを獲得することによって、考古学の意義がより社会的に認知され、考古学に対しての経済的支援も拡充することが見込まれるからである。しかし、どのようなパートナーをどのような条件で求めるかについての議論は、いまだ十分になされていない。そしてこの議論が欠如する現在、資金確保が第一義的な目的となって対話、共同、共有が推進される事例も少なからず出てきている。

経済性を優先させる新自由主義的な発想が、パブリックアーケオロジーの批判的アプローチの後退を誘発していることは否めない。批判的アプローチが提起する典型的な問いとして「ある考古学のプラクティスは、誰の利害にどのように資するのか」というものがあるが、新自由主義者はこの問いを考古学への資金提供者にまず投げかけないだろう。善悪に関する倫理的判断は、経済的価値の創出を阻害しかねないという理由から後回しされていく。

つまりは、新自由主義と批判的アプローチはいかにも親和性が低いのである。考古学の成長のための資金確保と、その資金をいかにして得るべきかについての批判精神あふれる議論とを両立させることができるかどうか、これからのパブリックアーケオロジーでは益々問われるだろう。

6　パブリックアーケオロジーにおける公共性と考古資料の公共性の差異

パブリックアーケオロジーが想定する考古学の公共性としばしば混同されるのが、考古資料の公共性である。両者の差異と関係性についても述べておきたい。

考古資料を含めた資料の公共性を考える際に、まずもって問われるのは資料へのアクセスが万人に担保されているかどうかだろう。ここで言うアクセスには、物理的なアクセス、技術的なアクセス、そして知的なアクセスのすべてが含まれる。すなわち、社会の構成員の誰もが利用でき、かつ多くの人々に実際に利用できる機会が確保されている資料こそが、十分に公共性のある資料ということになる。いかなる学問分野であれ、関連する資料へのアクセスが広く開かれていることは望ましいのだから、考古資料の公共性を追求することが望ま

しいことに疑いの余地はない。

　しかし、パブリックアーケオロジーが追求する公共性は、考古資料の公共性とはやや異なる位相にある。前述の四つのアプローチが示すように、パブリックアーケオロジーの主眼は、考古学に直接・間接に関わる者たちの社会的プラクティスに置かれているからである。仮にすべての考古資料が万人に対してアクセス可能であり、多くの人がその資料に触れる機会が用意されていたとしても、そのこと自体はパブリックアーケオロジーの理想的な状態を意味しない。パブリックアーケオロジーの関心は、考古資料を用いて行われるさまざまな社会的プラクティスに公共性があるかどうかにある。つまり、パブリックアーケオロジーが問うのは、アクセスに関する静的な公共性ではなく、プラクティスに関する動的な公共性なのである。

　無論、考古資料があってこそ考古学が成立するわけであり、公共性ある考古資料が公共性ある考古学を実現する上で役立つことは間違いないだろうが、両者が想定する公共性には差異があることには注意すべきであろう。

7　他の「パブリック〇〇学」と比較したときの
パブリックアーケオロジーの特徴

　小稿の冒頭で人文社会系諸学における公共性を問い直す近年の動きについて言及したが、そうした動きとパブリックアーケオロジーの発展の間にはもちろん共通性がある。最も大きな共通項としては、各学問構造に潜む社会性や政治性の自覚というポストモダン的な考え方が一方にあり、また他方には、社会環境の変化に伴って学術研究がいかなる価値を生み出すかの説明を従来以上に行わねばならなくなったこと、そしてそれゆえに学問の公共性についても考察せざるを得なくなった点が挙げられる。しかし、パブリックアーケオロジーには他の「パブリック〇〇学」にない特徴も見受けられるため、それを最後に指摘しておきたい。

　このパブリックアーケオロジーの特徴は、考古学という学問が持つ性格に起因

する。そのうちで特に重要なのは、考古学が物理的かつ空間的に「場所」に介入していくという点である。屋内で行う文献調査はもちろんのこと、社会調査やエスノグラフィー等の野外調査ともまた異なり、考古学の本質的な方法論を構成する発掘調査は、どこかの土地という具体的な場所を掘削し、改変する。そしてその発掘行為は、土地所有者のみならず、周辺に住む者や働く人々の生活や意識にも何かしらの影響を与える。つまり考古学は、現代社会に物理的・空間的に影響を与えながら遂行されるのであり、それゆえに人文社会系他分野と比べて、社会との関わりが密にならざるを得ない。そしてそのような「泥臭い」考古学に携わる以上、学問の公共性を考える程度と頻度は相対的に大きくなる。つまり、パブリックアーケオロジーにとって公共性は本質的に切実な問題なのである。

　もう一つ考慮すべき考古学の性質は、その考察対象がモノ資料だという点である。学問が資料の物性（マテリアリティ）によって強く規定・条件づけられているのは、人文社会系学問では考古学と美術史学ぐらいだろう。

　この考古資料の物性は、否が応でも商品化の可能性を招き寄せる。考古遺物や「考古グッズ」を商取引する市場の存在、また保存された遺跡が観光地に転化する現象が示すように、考察対象の資料が商品となったり、商品化のモチーフになったりする考古学は、現代社会と特殊なかたちで結びついた学問だと言えるだろう。そして新自由主義が拡張する今日、考古学における商品化が何を意味しているのかについて、パブリックアーケオロジーは検討していかざるを得ないだろう。

　現代社会に物理的・空間的に影響を与え、また考察対象のモノ資料が商品化しやすいという性質をもつ考古学は、人文社会系他分野よりも密に現代社会と関わっていると言える。それゆえにパブリックアーケオロジーも、考古学の公共性を切実な問題として考査せざるを得ないのである。

参考文献

Ashton, Paul and Trapeznik, Alex (eds.) *What Is Public History Globally? Working with the Past in the Present*. Bloomsbury Academic, 2019.

Bender, Barbara. *Stonehenge: Making Space*. Berg, 1998.

Borofsky, Robert. 'Public Anthropology', in Callan, Hilary (ed.) *The International Encyclopedia of Anthropology.* 2018(2004), pp.1-10.

Burawoy, Michael. 'For Public Sociology (ASA Presidential Address. 2004)', *American Sociological Review*. 2005, 70, pp.4-28.

Calhoun, Craig. *Critical Social Theory: Culture, History and Challenge of Difference*. Blackwell, 1995.

Dean, David (ed.) *A Companion to Public History*. Wiley Blackwell, 2018.

Fagan, Garrett G. and Feder, Kenneth L. 'Crusading against Straw Men: An Alternative View of Alternative Archaeologies: Response to Holtorf (2005)', *World Archaeology*. 2006, 38(4), pp.718-729.

Faulkner, Neil. 'Archaeology from Below', *Public Archaeology*. 2000, 1(1), pp.21-33.

Gardner, James B. and Hamilton, Paula (eds.) *Oxford Handbook of Public History*. Oxford University Press, 2017.

Holtorf, Cornelius. 'Engaging with Multiple Pasts: Reply to Francis McManamon', *Public Archaeology*. 2000, 1(3), pp.214-215.

Holtorf, Cornelius. 'Beyond Crusades: How (Not) to Engage with Alternative Archaeologies', *World Archaeology*. 2005, 37(4), pp.544-551.

Horkheimer, Max. 'Traditional and Critical Theory', in *Critical Theory: Selected Essays*. Continuum, 1995(1937), pp.188-243.

Jameson, John H. 'Toward Multivocality in Public Archaeology: Public Empowerment through Collaboration', in Scott-Ireton D.A. (ed.) *Between the Devil and the Deep: Meeting Challenges in the Public Interpretation of Maritime Cultural Heritage*. Springer, 2014, pp.3-10.

Kohl, Philip L. and Fawcett, Clare P. (eds.) *Nationalism, Politics and the Practice of Archaeology*. Cambridge University Press, 1995.

Little, Barbara J. and Shackel, Paul A. *Archaeology, Heritage, and Civic Engagement: Working toward the Public Good*, Routledge, 2014.

McDavid, Carol. 'From "Traditional" Archaeology to Public Archaeology to Community Action: The Levi Jordan Plantation Project', in Shackel P.A. and Chambers E.J. (eds.) *Places in Mind: Public Archaeology as Applied Archaeology*. Routledge, 2004, pp.35-56.

McGimsey, Charles R. *Public Archeology*. Seminar Press, 1972.

McIntyre, Lee C. *Post-truth*. MIT Press, 2018.

McManamon, Francis P. 'Archaeological Messages and Messengers', *Public Archaeology*. 2000a, 1(1), pp.5-20.

McManamon, Francis P. 'Promoting an Archaeological Perspective: A Response to Cornelius Holtorf', *Public Archaeology*, 2000b, 1(3), pp.216-219.

Merriman, Nick. 'Introduction: Diversity and Dissonance in Public Archaeology', *Public Archaeology*. Routledge, 2004.

Sandel, Michael J. *Public Philosophy: Essays on Morality in Politics*. Harvard University Press, 2005.

Schadla-Hall, Tim. 'Editorial: Public Archaeology', *European Journal of Archaeology*. 1999, 2(2), pp.147-158.

Schofield, John (ed.) *Who Needs Experts?*. Routledge, 2014.

Shanks, Michael and Tilley, Christopher. *Re-constructing Archaeology: Theory and Practice*. Cambridge University Press, 1987a.

Shanks, Michael and Tilley, Christopher. *Social Theory and Archaeology*. Polity Press, 1987b.

Stone, Peter and Hui, Zhao (eds.) *Sharing Archaeology: Academe, Practice and the Public*. Routledge, 2014.

Weinstein, J. Russell. 'Public Philosophy: Introduction', *Essays in Philosophy*, 2014, 15(1), pp.1-4.

菅豊・北條勝貴編『パブリック・ヒストリー入門——開かれた歴史学への挑戦』(勉誠出版、2019 年)

04

公共人類学と協働の民族誌

関谷雄一

はじめに

　著者の専門は文化人類学、アフリカ農村開発、人間の安全保障学である。本章では公共人類学と協働の民族誌という題名の下で最近まで乗り組んできた研究を紹介しつつ、浮かび上がってきている問題や課題を共有し、今後どのような取り組みがありうるのかを検討してみたい。まずは出発点として、東日本大震災発生以降、著者が取り組んできた研究活動、そして4年ほど前に編集・出版した、『震災復興の公共人類学』と題された編著の成り立ち、内容を中心に、議論を展開していく。その一連のプロセスは災害と向き合う公共人類学であったと言えようが、具体的にどのような活動により、構成されているのかを明らかにしていく。

　公共人類学（public anthropology）とは1990年代後半のアメリカに登場したかなり新しい言葉であるが、公共人類学的な取り組みはそれ以前から存在しており、「応用人類学」（applied anthropology）がその源流にあった。学問領域としての文化人類学が細分化し、それぞれ個別具体的なテーマや課題に集中するあまり、研究者が社会に語りかけることを忘れ、内向きになってしまっている傾向に対する危機感から、あらためて人類学を社会に開かれた学問としてどのように展開していくかという認識が強まり、言葉としてもそれが強調されるようになってきた。日本でも2000年代ころからそうした動きが始まり、今では公共人類学と

いう言葉はかなり用いられるようになってきた。2014 年に『公共人類学』という本を編集した山下晋司の言葉を借りれば「公共人類学とは、公共的課題に関与し、理論的・実践的に解決に取り組むことで、社会に貢献する人類学であり、それを通して人類学の公共性を推進しようとするものである。」(山下 2014：14)

2011 年 3 月 11 日に発生した東日本大震災の後、被災者支援や震災復興を目標にした市民によるさまざまな取り組みが行われたが、著者も人類学を研究する者として、被災者支援や震災復興の取り組みを、ただ眺めるのではなく、学生と一緒に現地に向かい、支援活動を通して聞こえてくる声、見えてくる課題を現地の人たちと一緒に考え、必要とされる活動を実践してきた。一人の研究者ができることは非常に限られてはいたものの、被災者の声を聴き、取りまとめて文字化し、内容を分析して支援活動に必要な情報にデータ化したり、セミナー開催や論文として情報発信をすること、継続的にスタディーツアーを開催し学びの場を設けることが、とても大事な取り組みであることに気づかされた。その積み重ねこそが、人類学の公共性を推進し、社会にひらかれた学問として示すことにつながると感じている。

以下、この 10 年余りの間に著者が公共人類学的に取り組み、研究者や現地の人々と協働で取り組んできた民族誌のかたちを具体的に示すこととする。

1　震災復興の公共人類学：福島県を中心とした創造的開発実践

東日本大震災の発生を受け、東北地方の人々への復興支援活動をテーマとした研究教育そして社会貢献を目指し、科研プロジェクトを開始した。その時に当初から公共人類学のアプローチを展開することを研究プロジェクトのメンバーで考えていた。科研申請は 2012 年度分から行っていたが、2014 年にようやく採択された。開始当初の研究目的は三つあった。すなわち、地域及び被災者の生活再建、復興ツーリズムそして文化開発である。それぞれ少し説明すると下記の通りとなる。

1.1 地域及び被災者の生活再建

被災し避難をした人々に焦点を当て、県外／県内を問わず、震災・原発事故をきっかけに旧来の社会・家族の絆を破壊された人々がかけている問題に向き合いながら当事者とともに生活再建に向けた取り組みを行う。

1.2 復興ツーリズム

東日本大震災は、地震、津波、原発事故、そして風評被害の四重の災害であった。福島県では震災直後から、従来型の観光産業は壊滅的な打撃を受け、未だ十分な復興を遂げていない。しかし、ここで言う復興ツーリズムは従来型の観光産業を主体とし旅行者を客体とした消費ビジネス型の観光ではなく、ボランティア活動を通じたソーシャルツーリズムとして人々との交流に重きを置く。

1.3 文化開発

震災による津波と原発事故による被災への復興過程において民俗文化財は重要な役割を果たしている。特に遠隔地の避難コミュニティの場合、郷土の文化的特徴として民俗芸能や祭礼は支援者という外部と結びつき実施されている。また放射能の影響は、福島県及びその周辺において、地域の食文化や生業にも打撃を与えている。この中で震災前の地域文化を掘り起こし継承していくことが求められている。本研究ではこうしたことを文化開発という観点から分析するとともに、行政・地域社会・文化財保存会・研究者など関係者の交流と共同を促進させ、支援を行おうとした。

「震災復興の公共人類学：福島県を中心とした創造的開発実践」と題された科研プロジェクト（課題番号26284136）の活動期間中の具体的な成果としては、雑誌論文7件、学会発表20件、出版図書5件、ホームページ制作2件であるが、本章では、そうした従来型の研究成果以外の成果や、その後の展開についても説明する。

2　市民との協働研究：理論と実践

　公共人類学の基盤には市民との協働があり、そこでは理論と実践の二つの領域で成果が達成されなければならない。私たちの研究チームがおかれていた状況では災害復興支援、つまり実践の方が先立ってニーズとしてあり、理論的に分析することは後回しとなった。理論の側面では、公共人類学による関与あるいは応答とはどのような理論や枠組みによってなされているのかが説明され分析される。それに対して実践の側面では、そうした理論や枠組みに沿った形で、対象者を巻き込んだフィールドワーク、研究分析が実践され、対峙している課題に対する問題解決が図られる。

　災害支援や震災復興を課題とした公共人類学において、市民との協働は欠かすことのできない要素である。また、人類学的な質的調査は今日のようにインフラや交通機関、情報通信ネットワークが整った状況において協働を行うことの可能性はとても開かれたものとなっている。例えば、被災地へのフィールドワークに、研究者が学生を連れいていき、被災者の話を聞いたり、被災者と共に現地を巡遊して追体験をしたりすることはかなり一般的になってきている。映像やインターネットを通して、人類学者が、現地の人たちと共同をしつつ、課題について議論や分析をすることも可能なのである。

　ルーク・エリック・ラシターによれば、人類学者と現地の人々との協働作業は、もともと民族誌的研究について回ってきたものであり、それほど新しいことではない。しかし、研究対象である人々と、人類学者との意識的な協働作業で生み出されてきた民族誌はそう多くはない。協働作業ということは簡単であるが、実際には、技術的な困難さや倫理的問題も付きまとってきた。人類学者が現地の人々と協働作業を行うことにより、さまざまな誤認や追認を引き起こすことがある。また、倫理やモラルといった観点から考えたとき、それぞれの立場上の認識の違いもあり、協働する基盤すら築くことができない場合もある。本当の意味での協働の民族誌を完成させるためには、個人の次元では協働による研究を協働による社会実践につなげていくことを目指し、学問領域の次元ではそ

うした協働的実践を公共人類学というアカデミックな領域を乗り越えようとする試みまでつなげていくことが必要になる（Lassiter 2005a, 2005b）

前述したように、2014年に山下らによる公共人類学の理論編と位置づけられるテキストが出版されたので、私たちの成果は実践編に位置づけられる成果をもたらさねばならないという認識があった。理論や枠組みを踏まえながら実践を行い、再びその実践を理論と枠組みを使って説明付けをする、このような流れを市民との協働を行いながら進める作業が展開された。

3 『震災復興の公共人類学』（関谷＆高倉 2019）

研究チームのメンバーを中心に、同じように東日本大震災の復興過程を研究している方々に呼びかけ、『震災復興の公共人類学』を編集した。共編者の高倉浩樹が所属する、東北大学東北アジア研究センターからの技術的・財政的支援をうけて、ようやく出版の見通しが立った。編集過程は2017年から始まり、最終的に出版にたどり着いたのは2019年で、2年ほどかけての出版となった。本書の構成は3部10章となっている。

第1部「震災復興の映像アーカイブ化」は、原発事故により茨城県つくば市に避難してきた福島県民に対するセーフティーネット作りを中心とした震災復興活動のアーカイブ化に係る4章の考察によって構成されている。第1章では人類学者の箭内匡がつくば映像アーカイブの「イメージの人類学」からの理論的考察を行っている。第2章では、大学の社会力コーディネーターでありかつ被災者支援を行うNPOの理事長でもあった武田直樹がセーフティーネット作りの詳細を説明し考察を行っている。第3章では、郡山出身の写真家で、自主避難者でもあった田部文厚が当事者・撮影担当者としての映像アーカイブづくりを通した震災復興への考察を展開している。第4章では著者が　協働研究活動としてのアーカイブづくりを通した考察を行っている。いずれもが、つくば市に避難してきた方々との対話を通して創造されたつくば映像アーカイブという協働の民族誌にかかわる考察と実践の記録となっている。

インタビュー調査から、セーフティーネットを構築し、その過程を知る人たちへの更なるインタビューを記録したアーカイブづくりまでの過程は、協働活動の映像アーカイブ化であり、表向き実践者たちがたどってきたセーフティーネット作りに係る記録なのである。しかし結果は、記録だけにとどまらない。アーカイブ作りを通して、アーカイブを作る側とアーカイブの対象となり語りを残した者たちとの間でも対話が積み重ねられ、そこにはセーフティーネット構築に関する、さまざまな問題や課題が共有され、アーカイブ作りの過程自体が、残されたアーカイブ以上に、セーフティーネット構築のための知識と経験知の共有の場となっていることがわかる。

　第2部「II　福島第一原発事故被災者に寄りそう実践の試み」では福島第一原発事故被災者に寄りそう実践の試みについて、三つの考察が展開される。第5章は、早稲田大学の医療人類学者辻内琢也による取り組みである。埼玉県杉戸町・宮代町・幸手市の3自治体職員と、福島県富岡町職員、そして大学関係者の3者の被災者救援ソーシャルキャピタル形成のための協働に関わる記述となっている。辻内の言葉を借りれば、「積極的受け身」になることが現場のニーズをくみ取りながらアクションリサーチを進めるために必要なのだということが説明される。第6章は社会人類学者のトムギルと福島第一原発事故を経験した飯館村長泥地区の庄司正彦が協働で事故の意味を探る考察となっている。ギルによれば、当事者と研究者との壁を壊すことがここで試みられた。また第7章は、人類学者の山下晋司がNPOの一員としてかかわった「まなび旅・宮城」というプロジェクトの観光実践を通して被災地と外部世界をつなぐ試みである公共ツーリズムが論じられている。公共ツーリズムとは、観光／ツーリズムを活用して、官が担うべきパブリックサービスを補完し、震災復興という公共的課題に貢献しようとする取り組みであると山下は述べている。

　第3部「III　津波被災地の生活再建の現場から」は福島原発問題から少し範囲を広げ、津波被災地の生活再建の現場から行われた公共人類学・協働をテーマにした考察が三つ展開されている。第8章では東日本大震災後の岩手県大船渡市三陸町綾里地区での、被災した地域住民と、文化人類学者を含めた研究者

との協働が木村周平と岩手県沿岸部の前浜出身である西風正史により論じられる。第6章と少しニュアンスは異なるけれども、「書く側／書かれる側」つまりは研究者と当事者の非対等性を超えて協働で執筆する試みが展開されている。第9章は宮城県南部の稲作農家の復興への取り組みの事例を対象に、津波による圃場への影響と、地域住民による農業再建における社会文化過程のなかで活用される在来知の詳細が高倉浩樹により述べられる。災害リスクの低減における、在来知の活用の有効性が詳細に示されている。第10章は田中大介により東日本大震災における死後措置プロセス、すなわち死を契機とした看取り・遺体処置・葬儀・埋火葬・死亡手続・供養などから構成される一連の過程を題材として、現場で生じた多元的な問題が議論されている。大規模災害における協働の「死への対処」の詳細が明らかになっている。

4　公共人類学の実践

4.1　まなび旅・福島

　一連の研究活動は、書籍にまとめられた内容以外にもあり、このことを述べなければならない。まずは、「まなび旅・福島」である。ツアーを企画し、学生とともに原発事故被災者のもとを訪れ、ゆかりの方々にお話をうかがう、というシンプルなスタディーツアーだが、学問的な意味合いに関しては、上記編著の第7章にて「まなび旅・宮城」を事例に、山下が述べた通りである。「まなび旅・福島」も初めは「人間の安全保障」フォーラム（HSF）と呼ばれるNPOの企画の一環として手弁当で始めた。もちろん、財源はないので参加者から参加費を募り、著者自身が運転をし案内をする、という試みであった。訪問先のつながりは、言叢社の島亨、五十嵐芳子両氏が導いて下さった福島県のネットワークを頼りに開拓していった。

　2014年からは科研費の費用で、旅費を賄うことができるようになり、財政的にはかなり楽に実施することができるようになった。また、写真家の田部氏が撮影については協力してくれ、私自身も撮影や運転にあまり気を取られすぎず

に見学内容や学生さんたちの議論にも集中できるようになった。2016 年は予算に余裕があり、2 回実施した。そして 2017 年と 2018 年は、東京外国語大学の西井涼子らによる研究プロジェクトと連携させてもらう形で規模も大きく、幅広い見学をし、まなび旅の意義が一層感じられるようになった。とりわけ、情動研究という人類学の最先端の話題を扱う人類学の研究者との交流はまなび旅の新たなる意義の広がりさえ感じさせた。現在も、細々とではあるが、自分なりに学生や仲間を捕まえてまなび旅・福島を続けている。2022 年は久しぶりにオンラインではなくリアルに実施しており、以下はその一覧である。

4.2 まなび旅・福島　実施記録一覧

2012 年 7 月 28 日＆ 29 日（教員 1 名＋学生 8 名参加）
　　椏久里珈琲訪問、市民放射線測定所、飯野町＆飯館村見学、相馬野馬追行事見学、南相馬市見学

2013 年 7 月 27 日＆ 28 日　（教員 1 名＋学生 7 名参加）
　　椏久里珈琲訪問、市民放射線測定所、相馬野馬追行事見学、南相馬市見学

2014 年 11 月 22 日＆ 23 日（研究チーム 4 名＋学生 3 名参加）
　　南相馬津波被災地見学と新地町村上美保子さんによる紙芝居見学

2015 年 10 月 31 日＆ 11 月 1 日（研究チーム 6 名＋学生 5 名参加）
　　富岡町 3.11 を語る会事務所訪問と楢葉町見学（つくば避難者猪狩壮夫氏邸訪問）

2016 年 3 月 5 日＆ 6 日（研究者 5 名＋学生 7 名参加）
　　桜の聖母短期大学にて『福島学』レクチャー受講と椏久里珈琲訪問及び天栄村見学

2016 年 9 月 5 日＆ 6 日（研究者・社会人 10 名＋学生 3 名参加）
　　鹿島建設 JV 事務所、いわき市役所及び東京電力福島第一原子力発電所構内見学

2017 年 11 月 3 日＆ 4 日＆ 5 日（研究者・社会人 14 名参加）
　　環境再生プラザ、椏久里珈琲訪問、南相馬市、富岡町訪問、ふくしま 30 年プロジェクト見学

2018 年 11 月 3 日 & 4 日 & 5 日（研究者・社会人 8 名参加）

いわき万本桜プロジェクト、いわき市石炭、化石館ほるる、スパリゾートハワイアンズ、いわき市語り部ツアー、東京電力福島第一原子力発電所構内見学

2019 年 8 月 3 日 & 4 日 (研究者 1 名＋学生 4 名参加)

楢久里珈琲訪問、飯舘村見学、南相馬市見学

2020 年 12 月 19 日 (研究者 5 名＋学生 3 名参加)

富岡町 3.11 を語る会　オンライン語り人口演会

2021 年コロナ禍のため実施せず。

2022 年 7 月 23 日 (研究者 2 名＋学生 10 名参加)

楢久里珈琲訪問、アベフォトにて阿部宜幸氏講義、山形県東置賜郡高畠町和法薬膳研究所（菊地農園）に移動、菊地良一氏講義

4.3　大学セミナー

　被災した方々の復興のお話を講義として伺う試みも展開してきた。福島で著者が出会った方々の中で、情報発信力が既にあった方々を東京に呼んで、大学セミナーでお話しいただく機会もいくつか設けた。学生も多く参加し、活発な議論があった。

「震災・原発と人間の安全保障」

連続セミナー

　　第十一回　2012 年 5 月 24 日「福島の子どもたちを放射能から守る活動」佐藤幸子（「子どもたちを放射能から守る福島ネットワーク」代表）

　　第十六回　2012 年 11 月 16 日「福島、飯舘、それでも世界は美しい」小林麻里（飯舘村農家・福祉団体職員）

　　第十七回　2012 年 11 月 22 日「フクシマと《人間の安全保障》」島亨（言叢社同人 代表）

　　第十八回　2012 年 12 月 2 日「福島の今と皆さんに伝えたいこと」阿部宜幸

（NPO 市民放射能測定所 福島 広報担当）

2013 年 10 月 10 日開催　第 175 回 HSP セミナー ドキュメンタリー映画「フクシマ後の世界」監督　渡辺謙一氏／制作　カミプロダクション、アルテ・フランス　上映会に際して

4.4　現地調査と交流

　まなび旅もふくめ一連の協働研究においてはさまざまな現地を訪れた。一番遠くではウクライナ・チェルノブイリがある。科研のメンバー、武田氏のつてで、たった一週間であったが、チェルノブイリ原発のゆかりの地、関係の深い方々を訪れ、見学を行った。つくば市における福島県避難者のセーフティーネット作りを手掛けていた武田が 1986 年 4 月 26 日に起きた、ウクライナ（旧ソ連）のチェルノブイリ原発事故被災者へのヒアリング、チェルノブイリ原発の視察を行うことで、福島第一原発事故被災者支援に役立てられるような示唆を得ようと企画したもので、著者も同行したのである。

　キエフ市の「ゼムリャキ（同郷人）」はプリピャチから避難してきた人々への支援組織で、元々プリピャチの文化センターで働いていた人たちが集まって立ち上がった。チェルノブイリ障碍者基金は、事故で障がい者になった人たちへの支援を目的に立ち上がった団体である。また、急性放射能病のための市民団体 5 と 2 のグループはチェルノブイリ事故で急性放射能病を患った人たちの団体である。キエフ市には、チェルノブイリ博物館もあり、そこは日本の国際協力機構の支援も入っており、入り口には福島原発事故に関する展示もあった。チェルノブイリでは、放射線の関係で 5 時間しか滞在が許されなかったが立ち入り禁止ゾーンや爆発が起きた 4 号炉、プリピャチ市の中心街なども見学した。慈善基金「チェルノブイリ・ホステージ」の方々とも出会い、意見交換もした。

　ウクライナの研究活動は調査だけに終わり、まだ成果につなげられておらず、著者としては課題として残っている部分となっている。残念ながら、2022 年 2 月以降ウクライナはロシアと戦争状態に突入し、現在も継続中である。チェルノブイリ原発もロシアの攻撃を受けており、新たな原子力災害にもつながりか

ねない危険にさらされている。そうした経緯を踏まえてこれからどのように研究を続けるべきか考えさせられている。

4.5　大学院生による学びの可視化

　著者と縁のあった学生も交えて情報発信も実施している。米国応用人類学会へは2回ほどポスター発表を行った。その中で関わってくれた学生の2人ほどが、博士課程の研究を修め、博士学位を取得している。一人目は岩崎敬子氏で、つくばの公務員官舎に避難してきた福島県の避難者世帯にお邪魔して、インタビュー調査を行った大学院生であった。その経験を土台に、行動経済学の視点から、福島原発事故の被災者の心の動きをとらえるアンケート調査研究を遂行し博士論文を提出した。その研究成果は日本評論社から単著として出版された（岩崎：2021）。二人目は金燕氏で、原子力をめぐるリスク・コミュニケーションに関する日本及びフランスの市民の語りの比較分析から、その素人専門知の位置づけと役割について考察を重ね博士論文を提出している（金：2021）。

5　東日本大震災の復興過程に関する公共人類学的研究

　2020年より、新たに協働研究の続編として「東日本大震災の復興過程に関する公共人類学的研究」を開始した。東日本大震災10周年を機に、復興過程を追いつつ、（国内外の）地域社会と協働で災害リスク管理のためのレジリエントな社会モデルを構築する構想であった。

　研究開始時に構想していたこととしては次のようなことである。今日、地球環境の変動とそれに伴う災害の頻発化・深刻化が大きな公共的な関心を集めている。そうしたなかで、個人から地域社会、国家、さらに国家を越えた次元にいたるサステイナビリティ（持続性）やレジリエンス（回復力）をめぐる議論が活発に展開されている。こうした背景において、本研究では、プロジェクト展開中に迎える東日本大震災10周年の機会をとらえて、その復興過程をレジリエンスの観点から検証する。また、地域社会と協働しつつ、公共人類学の立場から

防災・減災に向けた災害リスク管理システムを開発しレジリエントな社会モデルを構築する。そうしながら、今日の地球規模の災害の時代を生きるという課題に挑戦するといったことであった。

　しかしながら 2019 年末から拡大していった新型コロナウィルス禍により、従来型の現地調査、地域社会との協働の在り方を変えざるを得ない状況となった。地域社会との協働をどのように実施するか、まずはオンラインでつながるところから始める以外に方法は見つからなかった。オンラインによるセミナーやスタディーツアーに参加することにより、地域社会とつながることは可能であった。また、インターネットを使ったこうしたつながりをきっかけに、デジタル空間のつながりを可視化し、そこから地域社会とつながりのあるネットワークを分析する方法もあることがわかってきた。

6　デジタル人類学

　デジタル人類学という分野がある。人類学一般には、デジタル人類学といった場合、主としてオンラインとインターネット技術と人間の関わり合いを研究する領域を指す。その他の技術と人間の関わり合いを研究するのは科学技術社会論など、他の領域となる。人類学の調査手法としてデジタル人類学を援用する領域もある。もともと、人間と技術の関わり合いを広く研究する領域から、オンラインとインターネット技術関連の研究領域としてデジタル人類学が領域として絞られてきた、とみる見方が正しい。

　デジタル人類学の手法の一つに、オンラインデータの収集と分析に、アルゴリズムを用いて、インターネット上のサイトがお互いにリンク付けされているつながりを追求しながら、可視化する方法が広く用いられており、それを狭義のデジタル人類学と呼んでいる（森田：2021）。私たちの研究チームでは、この狭義のデジタル人類学の手法を用いたネットワーク分析を行い、さらに現地における地域社会の実際のネットワークとの関連性を見出そうとする試みを始めている。

このような試みの中で、築かれているネットワークをどのような人々の集まりととらえるかについて、デジタル人類学では、公衆概念を使った説明の図式が展開される。すなわち、ネットワーク上の人工物（ツール、ハブ、プラットフォーム、メディアなど）を介して結びついている人々は、ある考え方や目的を持った自らを作り出す公衆であり、ネットワーク上には複数の公衆が議論を繰り返しながら解決策を見出すまで活動を続けるということである。

　このような考え方の背景には、ジョン・デューイの『公衆とその諸問題』（デューイ：2014）における公衆概念があるのだが、ネットワーク上に間接的に可視化される人々の集まりの集散をとらえるのに便利な考え方ではある。森田によれば、この複数の公衆という考え方をたどると、エスノグラフィーを通して特定の問題に関心を持ち、具体的なネットワークとしてとらえられる公衆に介入していく営みともみなすことができる、公共人類学あるいは公共の民族誌にもヴァーチャルなネットワークのありように影響を受けることがこれから大いに考えられる（森田：2021）。

7　専門知はもういらないのか

　ネットワークの公衆にしろ、公共人類学的研究活動における公衆にしろ、公衆という概念でくくることのできる人々とは誰なのか、それは一般的に言う公衆（その他大勢）をさすのか、はたまたやはり公衆の中のある特定な集団、公衆の一部、ととらえざるを得ないのか、そこにはきちんとした理論武装が必要とされるのではないかと著者は考えている。どのような理論武装になるのかはまだ見当がつかないが、公衆を複数形で捉えることの危うさを感じてしまう事例として、トム・ニコルズの『専門知は、もういらないのか』という議論がある（ニコルズ 2019）。ニコルズは、ソ連政治の研究家であり、大学の教員でもある立場から、アメリカにおける「専門知の死」をとらえてその原因について鋭い考察を展開している。

　ニコルズによれば、現代においてはアメリカに限らずどんな社会でも排他的

な専門家集団を敬遠する気持ちは一定程度、認められるものの、最近のアメリカ社会では専門家に対する「憎悪」ともいえるような露骨な敵意も認められる状況にある。かつてまで専門家とは、社会の中でかけがえのない役割を果たし、周囲からも敬意をもって受け止められていたはずが、ここ半世紀の歴史的変遷の中で大きく変わった原因について次のように考察している。

　つまり、その原因の一部は人間の本質に根差し、一部はアメリカに独特のもので、もう一部は、現代社会と豊かさの避けられない結果である。例えば、専門家を敬遠する気持ち、自分の考えを裏付ける情報だけを受け入れる「確証バイアス」などがまず挙げられる。また、アメリカの大学が広く利用可能になったことによる大学教育の商品化とその教育を安易に信じてしまう社会の傾向も上げられる。さらに、テクノロジーとコミュニケーションの時代がインターネットやメディアの普及など、知識を大きく躍進させている一方で、人間の弱点に力を与え、強めてもいる。

　こうした変化によって、人種、階級、性別の壁は破られ、普通教育、女性とマイノリティの地位向上、中産階級の拡大、社会的流動性の増大がもたらされ、以前はほとんど交流がなかった少数の専門家と多数の人々が、直接接触することになったとニコルズは指摘している。その結果人々は「専門知は、もういらない」と考えるようになったわけである。

　学問の民主化が進み、インターネットの普及により、かつて専門家といわれて敬遠されていた人々だけでなく、さまざまな人々がネットワーク上、あるいはリアルな場面で同じ課題を共有したり、議論を重ねたりすることがしやすくなったことは歓迎すべきである。しかしながら、ニコルズが指摘したアメリカ社会の極端な事例、「だれもがみんなと同じように頭がいい」という確信が広まるようではいけない。たくさんのネットワーク上の公衆がいて、その人たちが自由自在に集団を作って議論を重ねていることを想像すると、そうした危機感も確かに募ってくる。ニコルズの主張は、こうした時代の流れにあってこそ、「専門家には人々を教育する責任がある」ということである。

おわりに

人文学を社会に開くことの一環として公共人類学や協働の民族誌の取り組みは、これからもその重要性を強めてくるに違いない。日本でもそうとは認識されてこなかったものの、公共人類学的な取り組み、協働の民族誌的な成果はそう少なくはないようである。テクノロジーとコミュニケーションの時代にあって、学問を社会に開かれた営みにすることはますます容易くなってくることも間違いない。

民主主義的な発想によって、多様な人々が、多様なスタンスから研究実践に係ることができるようになるのは、とても良いことである。しかし、それは専門家や専門知を軽んじることにつながるようでは、本末転倒である。最近の日本のインターネットの普及やメディアによる情報過多などの状況を踏まえるに、ニコルズが指摘したアメリカ社会における「専門知の死」は対岸の火事ではない。それは日本でも、もう起こっていることかもしれない。

情報過多で、議論の場をそれぞれ選べる時代にあっても、人々が自分の世界に閉じこもることの無いようにするためにはどうすればよいか。それは、人々が専門知を尊び、専門家を大切にする社会を維持するために、専門家こそ閉じこもらずに、人々を教育し導く責任がある、ということなのである。人文学を社会にひらくこととは、良い意味で、人文学の専門性を強めていくことなのだと理解している。

参考文献

Lassiter, Luke E. *The Chicago guide to collaborative ethnography.* University of Chicago Press.(2005a)

Lassiter, Luke E. Collaborative Ethnography and Public Anthropology. *Current Anthropology.* 46(1), pp.83–106. (2005b)

岩崎敬子『福島原発事故とこころの健康：実証経済学で探る減災・復興の鍵』（日本評論社、2021 年）

金燕『原子力をめぐるリスク・コミュニケーションに関する日仏比較研究～市民の語りにみる素人専門知の位置づけと役割を中心に～』（東京大学大学院総合文化研究科提出博士学位論文、2021 年）

関谷雄一 & 高倉浩樹『震災復興の公共人類学－福島原発事故被災者と津波被災者との協働』（東京大学出版会、2019 年）

デューイ、ジョン『公衆とその諸問題－現代政治の基礎』阿部齊訳　筑摩書房（筑摩書房、2014 年）

ニコルズ、トム　『専門知は、もういらないのか――無知礼賛と民主主義』（みすず書房、2019 年）

森田敦郎「デジタル人類学入門」（研究会用発表プレゼンテーション）　公開研究会デジタル人類学入門、2021 年 6 月 21 日（月）10:00-12:00 実施（基盤研究（B）東日本大震災の復興過程に関する公共人類学的研究――レジリエントな社会モデルの構築、課題番号 20H01402）

山下晋司『公共人類学』（東京大学出版会、2014 年）

05

デジタルパブリックヒューマニティーズの実践とその課題

菊池信彦

はじめに　デジタルパブリックヒューマニティーズとは何か？

　本章の内容は、2021 年 11 月に関西大学アジア・オープン・リサーチセンター（KU-ORCAS）が開催した研究集会「日本におけるパブリックヒューマニティーズ／公共人文学の現在地」における、筆者の同名の発表の記録である。筆者の報告テーマはタイトルにある「デジタルパブリックヒューマニティーズ」（Digital Public Humanities ／以下、DPH と略）であり、先行研究や先行事例をもとに、DPH の「現在地」を整理しつつ、自身の実践例を踏まえ DPH 今後の課題を提示することを目的にしている。DPH の「現在地」をなるべく幅広い実践事例から示すように努めたが、筆者の専門が西洋近現代史であることから、取り上げる内容も、議論の傾向も、西洋史関係が多くなっている。また、開催から少し日が空いたこともあり、本章では当日の報告内容に加え、その後の筆者の研究成果を含めることでアップデートしてある。

　本章の構成は次の通りである。まずは、DPH とは何かを確認した後、DPH の現状について、さまざまな実例をもとにその多様性について確認する。次いで、DPH における重要な方法であるクラウドソーシングに焦点を当て、それがどのように使われているのかを示した後、筆者の実践経験をもとにクラウドソーシングの課題を指摘する。以上を通じて、これからの DPH を考えたい。

DPH とは、その言葉が示す通り学際的な領域であり、PH にデジタル（D）が加わったものだとひとまず定義できる。PH を、人文学を市民に向けて発信し、市民を研究活動に巻き込み、また、市民自身の人文学の実践それ自体を研究することだと捉えると、その実践においてデジタル技術を活用するのが、DPH ということになる。

　一方で、DPH は、昨今日本でも伸長著しいデジタルヒューマニティーズ（DH）における一分野としても位置づけられている。DH は、PH と同様にその定義をめぐっては議論になるのだが、ここではごく簡単に、デジタル技術とその環境を活用した人文学研究だと定義しておく。そのデジタルな人文学研究の営みのなかで、多様な市民すなわちパブリックとの間で、デジタル技術を介した協働関係を築いたり、協力を得たりして、DPH の研究実践は行われている。

　DPH を捉える二つの考え方があるとはいえ、その二つの差異はあまり意識されてはいない。しかし、DH に比して、PH は概念としても研究分野としても DH ほど確立しているとは言い難い状況にある。それは、PH が人文学のそれぞれの分野、すなわち歴史学や考古学などの分野で、パブリックヒストリーやパブリックアーケオロジーなどとして専ら行われてきたという学問史的事情によるだろう。一方で、DH は、その名称が誕生する直前の 2002 年には、方法論の共有地（Methodological Commons）といった人文社会科学の諸分野にまたがる方法論の共有可能性が議論されており[1]、傘概念としては——その内実をめぐって論争はあっても——確立しているという点で、PH とは事情が異なる。そのために、DPH を論じる際には、DH における PH といった包含関係になるか、あるいは、デジタルパブリックヒストリーなどのように人文学の各分野——例えば歴史学——におけるデジタル研究実践として取り上げられるかのいずれかになり、人文学一般において共有しうる／されているデジタル技術の活用法という意味での DPH は論じにくい状況にある。先ほど DPH を PH の実践においてデジタル技術を活用するものだと定義したが、「ひとまず」と断りを入れたのは、このよ

1　Willard McCarty, Harold Short. "Methodologies". EADH. https://eadh.org/methodologies, (accessed 2024-07-19.)

うな事情に因るものである。本書は PH が主たるテーマであることから、なるべく PH を前提に DPH へとアプローチしていくことを目指すが、上記の理由から、取り上げる事例については、DH 内の一領域としてのもの、あるいは、筆者の専門である歴史学などの個別研究領域における実践事例が中心となる。

1 DPH の現状：アメリカの "Humanities for All" をもとに

1.1 PH の目的と実践のタイプ

　PH を前提に DPH へとアプローチするために、まずは PH の現状を把握しておきたい。それを行うのに便利なウェブサイトに、"Humanities for All" がある。これは、全米人文学連合（National Humanities Alliance）が、2017 と 2018 年に、アメリカの大学等研究機関における過去 10 年間における PH の実践事例約 2,000 件を調査し、それをまとめたものである[2]。特に、大学などの実践が中心となっていることから、学生と地域を交えた教育活動の一環として行われたものが主である。また、アメリカでのやや古い実情を調査したものであって、全世界の最新動向を網羅したものではない。しかし、人文学の各分野でのパブリック○○／公共○○学がアメリカ発のもの、あるいは、アメリカの影響が色濃いことを踏まえれば、PH の現状を俯瞰するのに役立つものといえる。

　全米人文学連合のフィッシャー（D. Fisher）は、この Humanities for All で収集した PH 事例をもとに、その目的と実践タイプの観点から、それぞれ五つずつに分類している。

　まず、PH の目的に関しては、①現代社会における課題を対象に、人文学の立場から市民あるいは当事者らに議論の場を提供すること、②地域社会において、歴史的にも現在においても、周辺に置かれあるいは忘却されている存在に光を当て、地域社会の理解を促し、その認識を変えようとするもの。③人文学教育や研究方法、あるいは研究内容を活用して、個人やコミュニティの課題解決を支援しようとするもの。さらに、④教育格差を是正すべく、教育へのアクセス

2　"About". Humanities for All. https://humanitiesforall.org/about, (accessed 2024-07-19.)

機会の拡大に貢献したり、⑤危機や変化の時代にあって、コミュニティの文化遺産の保全を行うもの、以上に分類されるという[3]。

　次に PH の実践タイプについては、一つ目が、一般市民を対象にした学術プログラムやメディア活動である「アウトリーチ」である。これは、例えば、講演会や新聞の論評記事、一般向けのサイトやアプリ・ポッドキャストの公開、博物館などでの展示、本やブログなどの執筆、メディアや連携機関に対する知識提供がある。人文知を社会へ発信する活動としてイメージしやすいものといえる。二つ目は、「市民交流プログラム」であり、主宰者である研究者と参加者が対等な立場で共通のテーマのもと議論し、交流を深めることを目的としたもの。三つ目の「参加型研究実践」（Engaged research）は、大学教員と学生が、コミュニティメンバーとの間で協力関係を結び、コミュニティベースの研究活動を行うというものである。四つ目が「参加型教育実践」（Engaged teaching）であり、上記の市民交流プログラムや参加型研究実践を、特に学部での教育実践として行うもので、いわば、プロジェクトベースドラーニング（PBL）として設定される。最後の「体制構築支援」は、PH を担う大学などにおける支援体制を整備するもので、これには学位プログラムの設計やセンターの運営、研究活動助成、デジタル技術の提供やカリキュラムの作成支援など、組織的な活動が含まれる[4]。

　もちろん、目的と実践タイプのそれぞれにおける小分類は、はっきりと分かれるものではなく、ある PH プロジェクトにおいて複数の目的があったり、実践タイプに複数のものがオーバーラップしていたりしているという。

1.2　DPH の各種事例をもとに考える

　それでは、このような PH の目的と実践タイプの分類には、どのような DPH の実践があるのだろうか。ここからは Humanities for All のウェブサイトに掲載

3　Daniel Fisher. "Goals of the Publicly Engaged Humanities". Humanities for All. https://humanitiesforall.org/essays/goals-of-the-publicly-engaged-humanities, (accessed 2024-07-19.)

4　Daniel Fisher. "A Typology of the Publicly Engaged Humanities". Humanities for All. https://humanitiesforall.org/essays/five-types-of-publicly-engaged-humanities-work-in-u-s-higher-education, (accessed 2024-07-19.)

されている DPH の事例を見ていきたい。なお、以下に紹介する DPH の事例は、Humanities for All の登録事例のうち、DH がテーマとして設定された 16 件の事例から選択している。

　まず取り上げるのが、"Clio" である。これは、アメリカ国内の地域の歴史について、歴史的ランドマークやモニュメントおよびそれに付随する詳細情報と、複数のランドマークをめぐるツアーを登録共有することができるプラットフォームである（図 1）。モバイルアプリも公開されており、無料で利用可能である。2024 年 7 月現在でアメリカ国内の約 38,700 箇所のランドマークおよび約 1,700 件のツアー情報が登録されている。PH の目的の②と⑤に該当するものであるが、同時に Clio は教育利用を想定して作られており、それが参加型教育実践を支えている。教員には、Clio の特別アカウントが付与され、学生に対して地域の歴史の調査と Clio への登録を課題として出すことで、教員はその結果をもとに評価を行うことが可能となっている。

　DPH 事例の二つ目が、"Walden, a Game" である。これは、南カリフォルニア大学トレイシー・フラートン（Tracy Fullerton）が同大学のゲームイノベーションラボと開発したゲームである（Xbox、Steam、PlayStation 4 などでプレイ可能）。これは、ヘンリー・D・ソロー (1817-1862 年) の『ウォールデン ; 森の生活』（1854 年刊）の世界を再現したもので、プレイヤーは、ソローが 1845 年に始めたマサチューセッツ州にあるウォールデン池のほとりでの森の生活を疑似体験し、それを通じて、ソローの哲学とソローが滞在した自然への理解を促すのが目的とされている。その点で、PH の目的は①と③の混合とも言え、また、やや高度なアウトリーチ型の実践に分類できる。

5　Digital Humanities をテーマにしている事例は次の URL で一覧表示される。Humanities for All. https://humanitiesforall.org/#themesTags=digital-humanities, (accessed 2024-07-19.)

6　Clio. https://theclio.com/, (accessed 2024-07-19.)

7　"Clio: Your Guide to the History Around You". Humanities for All, https://humanitiesforall.org/projects/clio, (accessed 2024-07-19.)

8　Walden, a Game. https://www.waldengame.com/, (accessed 2024-07-19.)

9　"Walden, a Game". Humanities for All. https://humanitiesforall.org/projects/walden-a-game, (accessed 2024-07-19.)

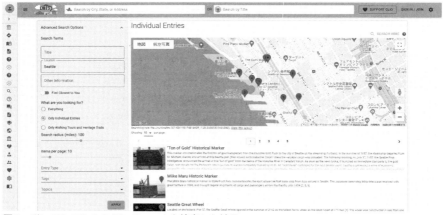

図1　Clio でシアトルのランドマークを検索した結果

　三つ目の事例は、"Southwest Virginia LGBTQ+ History Project"[10]である。これは、2015年9月に開始された、ロアノーク・カレッジの研究者などが支援する、コミュニティベースの草の根的パブリックヒストリー活動である。バージニア州にあるロアノーク公共図書館を拠点に、地域住民、特にLGBTQなどの性的マイノリティの当事者のオーラルヒストリーや、当事者に関するモノ資料を収集保存するとともに、性的マイノリティに関する世代間の会話を促すことを目的にしている[11]。JSTORを使ったデジタルアーカイブやポッドキャストの取り組みを通じたアウトリーチ型であるだけでなく、ボトムアップな市民交流プログラムにも位置づけられる取り組みである。

　四つ目の"Documenting the Now"[12]は、Twitter（現X）データの収集保存を行うシステムづくりと、その実践における倫理的課題への対応を検討するコミュニティベースのプロジェクトである。このプロジェクトが開始された背景には、2014年のミズーリ州ファーガソンにおいて発生した、白人警官による黒人男性の殺害に端を発した抗議行動と暴動がある。一連の抗議活動と暴動をTwitterが広げ

10　Southwest Virginia LGBTQ+ History Project. https://swvalgbtqhistory.org/, (accessed 2024-07-19).
11　"Southwest Virginia LGBTQ+ History Project". Humanities for All. https://humanitiesforall.org/projects/southwest-virginia-lgbtq-history-project, (accessed 2024-07-19).
12　Documenting the Now. https://www.docnow.io/, (accessed 2024-07-19).

る役割を果たしたことから、現代社会における SNS の収集と保存を行う意識が高まり始められたもので、PH の目的の③に分類される。また、メリーランド大学カレッジパークなどの研究者やアーキビスト、ソフトウェア開発者による共同プロジェクトであり、地域活動家と連携したローカルコミュニティベースのアーカイブの構築実践を目指す参加型研究実践ともいえるだろう。

　最後に取り上げる五つ目の事例は、"Seminar on Public Engagement and Collaborative Research"である。ニューヨーク市立大学による学内およびニューヨークでの PH 活動支援のためのプログラムで、プロジェクトへの助成や実践のための支援セミナー、ワークショップなどを提供する体制構築支援である。ニューヨーク市立大学は早くから DH にも積極的な大学組織であり、この PH 活動におけるデジタルな領域に関しては、デジタルアーカイブの作成支援が含まれている。

　以上をまとめると、アメリカの PH は、地域社会やマイノリティなどのコミュニティを対象にした社会正義活動を目的にするものが多く、そのなかで、DPH として、デジタルアーカイブの運営やソフトウェア開発などの取り組みが行われている。一方で、注目したいのが、インターネットを通じた資料の収集や作成を市民と共同で行う取り組みが、"Walden, a Game" と "Seminar on Public Engagement and Collaborative Research" を除いた残りの三つに共通しているということである。市民との協働は PH に欠かせないものだが、それを DPH として可能にしている仕組みが、クラウドソーシングである。次節では、DPH の実践におけるこの仕組みに焦点を当て、クラウドソーシングがどのように利用されているのかを見ていきたい。

....

13　"Documenting the Now". Humanities for All. https://humanitiesforall.org/projects/documenting-the-now, (accessed 2024-07-19.)

14　Seminar on Public Engagement and Collaborative Research. https://www.centerforthehumanities.org/public-engagement/seminars, (accessed 2024-07-19.)

15　"Seminar on Public Engagement and Collaborative Research". Humanities for All. https://humanitiesforall.org/projects/seminar-on-public-engagement-and-collaborative-research, (accessed 2024-07-19,)

2　DPH におけるクラウドソーシング

2.1　クラウドソーシングとデジタルアーカイブとの関係：歴史的な経緯から

　Wikipedia によると、「クラウドソーシングとは、不特定多数の人の寄与を募り、必要とするサービス、アイデア、またはコンテンツを取得するプロセスである。このプロセスは多くの場合細分化された面倒な作業の遂行や、スタートアップ企業・チャリティの資金調達のために使われる」とある。[16] セルジ・ノワレ（Serge Noiret）やトマ・コヴァン（Thomas Cauvin、第 9 章参照）らが著すパブリックヒストリーの入門書や教科書では、クラウドソーシングはデジタルパブリックヒストリー（以下、DPH と区別して DPHis と略）の柱として描かれている。曰く、Web2.0 の登場によって、DPHis はウェブサイト閲覧者に対する一方的な史料画像の提示だけではなく、インターネットを通じて双方向的なコミュニケーション、すなわちクラウドソーシングを通じて資料データや知識のやり取りが可能になったという。[17] そして、DPHis では、そのクラウドソーシングをデジタルアーカイブとともに利用することが多い。

　デジタルアーカイブにおいて、市民に協力を求める手法自体は、デジタルアーカイブの誕生当初から採用されていたものであった。例えば、1993 年に公開され、デジタルヒストリーの初期事例としてしばしば言及される "The Valley of the Shadow" がある。[18] これは、南北戦争期の南軍と北軍に分かれた隣り合う二つの地域の資料を集めたプロジェクトであり、この資料収集にあたっては、地域住民にも資料提供が呼びかけられ、いわば一種のクラウドソーシングの手法がとられたことが知られている。[19]

16　"クラウドソーシング". Wikipedia. https://ja.wikipedia.org/wiki/クラウドソーシング, (accessed 2024-07-19.)

17　Serge Noiret. "Crowdsourcing and User Generated Content: The Raison d'Être of Digital Public History". Serge Noiret, Mark Tebeau, Gerben Zaagsma, eds. *Handbook of Digital Public History*. De Gruyter. 2022, pp. 35-48.

　　Thomas Cauvin. Public History: *A Textbook of Practice*. Second Edition. Routledge. 2022, pp.63-78.

18　The Valley of the Shadow. https://valley.lib.virginia.edu/, (accessed 2024-07-19.)

19　Rebecca Wingo, Jason Heppler, Paul Schadewald. *Digital Community Engagement*. Kindle版, University of Cincinnati Press, 2020, p. 17.

2000 年代に入ると、現在のようなインターネットを通じた市民参加型とも呼ばれるクラウドソーシングが登場した。その最初期の事例として、ジョージ・メイソン大学のロイ・ローゼンツヴァイク歴史・ニューメディアセンターなどによる "September 11 Digital Archive" を挙げることができる[20]。これは、2001 年 9 月 11 日の米国同時多発テロ事件をきっかけに構築されたプロジェクトで、クラウドソーシングの手法をもとに、市民から 9.11 に関する記録の投稿を受け付け、それを保存、公開するものである。

2010 年には、クラウドソーシングの成功事例として特に参照される次の二つのプロジェクトがスタートしている。一つ目が、イギリスのユニバーシティ・カレッジ・ロンドンのベンサム・プロジェクトが立ち上げた "Transcribe Bentham" である[21]。これは、18-19 世紀前半の思想家ベンサムの手稿資料を共同で翻刻するプロジェクトで、クラウドソーシングにおける翻刻実践の一つのモデルとなっている。もう一つが "Old Weather" である[22]。これは、クラウドソーシングプラットフォームである Zooniverse で提供されているプロジェクトであり、ここでユーザは 19 世紀から 20 世紀初頭の航海日誌から過去の天気情報を抽出すべく、共同で翻刻を行うというものである。

2.2　クラウドソーシングはどのように使われているのか

ここまで、ごく簡単ではあるが、クラウドソーシングとデジタルアーカイブとの歴史的な関係をたどってきた。Transcribe Bentham と Old Weather の事例が登場するまでは、クラウドソーシングは資料収集の方法として論じられる傾向にあったが、2010 年代以降クラウドソーシングの適用範囲は拡大していった。これに関し、2012 年と 2018 年の 2 回に分けてまとめられた人文学におけるクラウドソーシングの実態調査によると[23]、クラウドソーシングの方法はタイプ別

20　September 11 Digital Archive. https://911digitalarchive.org/, (accessed 2024-07-19.)
21　Transcribe Bentham. http://transcribe-bentham.ucl.ac.uk/td/Transcribe_Bentham, (accessed 2024-04-19.)
22　Old Weather. https://www.oldweather.org/index.html, (accessed 2024-07-19).
23　Mark Hedges, Stuart Dunn. *Crowd-Sourcing Scoping Study: Engaging the Crowd with Humanit*

に次表のようになるという。

表　人文学におけるクラウドソーシングの方法的分類

翻刻（TEI/XML などのマークアップを含む）
コンテンツの修正
共同タグ付け
資料分類（Categorizing）
カタロギング
リンキング
文脈付け
レコーディングおよびコンテンツ作成
コメント付け、批評、関心の表明
マッピング
ジオリファレンス
翻訳

出　典：Hedges, Stuart Dunn. *Academic Crowdsourcing in the Humanities: Crowds, Communities and Co-production*. Chandos Publishing, 2018, p. 30 掲載の表を筆者が翻訳したもの。訳出した表の初出は（菊池：2022）だが、転載にあたり一部表現を改めた。

　ここからは、DPH においてクラウドソーシングがどのように使われているのかを、前表の分類から取り上げて見ていきたい。

　まず、コンテンツの修正は、Transcribe Bentham と Old Weather などでの翻刻に似ており、OCR（光学文字認識）のミスをユーザが目視と手作業で修正していくものである。これには、例えば、オーストラリア国立図書館の Trove [24] におけるデジタル化新聞史料の翻刻データの修正が挙げられる（図 2）。

　共同タグ付けと資料分類（Categorizing）、カタロギング、そしてリンキングは、

　　　ies Research. Arts and Humanities Research Council, 2012, 56p. https://kclpure.kcl.ac.uk/portal/files/5786937/Crowdsourcing_connected_communities.pdf, (accessed 2024-07-19.)
　　Mark Hedges, Stuart Dunn. *Academic Crowdsourcing in the Humanities: Crowds, Communities and Co-production*. Chandos Publishing, 2018, Kindle 版.

24　Trove. https://trove.nla.gov.au/, (accessed 2024-07-19.)

図2　Trove での翻刻データ修正の様子

デジタル化された資料に対して、クラウドソーシングのユーザがタグを付けたり、資料のカテゴリ分けを行ったり、詳しいメタデータを作成したり、あるいは資料と資料との間の関連付けをしたりする、いわばクラウドソーシングでの情報資源の組織化実践である。例えば、すでに終了したプロジェクトではあるが、イギリス BBC が Public Catalogue Foundation などと共同で、イギリスの美術館などが所蔵する油絵コレクションの検索を可能にするため、オンラインで油絵コレクションにタグ付けをする "Your Paintings" というプロジェクトを実施したことがある。2011 年 6 月に開始され、そのわずか 1 年半には、イギリス国内の約 3,200 機関が所蔵する 21 万点以上のコレクションに対するタグ付けが終了し、現在インターネットを通じて資料を利用することができるようになった。[25]

レコーディングおよびコンテンツ作成は、オーラルヒストリーや回顧録などのための記録収集・作成を行うものである。例えば、2008 年にイギリスのオックスフォード大学が始めた "Great War Archive" プロジェクト[26]は、地域住民の家庭内に眠っている第一次世界大戦期の資料を持ち寄ってもらい、それをデジタ

25　"All 212,000 oil paintings in the nation's art collection are now online". BBC. https://www.bbc.co.uk/blogs/yourpaintings/2012/12/all-212000-of-the-united-kingd.shtml, (accessed 2024-07-19).

26　"Great War Archive". University of Oxford. https://war.web.ox.ac.uk/great-war-archive, (accessed 2024-07-19).

ル化して収集するという取り組みであった[27]。これにより 6,500 点以上のデジタル化資料がアーカイブされた。

　最後に、マッピングは、OpenStreetMap のように、地図そのものあるいは地図上に情報資源を追加していくものである。これに対して、ジオリファレンスは、地理座標を持たない地理情報を GIS 上に関連させて位置合わせを行うものである。これには、例えば、地域の知られていない考古学的情報を研究者のサポートを得ながら市民自身が掘り起こしデータ化する "Cambridge Community Heritage" など、コミュニティアーケオロジー（community archaeology）が当てはまるとされる[28]。

　調査を実施したヘッジス（Mark Hedges）らの目的は、クラウドソーシングを、人文学の「方法論の共有地」（はじめに参照）に位置づけることにあった。多いのはやはり「翻刻」とのことだが、先に挙げた表からは、人文学研究の基礎データの作成から資料に対する深い理解が必要となるようなさまざまな場面でクラウドソーシングが用いられていることが分かる。ヘッジスは、クラウドソーシングの展開を踏まえ、人文学におけるクラウドソーシングが、研究者と市民が協力し「知の共創」（co-production）をするコミュニティベースの参加型研究へと至ったと指摘する[29]。したがって、クラウドソーシングは、人文学研究に必要なデータ入手と整備のための共有の方法であるだけでなく、DPH に必要な市民参加を実践する場を提供する方法と位置づけられるわけである。

　だが、クラウドソーシングを導入するだけで、市民との協働の成功が約束されるわけでもない。最後に、この論点を筆者自身の DPH の実践経験を踏まえて述べることで、クラウドソーシングの課題を指摘したい。

27　この「家庭内の資料を持ち寄ってデジタル化する」という手法は、アメリカではネブラスカ大学リンカーン校が学生主導の教育プログラムとして始めた "History Harvest" という名称で知られている。The History Harvest. https://historyharvest.unl.edu/, (accessed 2024-07-19.)

28　Mark Hedges, Stuart Dunn. op. cit. Kindle 版 . Kindle の位置 No.1261-1358.

29　*Ibid*. Kindle 版 . Kindle の位置 No.3201-3304.

3　クラウドソーシングによる DPH の実践で得られた今後の課題

　筆者は、2020 年 4 月から 2022 年 3 月まで、DPH の実践として、「コロナアーカイブ@関西大学」という研究プロジェクトを複数の共同研究者と進めたことがある。コロナアーカイブ@関西大学は、コロナ禍の記憶と記録を収集保存する参加型デジタルアーカイブであり、クラウドソーシングを使って、マッピングを伴う資料の収集や共同タグ付け、コンテンツ作成を実践した（図 3）。この取り組みについては、すでに複数の媒体で書いているので詳細はそちらに譲るが[30]、そこで得られた教訓は、エフェメラやエゴ・ドキュメントが史料としての価値を持つという、歴史研究者にとっての当たり前ともいえる認識が一般には共有されていなかったということだった。そうであればこそ、このような自己批判的な問いも成り立つだろう。そもそも人文学の研究者は――この文脈では歴史研究者だが――、その学問を、それも前提的な知を、社会に開くことができていたのだろうか、と。PH の議論で市民との協働に力点が置かれ、その実践が語られることはもちろん重要なことだが、人文知を市民に提供することもそれと同じくらい重要な意味を持つ。そのなかで、成果のみを発信するのでなく、その成果がどのようにもたらされているのか、すなわち研究者は何を求め、何が重要と考え、何を規範としているのか、その営みが拠って立つところも含めて、研究活動の内部も社会へ伝えていく必要があるのではないか。

　コロナアーカイブ@関西大学の実践で得られたもう一つの教訓は、クラウドソーシングの仕組みを導入してもなお難しい市民との協働であった。コロナ禍という対面での接触がはばかられる事態だったからかもしれないが、市民参加型を謳っても、デジタルアーカイブへの投稿は他国の同様のプロジェクトと比

30　例えば、Nobuhiko Kikuchi. "Practices and Challenges of Popularising Digital Public Humanities during the Covid-19 Pandemic in Japan". Anne Schwan, Tara Thomson eds. *The Palgrave Handbook of Digital and Public Humanities.* Palgrave Macmillan. 2022. pp.257-274. 菊池信彦，内田慶市，岡田忠克，林武文，藤田高夫，二ノ宮聡，宮川創 .「コロナ禍におけるデジタルパブリックヒストリー：『コロナアーカイブ@関西大学』の現状と歴史学上の可能性、あるいは課題について」『歴史学研究』(1006), 2021, pp. 23-31.

図3　コロナアーカイブ＠関西大学の投稿フォーム。資料データとそのメタデータ、マッピングも可能にしていた。

較すると、かなり少ない結果に終わった。協働が不調に終わった理由として、市民がPHの活動へ参加しても、自分たちが得られるものがなにもないと思われていることも理由として考えられる。それというのも、この実践を進めるなかで、学生限定であったが、投稿者に対して1,000円を協力金として支払ったことがある。これを実施すると、それまでほとんどなかった投稿がわずか数日で100人以上増加する事態となった。この事実が示す教訓は分かりやすい。しかし、DPHの実践のためにお金を支払い続けるわけにもいかない。市民が主体的にDPHの実践に参加する（してもらう）ためには、DPHに参加することを、金銭面以外の理由で、市民自身が肯定できるようにしていかねばならない。

　市民に人文学の研究の営みを伝えること、市民自身が(D) PH実践へ参加することを肯定すること、この二つを解決するには、やはりクラウドソーシングというDPHの協働の場を通じて、研究者が日ごろ行っている研究活動を社会へ開くことが必要なのだろう。言い換えるとそれは、人文学の研究の「おもしろさ」の本丸ともいうべき、解釈の転換を市民と「共創」するということである。人文学研究者にとって、人文学の「おもしろさ」とは、古い史料を読むことや資料を集めること、それらを整理すること（だけ）にあるのではない。それらの行為の先にある、解釈する行為にある。しかし、現在のクラウドソーシングでは、市民は、翻刻やタグ付け、資料収集といった「お手伝い」の範囲に留まっており、人文学の目的である解釈行為にまで及んでいない。DPHが抱える課題は、クラウドソーシングという場において、人文学の研究の一番「おもしろいところ」を市民と共有できていないことにある。その解決のためには、人文学の「おもしろさ」の肝、すなわち解釈の実践を市民と双方向的に行うことができる、新しい「クラウドソーシング」を考えていく必要があると考える。

おわりに

　本章では、DPHをテーマに、その現状と課題を、先行研究や筆者自身の事例をもとに示してきた。筆者は、DPHの実践を通じて「人文学を社会に開くには」、

クラウドソーシングという仕組みを採用するだけでなく、それを通じて、研究者自身の思考法や規範、解釈へと至る思考をも社会に開く対象としていく必要があると提起した。市民との協働はもちろん必要なことだが、「人文学を社会に開くには」それと同時に／その前提として、人文学の何を市民に何を発信すべきかということを、改めて見つめなおす必要があると考えている。

付記

本稿の第2節は（菊池：2022）、第3節は (Kikuchi: 2022) の内容に、それぞれ一部加筆し、まとめなおしたものである。

参考文献

Humanities for All. https://humanitiesforall.org/, (accessed 2024-07-19.)

Mark Hedges, Stuart Dunn. *Academic Crowdsourcing in the Humanities: Crowds, Communities and Co-production*. Chandos Publishing, 2018, Kindle 版 .

Rebecca Wingo, Jason Heppler, Paul Schadewald. *Digital Community Engagement.* Kindle版, University of Cincinnati Press, 2020, 245p.

Serge Noiret, Mark Tebeau, Gerben Zaagsma, eds. *Handbook of Digital Public History*. De Gruyter. 2022, 553p.

Thomas Cauvin. *Public History: A Textbook of Practice*. Second Edition. Routledge. 2022, 288p.

菊池信彦「デジタルアーカイブにおけるクラウドソーシング：海外の事例から」『カレントアウェアネス』(352), 2022, pp. 19-23, https://current.ndl.go.jp/ca2022, (accessed 2024-07-19.)

Nobuhiko Kikuchi. "Practices and Challenges of Popularising Digital Public Humanities during the Covid-19 Pandemic in Japan". Anne Schwan, Tara Thomson eds. *The Palgrave Handbook of Digital and Public Humanities.* Palgrave Macmillan. 2022. pp.254-274.

ディスカッション

菊池信彦×菅　豊×岡本充弘×松田　陽×関谷雄一

前章までの各論を踏まえ、「日本におけるパブリックヒューマニティーズ／公共
人文学の現在地」は、その後、登壇者を交えたディスカッションへと移行した。
以下、その文字起こしの記録である。

菊池（司会／以下、敬称略）：ここからはディスカッションに移りたいと思います。
まずはお互いの報告を聞いていただいたうえで、報告者間での議論からスター
トしたいと思います。どなたからでもどうぞ。

日本の人文学の各領域におけるパブリック○○あるいは公共○○学

菅：質問があります。実は私もそうだったのですが、今日はパブリックヒュー
マニティーズという形で問題が取り扱われ、とくに「日本」におけるパブリック
ヒューマニティーズの現在地が話題とされているのに、日本の現状についてのお
話しが少なかったように思います。その点でパブリックヒューマニティーズ＝公
共人文学という表現が、日本ではまだ根づいていないということが理解できます。

　本日のテーマは「日本におけるパブリックヒューマニティーズ／公共人文学
の現在地」でした。ところが私の発表の中でも言ったように、日本でパブリッ
クフォークロアは浸透しておらず、またパブリックフォークロリストと名乗っ

て活動している研究者はほとんどいません。私などは自分がやっている社会実践型の活動をパブリックフォークロアと意識し、そして自らをパブリックフォークロリスト＝公共民俗学者と表現しながらやっていますが、そのような表明をする人はほとんどいません。そういう日本の状況でパブリックフォークロアを捉えることは、今のところ難しいといえるでしょう。今後引き続き、日本でのパブリックフォークロアの発展に挑戦し続けようと思います。それを踏まえて言うと、今日ご発表なさった岡本先生もまったく日本のパブリックヒストリーの内容には触れなかったわけです。松田さんも日本のパブリックアーケオロジーには触れなかった。関谷さんは、自分の活動としてのパブリックアンソロポロジーの日本での活動に触れられているわけですが。

　それで、今日の主題である「日本におけるパブリックヒューマニティーズ」という主題に引き寄せて、それぞれの分野で日本の現状がどうなっているのかというのを少しお聞かせいただけないでしょうか。民俗学、そしてパブリックフォークロアの場合は、実際には活動としては進んでいるのですが、それがパブリック何々とか公共何々という枠組みを必要とせずに、意識もされていません。しかし、実際には多くの方がそれぞれパブリックな実践的活動をやっているというのが現実です。おそらく歴史学のほうも同じでしょう。日本ではパブリックヒストリー的な活動が非常に多くやられてきたのですが、その辺りのレビューというのは可能なのかどうかも含めて、少しお聞きしたいと思います。

菊池：菅先生、ありがとうございます。他の報告者の方々からは、この問いかけに対していかがでしょうか。

関谷：人類学のほうから申し上げると、日本における公共人類学、あるいはパブリック人類学がどうなっているか。実は、このシンポジウムの前に、どちらが言葉として多いのかということを、「公共人類学」、「パブリック人類学」、「パブリックアンソロポロジー」という、この三つの組み合わせについて、Googleで検索をしてみました。面白いことに「パブリック人類学」でヒットしたのは

1件だけで、菅先生に呼ばれて私も参加した7年ぐらい前の東文研［東京大学東洋文化研究所］でのシンポジウムでした。[1]

菅：「パブリック民俗学とパブリック人類学の対話可能性」というイベントですね。

関谷：それがヒットしまして、あの時以外はあまり「パブリック人類学」という言い方はしていないのだなという、そういう発見もありました。先ほど、私も報告の冒頭の部分で少し申し上げたように、公共人類学、パブリックアンソロポロジーは、1990年代のアメリカでアメリカ人類学があまりにも細分化されて、公共に対して呼び掛けるような研究というものがされていないというような、人類学の中での危機感を踏まえて本格的に取り組まれるようになり、2000年代に入ると徐々に日本にも伝わってきたというような流れであると認識しています。

　このあたりの詳しいことは、2014年に出版された『公共人類学』[2]という東大出版会のテキストの、最初の部分で山下晋司先生がまとめられているので、あちらのほうが詳しいと思います。それを見ても、今に至るとさまざまな科研のプロジェクトで公共人類学という言葉が徐々に増えてきてはいるのですが、菅先生がおっしゃったように、個別の研究者の取り組みで終わってしまっているというのが現状かと認識しています。人類学ではそうではないかと思います。

菊池：ありがとうございます。松田先生はいかがでしょうか。

松田：日本の考古学におけるパブリックアーケオロジーですが、そもそも日本の考古学は本当に独特な研究領域だと思っています。日本で考古学をやってい

1　東文研セミナー「パブリック民俗学とパブリック人類学の対話可能性」のご案内. 東洋文化研究所. https://www.ioc.u-tokyo.ac.jp/news/news.php?id=WedNov271708002013,（アクセス日：2024-07-12.）

2　公共人類学. 東京大学出版会. https://www.utp.or.jp/book/b306686.html,（アクセス日：2024-07-12.）

る人の数でいうと、大学を含めた高等教育・研究機関に所属している人は大体300人ぐらいです。それに対して、地方自治体に直接雇用されている、あるいは地方自治体が立ち上げた財団等に雇用されている人は5,500人ぐらいいます。開発工事に先立つ事前発掘に携わっている考古学者のほうがはるかに多くて、そういった方々は実質的に行政のために考古学の発掘調査を行っていますので、その成果還元を納税者たる各自治体の住民たちに行うべく、教育普及活動も盛んにおこなっています。行政的にそうした教育普及活動を「パブリックアーケオロジー」と呼ぶことはほとんどありませんが、実質的にはパブリックアーケオロジーの実践をたくさんおこなっていて、世界的に見てその活動の水準もとても高いです。

　一方、パブリックアーケオロジーの研究は、行っている人がまだ非常に少ないです。若い世代の考古学者や学生、あるいは文化遺産と現代社会との関係を考察している研究者が、パブリックアーケオロジーの研究を行う事例が少しずつ出てきているような状況です。しかし、基本的には菅先生がおっしゃったように、もっと研究が出てきてほしいという思いを持ちながら見ています。

菅：民俗学も非常に似たような状況です。「パブリックセクターフォークロア」が日本では非常に盛んで、そこでの蓄積というのはあるのですが、それがパブリックフォークロアという形で昇華される過程がまだ始まっていないという感じです。

菊池：やはり歴史学の分野でも同じことが言えそうでしょうか。岡本先生、いかがでしょう？

岡本：二通りに考えることができると思います。僕はパブリックヒストリーというのは、十分日本でも伝統的に行われてきていたし、菅先生の『パブリック・ヒストリー入門』[3]を見れば分かるように、豊富な実践例があると考えています。

3　菅豊・北條勝貴編『パブリック・ヒストリー入門—開かれた歴史学への挑戦』（勉誠出版、

先ほどの報告では5つに分けましたが、for the public や to the public は博物館とか教育とかで行われ続けてきたし、それを巡る議論というのはずっと行われています。それから、with the public というのも、戦後の日本ではしばしば試みられました。一般の人々が歴史づくりに参加する。これは試みられていたと思います。by the public。これも当たり前のように、歴史をつくる主体は民衆なのだと、これは戦後の歴史学の中で常識化していったと思います。about the public は民衆意識という言葉があったように、本当に当たり前のように存在していました。

ただ、最後の in the public、つまり普通の人たちが持っているような歴史意識、歴史認識、あるいは過去に対する認識というものを、学問的世界の側がどういう形で取り上げていくかというと、ほとんど取り上げられていなくて、歴史修正主義が出てきたときにそれは誤っているのだと、そういうレベルで議論されてきているわけです。

日本のパブリックヒストリーというふうに考えれば、僕はパブリックヒストリーというのはずっとあったと考えていいと思っています。ただ、今日皆さんがお話ししたように、パブリックという概念は1970年から1990年ぐらい、その中でも歴史学が一番早いようですが、そこでパブリックヒストリーという言葉が海外で生じてきた大きな理由は、やはりヒューマニティーズ全体の流れとも関わっていると思います。つまり、大学の中に存在してきた研究者が、一体どういう風に自分たちの学問をパブリックとの関わりから論じていくのか。それが for the public、with the public、to the public、about the public といういろいろな試みとして、日本でも考えはじめられたということだと思います。

話をずらしますが、歴史学における西洋史学というレベルでは、人類学とか民俗学とか、考古学の方々とは大分異なり、フィールドワーク的な学問ではどうしてもないために、パブリックヒューマニティーズ的な実践を行うのはなかなか難しいのではないのかなと思います。

菅：ありがとうございます。私の質問は、われわれが考えているパブリック何々

2019年）

学という学問の方向性とか、あるいは公共何々学という枠組みの日本における必要性ということを、どう私たちが社会へ訴えていくのか、あるいは社会に認知してもらうのかという問題に繋がってきます。パブリックヒューマニティーズの有効性を、日本ではっきりと示していけるのか。そういうところに関わってくると思ったわけです。もし時間がありましたら、後でまたこの議論をやりたいと思います。ありがとうございました。

菊池：ありがとうございます。では、他の報告者の方からはいかがでしょうか。別の報告に対するコメント、あるいは問題提起でも結構です。

パブリック○○あるいは公共○○学における専門知の役割

松田：私が気になったのは、専門知の役割が、この先変化していくのかどうかです。パブリック○○、あるいは公共○○学における専門知とは何なのかという問いです。

　岡本先生がトム・ニコルズの『専門知は、もういらないのか』[4]の本を紹介されていましたが、文化遺産研究やパブリックアーケオロジーでも *Who Needs Experts?*[5] という本が話題になっていて、誰が専門家を必要としているのか、ソーシャルメディアがこれだけ発達して、誰でも意見や情報の発信ができるようになった今日、専門知がそもそも必要とされるのかという問題を提起しています。

　また、エコーチェンバー現象も気になります。自分の考えに近い意見や、それを補強するような情報だけを聞くグループ群が、ネット環境では生まれやすい。もっとも我々自身もそうしたグループに属しているかもしれないわけですが、社会全体がこのように分断し、断片化された状況になったとき、かつて専門家が有し、また依拠することのできた権威や説得力というものはどう変わっていくのだ

4　トム・ニコルズ著、高里ひろ訳『専門知は、もういらないのか：無知礼賛と民主主義』（みすず書房、2019 年）

5　John Schofield ed. *Who Needs Experts?: Counter-mapping Cultural Heritage.* Routledge. 2014.

ろうか。これはとても大きな問題だと思いますが、提起してみたいです。

菅：ちょうどこの問題はタイムリーなお話で、福島幸宏さんがいらっしゃるので後で聞いてみたいと思います。岡本先生のお話にあった反知性主義的なあり方への対応というのは、ずっと昔から民俗学も抱えている課題です。そもそも民俗学というのが、考古学や人類学、歴史学などと大きく異なるのは、その学問がアカデミックの外（エキストラアカデミック）で萌芽したということにあります。そのような歴史を背景としてもっているので、逆にアカデミックよりもアカデミックの外の人々の優位性や正当性を尊重する傾向があります。

　私などもよく使う「野の学問」という表現を、私は非常に大切にしたいし、その学問実践をやっていこうと思います。これは実は近代的なアカデミズムの中で学者として生きる上で足かせにはなりますが、私はやはり「野の学問」という実践を尊重したい。しかしそれが行き過ぎると、エキストラアカデミックの過剰な優位性、そして専門知やアカデミックを否定する反知性主義的な方向に向かう危険性があるともと考えています。

　先ほどこの問題がタイムリーと申し上げましたが、松田先生のお話の中で『土偶を読む』[6]という本が出てきましたが、それがサントリー学芸賞を昨日取ったということでSNS上では結構盛り上がっています。

　私はこの本に関してある新聞書評を書いたときに、少しアイロニカルに、知の民主主義が進行する中で学者の専門知が無化されている、いわゆる「知」外法権の状況は、果たして本当に知の民主主義といってよいものかと問い直しました。ネガティブな評価をしたわけです。

　そういうふうに（ネガティブな）評価を下すと、一方で、逆にそのようなアカデミズムからの評価が知の自由な活動を阻害するのだ、というような反論も出てくるわけです。要するに、専門家のアカデミズムに独占されない多層的な知識生産の世界が存在すべきだという主張です。そしてその場合、何が正しいのか、誰が言ったことが正しいのかといった「知の真正性」の問題も浮かび上がります。「正しい」歴史とか、「正しい」民俗の在り方を果たしてアカデミズムが提示で

6　竹倉史人『土偶を読む：130年間解かれなかった縄文神話の謎』（晶文社、2021年）

きるのかどうかというところに関して、私は少々自信がありません。

　ですが、何を専門家として提示していくかということをきちんと考えるべきであろうかとは思います。これは岡本先生がおっしゃっていたことですが、歴史学ではもっと深刻な問題につながります。『土偶を読む』のように縄文時代の土偶というものの解釈を巡った問題は傷口は浅い。ところが、これが歴史修正主義に繋がるとき、反知性主義だけではすまない問題が起こってくる。アマチュアリズムの中から歪められた暴力的な歴史観が起こってくる問題は、土偶の解釈と比べると社会により深刻な問題、まさにヘイトクライムを含めて深刻な問題を引き起こしてしまう可能性があるのです。

　だから、やはり専門家と非専門家の関係性を真剣に考えていくところからスタートするしかないと思います。専門知を放棄、あるいは専門家としての立場性を放棄することはせずに、私は「野の学問」という協働的な実践学問の中で、一般の人たちと対等な関係性で知的に闘っていくのだと考えています。私は、「闘う」という強い言葉を、あえて使いたいと思っています。もちろん協働することが前提であることは当然です。しかし、その協働のプロセスでは、専門家と非専門家が闘うこともあり得るということです。

関谷：菅先生がおっしゃったほどきれいにまとまっていないのだが、人類学においては、やはり知の相対化ということでずっと闘ってきたのだと思う。「闘う」という言葉を使わせていただく。

　私は開発の人類学などを多く勉強しているほうですが、開発において、在来知対専門知のような闘いがいつもあるわけです。どちらもやはり優劣はつけるべきではないというスタンスから、しかし、より良い開発を目指してどちらかを取るというようなことをやってきたわけです。常にその問題とは向き合わざるを得ないというのが、自分の人類学における認識だと思っています。

　例えば災害の被災者の声、そういう被災者の方々の声のようなものをまとめる際にも、やはりどうしてもそれを研究論文に反映させるには、その人、あるいは、例えば子どものナラティブとか大人のナラティブとかがあるのだが、そ

れを反映させるには、ある程度の介入をしなければ学術的な成果にはならない難しさがあります。それを果たして介入すべきなのかどうかなど、いろいろなことを考えながら論文なり本なりというものをまとめる、そういうプロセスの中で、どこまでを専門の研究者として介入できるのか、すべきなのかというようなことを、常に考えながらやらざるを得ないのだと思っています。

世の中の「知の民主主義」の大きな流れに関しては、もう菅先生がまとめてくださったとおりで、その中で何をすべきで、どこを静観すべきかというのは、考えていかなければいけないのだと思っています。

松田：岡本先生が言及されていたトム・ニコルズの『専門知は、もういらないのか』の本に触発され、パブリック○○あるいは公共○○学が現代社会と関与していくときに、専門知はどうなっていくのだろうかと、先ほど問いかけてみました。

考古学に即して言うと、考古学は半分は過去の資料を解釈する人文学的なところがありますが、もう半分はサイエンスであって、科学的な手法を使って過去を客観的かつ実証的に検証します。近年では、解釈における「何でもあり」の状況を忌避する願望からか、サイエンスにより近づいているという気がしています。人文学と少し離れることによって、考古学のスタンスを明確にする、考古学という学問の専門性の意義や必要性あるいは権威を改めて確立しようとしているのかなと感じています。

これは戦略として理解できますが、サイエンスに振れすぎると、一般の人々にも開かれていたはずの過去が徐々に遠ざかっていき、科学者たる専門家が正しい知識を教えるだけのパブリックアーケオロジーになりますので、これで果たして良いのだろうかと私は懸念しています。

岡本：トム・ニコルズの本については、僕はあまり話したくないというところもあります。途中まで少し面白いと思っていましたが、最後のほうを読んでいくとリベラル批判なんです。専門知擁護というのは意外とリベラル批判につながっていくという問題が、トム・ニコルズにはあるのではないかと思ったので、

あまり議論しても意味がないと個人的には思っています。

　それと、菊池さんが言われたように、クラウドソーシングというのが研究者に対する補助的な機能を果たしているという問題が一方ではありますが、もう一つは、僕はクラウドメイキングという問題があると思っています。歴史にしても、いろいろな学問にしてもです。先ほどの菅さんの言葉では、クラウドメイキングという問題があって、その部分が Shared Authority ならば許容できるが、そこから先については許容できないのだというのが、アカデミシャンの対応だと思います。その辺をどう考えていくのかというのが、パブリックヒューマニティーズという言葉をつくったとき、パブリックという言葉を諸学の分野の上に重ねたときに、これからいろいろな形で議論していかなければいけない問題だと思っています。結論はそう簡単に出ませんが、やはりこの辺りのことを議論していくということは大事かなというのが僕の考えです。

パブリックヒューマニティーズによる地域社会の課題解決は可能か

菊池：フロアからどうぞ。
フロア：今日あまり明示的にお話しにならなかった方が多いのではないかと思いますが、「日本における」というタイトルが付いているので、菅さんもおっしゃったように、やはり人文学の危機に応答するパブリックヒューマニティーズというのが、必然的な動きとしてあると思います。それは当然学問内だけではなく、経済や文化や産業に関して、近代国家的な日本の在り方が既に限界に来ているということだろうと思います。ですので、よく言われる地域おこしというのが何とか実現しなければいけないということが、やはりパブリックヒューマニティーズに関わる基本認識として共有されるべきだと思うのです。

　今日お話しくださった、あるいは参加している方のほとんどが、おそらくは、都市にある学問組織において、周縁の地域に出掛けていくということでパブリックヒューマニティーズを実現していると思います。それが協働というコラボレーションにつながるということだと思いますが、そうした活動が、実際に地域の

過疎化を解消するというか、要するに具体的な産業振興や教育機関が整備される、文化が再興されるということにならなければいけないはずなのだが、それがなかなか進んでいないのではないでしょうか。

逆に、これは先ほど何人かの方がおっしゃっていたが、学問組織の中央集権化というのが結局強まっていくだけではないかという危惧もあると思うので、どなたでも結構ですが、それぞれ活動されている地域において、真の意味での地域への知の還元ということがなかなかうまくいかないとすれば、その阻害要因とは一体何だろうかということを私も考えたいと思っています。有り体に言うと、文部官僚とか地方議会とか地域ボスとかを、どのように説得するかということになると思うのですが、その辺で少しお知恵を拝借できればということです。よろしくお願いします。

菊池：ありがとうございます。難しい問いだと思うが、とても的確に問題を指摘されているかと思いました。いかがでしょうか。

菅：私が答えていいのかどうか分からない部分はあるのですが、いわゆるパブリックヒューマニティーズというものに括られているさまざまな学問のアプローチは、ディシプリンが異なれば対象も異なります。松田さんがおっしゃったように、例えば物の研究を中心でいくとか、それぞれの研究対象に制約されている部分はあるのです。また同じディシプリンの中でも、アプローチの方法というのはかなり多様だし、多様であるべき、多様であることを模索するべきだと私などは考えるわけです。

その点において、それぞれのパブリックな学問のアプローチの方法というのは、必ずしも万能薬、すなわち全ての物事に応用可能な方法ではないということをご理解いただいたほうがいいと思います。本当に狭いところで、一つの問題にだけフォーカシングして、その問題だけを「解決」する、あるいは「納得」させるようなこともあれば、もう少し広い、経済振興のように大きな総合的な問題につなげていくようなものもあります。その意味において、ご指摘いただ

いたような過疎化というかなり大きな課題の解消に直結する方法というのは、パブリックヒューマニティーズ、または私の民俗学においても、最初から具体的には目指していないのではないでしょうか。

しかし結果として、この手の地域振興という問題に具体的にフォーカシングしていくことは普通にあり得ると思います。先ほどの質問は、地域振興という文脈の中で、パブリックヒューマニティーズが役に立っていないのではないかという問いかけだったかと思うのですが、確かにそういうものもたくさんあるかもしれません。

そのときの阻害要因は何かというお尋ねだと解釈して言うと、それはやはり一つには、パブリックヒューマニティーズ、私でいえばパブリックフォークロアですが、それが目指すことと、地元の人々が求めることに最初からズレがある。とくにパブリックセクターフォークロアがやることが、地域の人々に誤解されてしまうということが多々あります。例えば民俗学の分野で非常に分かりやすい例を取り上げると、文化を客体化して無形文化遺産などにしたりする動きですね。これが過疎化の問題に直結しないというのは当たり前なのですが、そういうものと結び付けて地域では期待されてしまう。これは松田さんのご専門でもありますが、祭りや芸能などを無形文化遺産化していくようなプロセスです。そういう形のアプローチで現実に地域振興に「成功」した、それで地域振興して過疎化に寄与したところというのは、あまりないと思います。地域では、観光開発に繋がって経済発展や人口流出の歯止めに伝統文化の無形文化遺産化が寄与するという淡い期待があり、そういう問題解決がゴールとして考えられるのですが、パブリックフォークロアは、その期待には十分に応えていません。

可能性がゼロとは言わないが、学者にとっては、そのような大きな期待を地元に与えるのはかなりリスクが高いというか。実現の可能性は低い。しかしもちろんゼロではない。ゼロとは言えないので、それをどう実現するかというのは細部の技術的な問題にかかってくるのかもしれません。ただ、ほとんどが、失敗とは言わないまでも、後になってこんなはずではなかったという、そういう事例が非常に多いのは間違いないと思います。民俗学の場合は、そういうの

が多いです。

松田：考古学もそもそもの出発点は、学問の在り方として課題解決ではないような気がしています。どちらかというと、過去を明らかにしていくという真理探究型の学問だと思っています。

ただ、そんな考古学が社会のいろいろな人と関わっていく中で、社会の課題解決に貢献できる可能性が副次的に生まれてくる、あるいは社会からそのような要請が考古学に対して出されることはありますし、昨今は実際にそうした状況になっていると思います。この状況下で、考古学が地域振興に資する素材、例えば、その地域にとって誇らしい過去を示唆する物証や知見を提供できる可能性はあるでしょうが、しかし全く提供できない可能性もあります。場合によっては、考古学は不都合な真実、不都合な過去を明らかにすることもあります。

したがいまして、学問としての考古学は、地域や現代社会が求めることを、留意はすれど過剰には意識せず、冷静に過去を明らかにするという本来の姿勢を崩すべきではないと思います。そしてその姿勢を貫く中で、地域振興を含めた社会の課題解決に資する事柄が出てきた場合に、そこにどこまでどのように関与するかをその都度判断すれば良いと思いますし、とは言え全体としては、そのように社会にコミットする頻度が少しずつ高まっていってほしい、というのが私の考えるパブリックアーケオロジーのあり方です。

関谷：それでは、人類学のほうから。お答えになっているかどうか自信がないのだが、日本における地域振興に、私も少し関心を持っていて、人類学で何ができるのかというようなことを考えながら、地域創生のプロの方とも議論するなどしています。

考古学と一緒で、やはりそもそも文化人類学というのは課題解決を目的にしたものではないのですが、私が少し取り組んでいた、今日発表した震災復興の公共人類学などでは、直接その課題に取り組むことを意識して、被災した方と一緒に、ナラティブを集めながらその中のニーズを発掘して、セーフティーネッ

トをつくるというようなことが、ある程度は成功したと思っています。

ただし、それはごくごく限られた範囲の人たちにしか及ばない。地域振興のような巨大な範囲で、社会の全ての人たちに何らかの利益が行き渡るような大きな取り組みというのは、恐らく非常に難しいことだと思っています。

公共に資するとは言っても、やはり自分が手を及ばせることができる、限られた複数の公共というお話が岡本先生からありましたが、僕も全くそれは同感で、パブリック（一般）というのは非常に難しいと実感しています。なので、やはり地域振興のような大きな話になると、役立っていないということを言われても仕方がないのかと思っています。

菊池：ありがとうございます。私自身は図書館界にも少し足を突っ込んでいたことがあるので、もっと地域レベル、地域への知の還元ということに関しては、地域の人たち、地域の公共機関との具体的な連携というのが、もう少し学者の中から出てくるといいのかと、今お話を聞きながら思いました。どうしても研究者自身で、あるいは個人として何かできるという範囲は非常に限られているので、だからこそ地域にある図書館などの機関を連携したいと思うのですが、なかなか図書館側にとっても研究者との連携というのが難しいのかと思いながら見ています。福島（幸宏）さんはその辺りはどのようにお考えでしょうか。

福島：何となく発言を振られるのだなと思っていたところで、恐縮です。慶應義塾大学の福島です。図書館というよりも、それこそ松田さんなり関谷さんなりがお詳しいところだと思いますが、各地の自治体で文化関係の人たちが、大きな開発の前でどこまでのラインで物事を文化資源としてセーブできるのかという争い——争いというか、せめぎ合い——をずっとやってきているわけです。だから、恐らく図書館というより地域の、まさに MLA プラス文化財保護の部局がどういうふうに考えるかというところを、もう一回パブリックヒューマニティーズの観点から、行政に今いる人たちに対して投げ返すという議論を今日されているのか

7　Museum, Library, Archive の頭文字で、文化機関を意味する。

とお聞きしていたところです。菊池さんから振られた話はそういう話かと思います。

反知性主義との関わり

福島：みなさんはそういう立場ではないと考えますが、やはりパブリック人文学の各分野とかパブリックヒューマニティーズとかというのを考える構図が、アカデミック側とそうではない世界のような立て方になってしまいがちです。

　専門知の役割の変化というような議論が先ほどあって、恐らくこの問題は、いわゆるアカデミックの側でも出てきているような感じが非常にしています。つまり、反知性主義的優位性のようなことが大学に属している専門家だと目されている人たちの間でもかなり広がっているという現象が、改めて観察されているような気がしています。

　その中で、例えばアカデミシャンというかアカデミック側、そうでない広くパブリックの側、共通の議論の場がもしできるとすれば、それは一種の倫理性の通貫を前提にしないといけないのではないかと思っています。

　アメリカ歴史学協会が職務行動基準書を何年かに 1 回改定していて、今年の春、国立歴史民俗博物館がその日本語訳を公表しました[8]。それを読みますと、どういう立場であっても、インテグリティーというのがキーワードになっているのです。ただ、これは今日の「パブリック」と同じように、「インテグリティー」は翻訳不可能だと注釈に書いてあり、そこは訳してほしいと思いながら見ていました。かといって、僕にいい訳があるわけではないのですが。

　アカデミックとパブリックの区別があるとしても、それを通貫する議論の土台は必要であり、それを支えるものとしてインテグリティーや倫理性の問題というのを、もう一回考え、議論の俎上に載せることで、アカデミック側の一種の動揺なり雪崩を打ったような感じというのが、もう一度整理できないかとい

8　AHA 専門職行動基準書（2019 年改定版）. 地域歴史文化の創生. https://rhcr.info/aha-statement-on-standards-of-professional-conduct/,（アクセス日：2024-07-12.）

うことを考えながらお聞きしていました。ぐだぐだ言いましたが、少しアカデミックの中の問題もいろいろ議論しておいたほうがいいのではないかということを申し上げて、以上にしたいと思います。

菊池：私個人の考えを述べれば、確かに共通の土台のような、倫理的なコードというか、アカデミシャンの中での共有というのは必要だろうと思いますが、その声を上げることによって党派性を帯びてしまうということも、それ故にまた反発もあるというのがなかなか難しいかと、今、お話を伺って思いました。他の方はいかがでしょうか。

菅：倫理とインテグリティーの問題。いわゆる学問や知の営みに対する誠実さみたいなところは、皆がどれぐらい真剣に持っているか分からないですが、それぞれの人がある程度は持っているとは思います。ただ、福島さんが言わんとするところはよく分かって、実は反知性主義というのを跋扈させているのは、それを本来否定すべき、あるいは否定するはずの、アカデミック側であるという問題点です。

　これがアカデミックと、それ以外の「エセ」アカデミックというような分け方で知性と反知性を分けられればいいのですが、そういう構造が現在揺らいでいるという現状があります。反知性主義的な在り方というものに対して、一部の専門知を持っている学者、あるいは知識人と呼ばれている人たちがそれを支持して、礼賛してもてはやすという構造ができてきて、そしてさらにそれを出版とかマスコミとか、あるいはそれを褒賞する世界で高く評価する。アカデミズムを取り巻いてきた、知の正統性を打ち立てる仕組みを揺るがして、支配してしまうようなことが、今まさに起こっています。

　エセ学者ではないけれども、いわゆるアカデミックの作法にのっとらない学者という人たちは、人類学にもいたし、民俗学にも前からたくさんいました。柳田國男は民俗学の祖ですが、アカデミックライティングを学んだことがありませんし、そんなものはなから無視しています。その意味では、実は昔からあっ

た現象だとは思います。

ただ、これが現在、とみに揺るがされてきています。どうもその問題に対して学者が関わっていくと、いわゆる専門家の知の独占とか、学者というものによる排除といった反批判を受けるというのは目に見えているため、だから多くの専門家がおそらくは黙殺するという手法をとるわけです。

松田先生は言及しませんでしたが、考古学者の多くの方が『土偶を読む』の問題に対する発言を避けています。それを批判すると、どういうリアクションが来るかという道筋が、ある程度これまでの流れで考古学者は分かっているわけで、まさしくこれは痛しかゆしというところです。

真剣に反知性主義に対応すると、我々が再び学問の権威付けをしようとしているという指摘を受けてしまう危険性すらある。今日の登壇者にとって痛しかゆしなのですが、しかしわれわれが、このパブリックヒューマニティーズを考えようというのは、まさにそういうものを乗り越えようとやっているわけです。パブリックな学問というのは、アカデミックに対抗するという部分からも起こっている。そこから始めたのに、進んでいくとアカデミズム側に立っている人間のように見られてしまうという、痛しかゆしの状況にあります。すみません、愚痴で終わりますが、そういう状況です。

岡本：僕がニコルズの話をあまりしたくないと言った理由は、厳密なアカデミックライティングの手法をいかに守っていないのかという形で、非常にいろいろな研究者を批判するからです。あるいは、必ずしも研究者とは言えない人たちを批判するという形になっています。トム・ニコルズの本を読むとヤフコメが300くらい書けるという感じです。つまり、あえて皮肉を言うと、いわゆる批判としての役目を、保守速報なんかが利用したら、多分トム・ニコルズを利用すると思います。だから、ああいう（トム・ニコルズのような）形の批判というのは、僕らが本当に目指している、あるべきと考えている専門知の擁護になるのだろうかということです。

それからもう一つ。僕がパブリックヒストリーに関心を持ったのは、やはり

大学の教員としてです。大学教員は、下手なスポーツのコーチと同じで、自分と同じことをやれ、自分と同じことをやればきっといい選手になれると伝えます。しかし、同じことを教わっても、多くの学生は伝えられたことを社会へ還元できないという問題があるわけです。

そうすると、知を社会とつなぐのは学生なのに、私たちの知を社会につなげるはずの学生が、その媒介にならないということになる。私たちの学問とは何なのだろう。あるいは学生との関係とは何なのだろう。学生と社会の関係とは何だろう。そこのところがうまくいかないから、学生のジョブクライシスというものが生まれているわけです。ですが、その問題がずっとほったらかしにされてきて、大学の場を超えてヒューマニティーズが普及されると、私たちの研究者・教育者としての意味がなくなってしまうという、そういう感じになってきています。

その問題に対して、僕はそういう歴史からアメリカのパブリックヒストリーは生まれてきたのだという認識があったので、この問題をやはり大学、アカデミアにいる人たちがもっと考えていったほうがいいのではないのかというのが、僕がパブリックヒストリーということに関心を持った一つの理由なのです。

パブリックヒューマニティーズ／公共人文学に向けて

菊池：最後に私から報告者の皆さんにお尋ねしたいと思います。個々の学問領域を越えて、パブリックヒューマニティーズとしての連携を目指していくべきか否かということについて、現時点でのお考えをお聞かせください。まだ個々の学問領域ですら確立しているとは言い難いのかもしれないのですが、今後の方向性としていかがでしょうか。

菅：私は連携すべきだと考え、話を進めてきました。なぜ歴史学の門外漢である私が、無謀にも『パブリック・ヒストリー入門』という本を編集してまで歴史学の世界に足を突っ込んだかというと、それには理由があります。それはそ

の本の中でも書いているのですが、西洋史の阿部謹也先生が以前、人々が生活の中で専門領域なんてものを区別して暮らしていない以上、学問もその枠を取り払って意識しないのが自然だとおっしゃっていました。つまり、歴史学とか民俗学とか人類学とか考古学などという区分は、いわゆる学者の世界の区分なんですね。人々が生きる生活の中では、これは民俗学的知識だ、これは歴史学的知識だ、考古学的知識だというふうな細分化して生活をしているわけではない。そうすると、人々の生活世界というものに向き合うならば、当然そこで考える知というのは、総合的になるというのは当たり前だということです。

　ヒューマニティーズ、人文学というのは、その表現にヒューマン＝人間という対象が入っているわけです。人間が人間に向かって立ち上げていく知識生産や社会実践の在り方を考えるときに、学問の壁みたいなものは取り払うべきです。それが、人間と向き合う学問というものの大原則だろうと思います。それは、昔から言われているインターディシプリナリーとか、トランスディシプリナリーというようなものとは少し違って、ディシプリナリーを持ちながらでもいいですが、現実の活動としてはそういうものを取り払った活動をやっていくしかないだろうという意味です。その点で、連携は当然だと思います。

　考えてみれば、関谷さんとは人類学との対話ということで前にイベントをやったことがありました。歴史学では岡本さんとも一緒にイベントをやってパブリックヒストリー研究会も立ち上げた。松田さんとは昔から知り合いなのですが、パブリックアーケオロジーの問題については議論したことがなかった。パブリックヒューマニティーズというものが傘＝アンブレラとなって、そういう異なるディシプリンの研究者を繋いでいくというのが本当に重要だと思います。

　ただ、パブリックヒューマニティーズというのが少し浸透してくると、それが単独のディシプリンであるかのような誤解をされることもあるかと思います。でも、それは単一のディシプリンではあり得ないとは思います。ヒューマニティーズというのは、そもそもディシプリンではないでしょう。だから、その意味で傘という役割になってくれることが大事なのでしょう。その傘の下で、一体何をやっていくのか。やはりそれぞれ異なるディシプリンを背景とする人

たちが、共通して抱えている問題を議論できる。例えば、デジタル時代への対応というのは、共有される問題の代表例だと思います。そういうものを議論する場として、やはりパブリックヒューマニティーズは有効ですし、必要だと私は考えます。

関谷：人類学を代表している資格などないのだが、やはり菅先生と同じように、元々公共人類学が 2000 年代に日本でも浸透していった背景には、日本文化人類学会でも、やはりあまりにも専門知というのが細分化され過ぎてしまって、広く世の中に呼び掛けるようなメッセージ性を持った研究をしている――この間お亡くなりになった中根千枝先生が縦社会という言葉を広めたような――そういう大きな研究をして情報発信をするような人類学の姿が、もうなくなっているという危機感があったと思います。

　そういうことを踏まえると、やはりパブリックヒューマニティーズで連携をしながら、お互い、今日私はたくさんのことを学んだ。反知性も含めて、非常に不勉強だったと思って反省していますが、そういう発見もやはりこういう横のつながりがあってこそのことだと思います。なので、これが人類学だけではなくて、他のパブリックを冠する学問に大きく、良いほうに影響を及ぼすということは、紛れもない事実だと思う。よろしくお願いします。

松田：私は、最終的にはパブリックという言葉が付かなくても、人文学が自動的にパブリックヒューマニティーズをやっていればいいのだろうという気がしています。考古学についてはもちろんそうですし、他の学問分野でも同じだと思いますが、最終的なゴールは、それぞれの分野であえて「パブリック○○」と言わなくとも、十分にパブリックと交流しながら学問が推進できている状態だと思います。

　ただ、これが実現できるのかと考えると、現状ではその方向に向かっていないような気がしていて、そうであるがゆえに、少なくとも現時点では、各学問分野ないしは人文学全体として、パブリックとの関わりを考え、かつパブリッ

クと関わる場が絶対に必要だと思います。

　学問と専門知が細分化されてしまっていることもあるし、何よりも今日の議論を聞いて、研究対象や方法論が異なるそれぞれの領域の研究者が、同じような問題意識を抱えていることが理解できたことは大きな収穫でした。人文学の中の隣接分野の観点から、私が専門とするパブリックアーケオロジーにも導入できる考え方が見つけられましたので、やはりこうした議論の場は今後も欲しいです。

　私も菅先生に賛成で、パブリックヒューマニティーズを大仰なディシプリンにはしないほうが良いと思いますが、このような総合的な議論の場は間違いなく必要で、それを連携と呼ぶのであれば、私は連携に賛成ということになります。

菊池：ありがとうございます。最後に、岡本先生はいかがでしょうか。

岡本：僕がいつも思うことは、菊池さんが言われたような、クラウドソーシングという言葉があれば、クラウドメイキングという言葉があってもいいだろうということです。

　1931年にアメリカの歴史学会でカール・ベッカーが言った"Everyman his own historian."という有名な言葉があります。「全ての人は自らの歴史家である」という言葉です。

　そこからパブリックヒストリーの流れの一つとして、ファミリーヒストリーやコミュニティーヒストリーということが非常に重視されています。つまり、どのようなアカデミシャンでも、よほど暇がないと僕の両親、つまり無名の他人の両親の研究はしない。今の社会の中にいる全ての人々にとって、自分の過去についての研究者は自分だけということです。

　だから、そういうそれぞれの人の中にある過去というものは、アカデミズムをとおして普通は再現されません。しかし、そういう歴史の在り方というのを前向きに考えるべきであって、一般の人々が持っている過去認識や、いろいろなメディアを媒介として、あるいはイデオロギーを媒介としている歴史を、間

違っているといきなり断罪しないほうがいいだろうというのが僕の考え方です。

それから細分化というテーマが出ましたが、先ほども言ったように一人一人が自分自身の歴史家であれば、歴史というのは、過去の認識というものは、無限に細分化されるわけです。しかし、それが何らかの形で共通化する、国家やコミュニティで統合される、家族で統合されるなど、いろいろなレベルで統合化されていく、そういう中でもう一つの歴史のまとまりというものがつくられている。歴史はそういう二面性のあるものだと僕は思っています。

だから、アカデミズムの歴史、それからパブリックの歴史、そういう二面的なものはこれからも在り続けるだろうから、それらをどういうふうに調和させていくのかという常識的な問いが、やはり一番大事なのではないかと個人的には思っています。

菊池：ありがとうございます。私自身は、連邦主義の研究をしている者なので、多様性の中の統一というフレーズを非常によく資料の中でずっと見続けてきた者なので、多様性もありつつ、ただそれを、場合によっては専門家とされる研究者が実際的に介入しながら、まとめ上げていく作業をする。それを担うのが、それを研究して禄を食んでいる人たちの役割ではないかというのは、前々からそう考えているところではあります。

なので、その意味で言うと、パブリックヒューマニティーズとしてどこかの場を一つ設定して、そこで議論し合うということが今後も必要になってくるかと、そのように考えました。

2021 年 11 月 12 日 Zoom にて収録

第2部
現在地を多様な立場から考える

07

―――

公共社会学の挑戦
よりよい共同性を求めて

―――

盛山和夫

はじめに

　公共社会学（Public Sociology）という言葉が広まったのは、2004 年のアメリカ社会学会での M. ビュラウォイの講演が契機だが、筆者はそれ以前の 2002 年頃から公共社会学という言葉（英語のワーキングペーパーでは public sociology）を用いてワークショップなどでの発表を行っていた。それ以前から「社会学とはいったいどんな学問なのか」という問題にこだわり続けていて、『制度論の構図』（盛山：1995）で「理念的実在としての制度」という一応の解を導いたものの、そこではやや経験主義に偏った議論で締めくくっていた。その後、リベラリズムなどの理論構成の研究を進める中で、社会学もまた規範的問いに取り組むことが当然の課題だと考えるようになったのであった。

　もっとも、A. コントが「実証哲学」を実践する学問に「社会学」という名称を与えたときから、社会学は伝統的に自らを経験科学だと位置づけてきた。M. ヴェーバーの有名な「価値自由」の主張も広く受け入れられていた。しかしその一方で、現実の社会学の研究の多くは決して規範的志向から無縁ではなかった。もともとヴェーバーの価値自由の主張自体、19 世紀の終わりから 20 世紀にかけての社会政策学や社会科学の多くが実際にはマルクス主義や国家主義の強い影響のもとにあったことの証しであるし、1960 年代以降を見ても、マルク

ス主義や平等主義だけでなく、フェミニズム、反差別、反植民地主義、環境主義、反グローバリズムなどなど、多様な規範的志向に彩られている。価値自由に徹した研究を見つけ出すことの方が難しい。明らかに、ここには社会学の「方法」に関するタテマエとホンネのような混乱が存在する。

　他方で、1990年代に規範的探究を主導したのがJ.ロールズ（Rawls: 1971）に始まる現代リベラリズムで、「何が正義か」をめぐって盛んな議論が繰り広げられていた。それはいわば「公共的な観点から見たとき、何が規範的に正しいことなのか」をめぐる理論的な探究である。その当時、筆者は1995年SSM（社会階層と社会移動）調査に従事していたので、階層的不平等に関する理論的探究がロールズの格差原理などで展開されていることに大きな刺激を受け、結果として、階層研究を公共性の観点から捉え直そうとする"Public Spheres of Social Stratification"という論文（Seiyama 2000）を作成した。また、T.パーソンズの社会学理論について論評する機会があり、「秩序問題」を真正面に掲げたパーソンズ理論こそ、「一つの公共哲学の試み」とみなしうるとの議論も行った（盛山 2004）。

　こうした問題関心を通じて、経験主義と規範的志向という社会学の二律背反を乗り越えるものとして、「公共社会学」という視点が重要であるとの考えが自然に生まれていったのである。この公共社会学という視点は、「共同性の学としての社会学」という観点と対になっている。そのポイントは、社会学は決して純粋に経験主義に徹するのではなく、共同性という価値を探究する学問だということである。つまり、「共同性という公共的価値」を探究する学問だという意味で「公共社会学」である（盛山・上野・武川a：2012; 盛山・上野・武川b：2012; 盛山：2017）。

1　ビュラウォイの「公共社会学」とその批判

1.1　ビュラウォイによる公共社会学の提唱
　この公共社会学の概念は、ビュラウォイたちによって広く議論されているも

のとは大きく異なっている。2004年のアメリカ社会学会会長講演でのビュラウォイの公共社会学の提唱は、基本的に「公衆に向けて発信し、公衆とともに展開させていく」ものとしての公共社会学である。ただし、その後の補遺的な論文では civil society という観点を強調しており、単なる「公衆に向けて」からは一歩踏み込んで、「市民社会に貢献するものとしての公共社会学」という考えを示している（Burawoy: 2021）。とはいえ、public の語の意味はやはり「公衆＝ civil society を構成する人々」に焦点づけられている。

　彼は二つの二分法を組合わせて、社会学を専門的社会学、政策社会学、批判的社会学、および公共社会学という4タイプに分けている。一つの軸は「誰のための社会学か？」として、研究の発信先を「アカデミックな人々か、アカデミック外の人々か」で対比させたもの。もう一つの軸は「何のための社会学か？」として「道具的知識か、リフレクシブな知識か」を対比させたものである。この中で公共社会学は「アカデミック外の人々に向けたリフレクシブな知識」との組み合わせで位置づけられている。

　この図式は多分に方便のようなところがあるが、ビュラウォイは最近著した自伝的な著作の中で自分の研究経歴はこの4タイプのあいだを揺れ動いてきたと記述しており（Burawoy: 2021）、案外と本気で社会学を分類するのに適切なものだと考えているのかも知れない。ここからも示唆されるように、実際のところでは、公共社会学の概念は専門的社会学との対比で考えられている。彼が専門的社会学と呼ぶのは、言うまでもなく通常の学術としての社会学のことで、ビュラウォイはそれが「道具的」であってかつ専門家の仲間うちに閉じこもっているとするのである。周知のように「道具的」というのはかつてフランクフルト学派が近代の合理主義的で科学主義的な知識や考え方を批判したときの概念で、ここでビュラウォイは社会学がそうした批判されるべき状態にあるとみて、それに代わるものとしての公共社会学を提唱しているのである。

　ただし、ビュラウォイが専門的社会学と考えているものの実態は、2000年代の社会学を意味しているというよりは、彼が学生・院生のころにオーソドックスと見なされていたものからのイメージだというのが正しい。一つは T. パーソ

ンズを中心とする機能主義的な理論社会学、もう一つは統計的分析を駆使する
ような量的調査型の実証研究である。もっとも、1960 年代後半の学生叛乱を契
機とする文系学問全体の大変動のなかで、これらがオーソドックスだとの認識
は急速に廃れていって、現在では多様な社会学が展開されている。2004 年の時
点では、実際の社会学研究の多くをビュラウォイのような意味での「専門的社
会学」だとみなすことは難しい。パーソンズ系の理論はまったく衰退してしまっ
ているし、計量分析の多くは階層格差や差別などの社会問題をテーマにしたも
のである。その意味で、この専門的社会学というのは一種の straw man である。
ただ、ここでのビュラウォイの意図は学術としての社会学の現状を正確に分析
することではなかった。彼はたんに社会学という学問が引き受けるべき意味と
役割、言い換えれば学問としてのアイデンティティを公共社会学という理念で
表現しようとしたのだと言える。

　実は、公共社会学という概念そのものの初出は盛山でもビュラウォイでもな
い。すでに 2000 年に、脱構築系の社会学者ベン・アジャー（Ben Agger）が著書
Public Sociology で公共社会学を提唱している（Agger: 2000）。この著書でアジャー
は、アメリカ社会学会（ASA）の機関誌 *American Sociological Review* に掲載され
てきた諸論文の文体やスタイルの変遷を分析し、当初は「エッセイ風で、対話
的で、著者が前面に現れている」ような書き方であったものが、次第に科学的
な装いをもった「方法重視」のものへと変化してきたと指摘する。そのうえで、
そうした変化は科学への羨望からくる頽廃であり、社会学は本来的に「マルク
ス、ミルズ、デュルケムあるいはヴェーバー」の伝統に立ち帰るべきだと主張
するのである。ここで「public」という語は、基本的に、社会学は「社会の主要
な public issues に向けて発信すべきだ」（Agger: 2000, 258）という意味で用いられ
ている。

　主流派社会学に対するアジャーの批判の趣旨は、ビュラウォイが専門的社会
学を批判するしかたとかなり共通している。また、public issues に向けて発信す
べきだという主張も、このあと見るように、そもそもビュラウォイの公共社会
学の提唱の中核にあるものである。違いと言えるのはせいぜい「公衆への発信

を強調しているかどうか」くらいである。ところがどういう訳か、アジャーの著書はビュラウォイとその周囲で公共社会学を論じる社会学者たちからは、完全に無視されている。

1.2　Civil Society という理念

　それはともかく、ビュラウォイが公共社会学を提唱する動機ともいうべきものは、2005 年の *ASR* 論文のはじめの方で明確に語られており、そこでは、現実の社会で市場化や国家が優勢な体制という「反社会学的」な事態が進行しているという問題状況が強調されている。そして、そうした動向はまさに「社会」の理念そのものに敵対的なもので、それが公共社会学の展開を要請しているというのである（Burawoy: 2005, 7）。

　ここから分かるように、彼が公共社会学で意味しようとしているのは、じつは単に「公衆への発信」ではない。それはむしろ実践的なもの、つまり「社会変革をめざした社会学」である。これは、彼自身が若いときから一貫してマルクス主義を奉じてきたことからすれば当然のことで、公衆への発信というのは実践性の一つの現れにすぎないと理解すべきだろう。

　マルクス主義との親近性は、かつての批判理論やハーバーマスとも共通している。ただし、理想として語られる社会のイメージは社会主義社会ではなく「市民社会」（civil society）である。「市民社会」という日本語は日本の社会科学者のあいだでは 1960 年くらいから「市民社会論」としてかなり盛んに使われるようになったものだが、このときは「市民」という「自律した近代的個人」たちからなる社会、という意味で用いられた。この観点は、今でも日本語の「市民運動」や「市民団体」などの言葉に引き継がれている。他方、英語で civil society が広く論じられるようになるのは 1989 年の東欧革命以降である。それほど厳密な議論があるわけではないが、おおまかに言って「国家による権力的な関係性や市場における功利主義的な関係性によってではなく、人々の自生的で共同志向的な関係性によって成り立っている社会」というイメージである。

　この civil society の概念が社会学という学問と親和的であることは、間違いな

127

い。社会学は、コントの「社会の再組織化」、デュルケムの「連帯」、ジンメルの「いかにして社会は可能か」、ヴェーバーの「行為理論と理解社会学」、パーソンズの「秩序問題」などからも明々白々なように、本来的に「人々の共同性はいかにして可能か」を探究する学問である。その意味では、ビュラウォイがcivil society のための公共社会学と想定したことは、社会学の伝統をすなおに引き継いだ面がある。

　とはいうものの、彼の考えにはいくつかの問題点がある。第一は、公共社会学と専門的社会学との対比があまりにも図式的であると同時に、対立的に位置づけすぎていることである。実際には、圧倒的多数の社会学者は civil society の理念に志向しながら専門的に社会学を遂行しているというのが正しい。第二は、公共社会学の特性として「公衆への発信」を強調しすぎていることである。ある学問が civil society の理念への貢献をめざすというとき、「公衆への発信」は意義のあることではあるが、決して本質的なことではない。第三に、彼のスタンスがあまりにイデオロギー的だということである。今日のグローバル社会をほぼ従属理論の観点からのみ捉えるなど、マルクス主義からのパースペクティブを前面に出しすぎている。このイデオロギー上の立ち位置については、その理論的根拠は何ら示されておらず、その意味では仲間うちの議論になってしまっている。第四に、civil society への貢献という課題も、本来であれば、その理念についての理論的で体系的な説明と、社会学という学術が実践的な課題を引き受けることについての方法論的な説明とがなければならない。しかし、そうしたことへの意識は完全に欠落している。

　これらの問題は、ビュラウォイが「同じ学術コミュニティの成員であるが異なる観点を有する同僚研究者に向けての発信」の努力をまったく重視していないことを意味している。少し前に述べたアジャーの著書への完全な無視も、そうした党派性を反映している可能性がある。これは、公衆への発信を重視するという基本姿勢からすると、それを自ら裏切る態度だと言わざるをえない。つまり、ビュラウォイの public sociology は残念ながら、それ自体 public への志向に欠けているのである。

2 公共社会学の条件

2.1 公共と public の意味の多義性について

　ここであらかじめ注意しておきたいのは、英語の public には実に多様な意味があって、それぞれに異なる日本語が対応しているということである。以下、番号をつけて簡単に考察しておく。

　（1）まず一つが「公衆」で、public health や public relations などの public も「公衆の健康」や「公衆との関係としての広報活動」を意味している。これに近いものとして、（2）「社会的」「集合的」という意味の public があり、「輿論」と訳される public opinion が一つの例である。「輿」とは「万物をのせる大地」のことで、中国ではかなり古く（遅くとも明代）から「衆人の議論」のことを「輿論」と言い表していたとされる。この語が、明治期以降の日本で public opinion の訳語に当てられたのである。

　次に（3）「公開されていること、利用に資格制限がないこと」という意味がある。例えば「論稿を public domain に載せる」といえば、「無料で見ることのできるオープンな場に置かれている」ということである。そして、（4）「公衆」と「公開」とが組み合わさった用例として、public transportation がある。これは日本語の「公共交通機関」と同じで、「自家用車やタクシーのように利用者が限定されているのではなく、安い料金で誰でもが利用できる交通機関」という意味である。これと似ているが、（5）「非営利の」とか「無料の」という意味で用いられることもある。さらに別の意味としては、（6）「民間ではなく、政府の、公の」という意味があることも忘れてはならない。例えば、public finance という言葉は「中央政府および地方自治体の財政」を意味する。そして、（7）「公共の」という日本語が当てはまる用語法としては、public philosophy や public value などがある。ハーバーマス（Habermas: 1962）の「Öffentlichkeit」の英訳である public sphere もこれに連なる。これは「私的で個人的なものを越えて、社会全体の観点からあるいは社会さえも超えた普遍的な観点からみた」という意味だといっていい

129

だろう。

　もっとも、最後の意味に対応する日本語の「公共」という言葉も、実際には多様な意味で用いられている。「公共交通機関」やNHKのことを指す「公共放送」における「公共」は、(7) のような普遍性に関わるものではない。NHKの場合は、民間の放送局との区別に第一義性がある。さらに、「公共事業」は単に政府や自治体が行う土木建築事業のことであるし、「公共団体」は地方自治体のほか、独立行政法人や公団など、基本的に政府や自治体の業務を請け負うことをメインに想定して設立された法人を意味する。

　以上のことからすれば、「公共社会学」とか「public sociology」と言っても、そこには多様な意味がありうる。むろん、どの意味をもたせるかは各人の自由である。それは、すべての「公共○○学」について言える。ただ、注意しなければならないのは、「公共」とか「public」の語が使われているからといって、同じことが意味されているわけではないということである。

2.2　なぜ共同性か

　冒頭に述べたように、本稿で提唱される公共社会学とは、「共同性という公共的価値を探究する学問」である。すでに示唆したように、共同性という理念はcivil society の理念と大きく重なっている。英語には「共同性」に対応する的確な用語が存在しないが、社会学には「連帯」（solidarity）「コミュニティ」（community）「（ジンメルの意味での）結合」（association）「社交性」（sociability）など、伝統的に非常に近い意味の用語が存在する。「共同性」をあえて定義するとすれば、「人びとのあいだでの基本的に自律的な協力的関係性と心的な結びつき」ということができる。

　ただし、日本語の「共同」にはときに非自律的で抑圧的なものも含んで意味することがあるし、共同性の探求のなかには既成秩序や集団主義もありうる。このため、「共同体」とか「連帯」ということを理念に掲げることに対しては批判的な観点も少なくない。とくにコミュニティという概念は、しばしば閉鎖的で保守的な価値を含意していると見なされてきた。1980年代から90年代にか

けて、アメリカの社会思想をめぐる議論の焦点に、リベラリズムとコミュニタリアニズムとの論争があったが、その際、リベラリズムは進歩的でコミュニタリアニズムは保守的という見方が一般的であった。

しかし、「共同性」の理念が本来的に保守的だというのは、正しくない。たとえば社会主義という思想は、もともとレッセフェール的な資本主義社会において生じる搾取や不平等の是正をめざしたもので、明らかに「進歩的」な思想であった。近年でも、アメリカにおいて医療保険などの社会保障政策を推進しているのは保守派ではなくて「リベラル」と呼ばれる進歩派であるが、社会保障政策は明らかに共同性に志向した政策である。

社会の望ましさを意味する価値理念には、共同性以外にもさまざまなものがある。正義、自由、平等、公正性、あるいは最適性、効率性などである。なかでも「正義」(justice)は、ロールズ以降の現代リベラリズムにおいて最も議論の的になった価値理念で、数多くの論攷が展開された。ロールズは正義を社会制度の第一の徳目であって、それは善に優先するとしたうえで、「公正としての正義」として具体的な正義の諸原理の探究に向かっている。周知のように、正義の概念そのものも多様で、一般的に、匡正的正義、矯正的正義、報復的正義、修復的正義、配分的正義、衡平的正義、などの下位概念が存在するが、ロールズ以降の議論は、もっぱら「社会のあり方が従うべき最高の価値理念」を意味するようになっていった。

しかし、この過程で正義の内容を導き出す論理として基礎づけ主義的な方法が主流になり、ここに、正義概念が孕む問題が大きくなっていった。それは、文化的多様性や異質なものに対して「非寛容」な態度を助成するような正義の観念の増大である。こうした副作用は、今日の文化戦争やキャンセル・カルチャーなど、学術界も巻き込んだ文化的分断の背景にもなっている。つまり、結果として、正義論の隆盛はむしろ共同性の毀損を招いている（盛山：2006）。

社会学という学問は、基本的に何かアプリオリな価値を大上段に掲げたり前提にしたりする学問ではない。もともと、コントがフランス革命の過激でおぞましい側面を「形而上学的」と批判して、その反省を踏まえて「実証主義」を

唱えたことから分かるように、社会学という学問は経験を踏まえて議論を展開することに重きを置いている。そうした経験には、統計的事実だけではなく、歴史的諸事実やミクロな個人的主観的経験も含まれる。「共同性」がときに保守的に概念化されることがあるのも、そのためである。しかし、逆に言えば、空理空論的な正義を振りかざすような事態は避けようとする学問的文化がある。本稿の考える公共社会学が、正義ではなく共同性という価値理念に焦点を置くのは、このような理由による（盛山：2011）。

3　純粋経験主義を超えて

3.1　意味世界の学

　ところで、社会学は一般的に「経験科学」だと自認しているが、これは同時に「規範的な論点には介入しない」という姿勢を意味している。それに対して、公共社会学は「共同性という公共価値を探究する」としており、これは当然のこととして「規範的論点にコミットする」ことになる。この対立はどのように考えたらいいのだろうか。

　結論から言えば、社会学が経験科学だという見方が厳密には間違っている。正確には、経験科学の側面は大きいが、同時に、規範的科学でもある、というのが正しい。

　この混乱には「経験科学は…何をなすべきかを教えることはでき」ないと宣言したヴェーバーの影響も大きい。また、G. E. ムーアの「自然主義的誤謬」の指摘以来、「事実／価値の二分法」という考えは多くの学問分野において広く受け入れられてきた。もっとも、この二分法が何を意味するかは極めて多義的で、「事実から価値を導くことはできない」、「事実から価値を導いてはいけない」、あるいは「価値は事実から独立している」など、微妙ながら論理的には大きく異なる理解が整理されないままになっている。ただ、それがどうであれ、「学術研究は第一義的に〈経験的事実の探究〉に従事すべきで、〈規範的な判断〉には関わることはできないかもしくは関わるべきではない」という考えは広く普及

している。

　しかしこれは、人文社会の文系学問に関しては、学術の歴史的事実の観点からも、そして探究課題の論理的特性からしても、間違っている（盛山：2013 参照）。

　まず、歴史的事実であるが、文系学問の古典中の古典というべきギリシャ哲学や古代中国哲学を考えてみても、それらが「政治はいかにあるべきか」や「人はいかに生きるべきか」などの「規範的問題」に答えようとしてきたことはあまりにも明白である。その後、近代以降になっても、ホッブズの政治思想をはじめとして「社会はどのように構築されるのが望ましいか」への知的探求が、啓蒙主義、マルクス主義、社会主義、社会民主主義、福祉国家論、新自由主義、正義論、市民社会論、等々、脈々として展開されてきたのである。言うまでもないが、経済学には「市場を通じての自由な経済活動が〈効率的〉で望ましい結果をもたらす」という基本前提があり、政治学者の多くは「政治システムとして基本的に民主主義が望ましい」と考えている。こうした価値的な基本前提なしに、それぞれの学問は成立しえない。

　次に論理的特性であるが、これにはまず、文系学問の研究課題が基本的に「意味世界の探究だ」ということが基底になる。「意味世界」とは社会学者シュッツによる言葉で、人々の「思念の中の世界」を意味する。具体的には、人々の「知識、信念」や「意図、推測、予期」などの認知的思念のほか、「望ましいこと、正しいこと」などの規範的思念からなる。人々はそうした思念において成立している世界を生きている。経験的現象としての「振る舞い」は思念によって規定されており、かつ思念によって「解釈」されてはじめて意味をもった行為となる（盛山：1995）。

　文系学問が意味世界の探究であることの代表例は歴史学である。そこでは、文字テキストを手がかりに過去に生きた人々の思念の中身を探究することが基盤となる。あるいは社会学の探究の多くは、実証的調査を手がかりとしながら、現在に生きている人々の思念を探究している。これらは必ずしも規範的探究というわけではない。他方、法学は、例えば「憲法は何を規定しているか」という解釈レベルにおいてだけではなく、「いかなる法を制定することが望ましいか」

という立法においても、明示的に規範的課題を探求している。哲学の多くも「正義とは、自由とは、民主主義とは」等々の規範的課題に従事している。

　そもそも人々と社会は「意味に支えられた規範的な存在」であり、文系学問はそうした人々と社会についての探究の学である。それは、かりに「経験主義に徹しよう」としたとしても、探究を深めれば深めるほど、意味と規範性の中身に入り込まざるをえない。例えば、「人々のあいだの差別の実態」を探究しようとするときには、「どういう現象が差別か」について一定の枠組みを用意して、現象を仕分けする作業が不可欠となる。つまり、人々の個々の言説や振る舞いや社会の制度など経験的に観測される現象を、何らかの形で「差別か否か」で区分することである。その区分は必ずしもイチ・ゼロではなく連続的なものでありうるが、そうであっても「差別」という規範的概念にコミットしなければ現象の仕分けは不可能である。

　実際のところ、差別についての研究者で「純粋に経験主義的であろう」としている人はまずいない。むしろ逆に、規範に強くコミットしている研究者の方が多い。その意味では、ここでわざわざ純粋経験主義の不可能性を議論する必要はないかもしれない。しかし、今まで誰も指摘した人がいないが、「規範にコミットした学術研究」には大きく異なった二つのタイプが存在する。一つは、理論的な理由づけなしに心情に従って「学術として規範にコミットする」ことである。その場合の心情というのは決して学術的な討議を経て導かれたものではない。つまり「学術的な理由に由来しない個人的心情に基づく規範的コミットメント」である。この場合、その上に組み立てられた学術的知識自体も、全体として根拠のない前提を基盤にしていることになる。残念なことに、このタイプの規範的にコミットした学術研究は決して少なくない。19世紀以降、多くの学術が、ナショナリズム、西欧中心の進化論、あるいはアメリカ中心の社会発展論など、暗黙の価値判断に導かれて展開されたことは事実である。他方また、「差別への反対」「平等志向」「平和志向」などの現代的なコミットメントも、学術ではなく心情に導かれていることが多い。もともとヴェーバーが価値判断を批判したときに念頭にあったのがこうしたタイプのものである。

それに対して、もう一つのタイプは、規範的判断そのものを学術的に探究することである。考えてみれば、スピノザやホッブズなどから始まって、近代の社会思想や道徳哲学の中心テーマは「規範的な判断の根拠」を探究し、その上で規範的な諸命題を導き出すことであった。それは、啓蒙主義哲学からヒュームやアダム・スミスにまでそうであった。マルクス主義でさえ、理論の根幹は労働価値説を基盤とする「搾取」の理論にあり、決して単なる平等志向ではない。そして近年でも、ロールズに代表される現代リベラリズムなどが「規範的判断の理論的根拠」を探究して百家争鳴の様相を呈していた。

　公共社会学はこうした知的伝統を継承する。

3.2　規範的判断はいかにして可能か

　しかし、ここで問題が生じる。それは、学術的に規範的判断を根拠づけることはいかにして可能か。そもそも、そういうことは学術の能力の範囲に入るのか。

　ヴェーバーは、それは不可能だと考えたが、学術の実際では非常に多くの試みや議論が展開されている。まず、さまざまな論者によって用いられている方法として、広い意味での「基礎づけ主義」がある。これは、数学の公理のように「自明で疑いえない真の規範的命題」を見いだし、そこからの論理的演繹によって規範的理論の体系を導きだそうとするものである。近年では、ドゥオーキンやアッカーマンなどの「文化や善の構想に関する中立性」テーゼを基盤に置いた正義論において華々しく展開されたが、振りかえれば、「定言命題」を軸としたカントの道徳哲学や、「危害原理」を基盤とするミルの自由論、そして労働価値説をもとにしたマルクス主義なども、基礎づけ主義の方法を採用している。他方、パレート効率というややテクニカルな「基盤」を設定して理論を展開しているのが経済学である。

　基礎づけ主義と異なるアプローチとしては、ロールズがあり、彼は『正義論』では内省的均衡の論理を用い、『政治的リベラリズム』（Rawls: 1993）では「公共的理性をもった当事者たちの重なり合う合意」として「正義の政治的構想」が

導かれるとしている。ただし、後者では具体的な規範的命題の提示がない。基礎づけ主義に真っ向から対立した理論家であるローティは、規範的諸原理の「正当化可能性」を否定し、リベラル民主主義というアメリカの文化的伝統を継承しつつ改善していくという漸進的な方法を唱えた（盛山：2006、333–334頁）。この考えは、コミュニタリアンに似ている。エチオーニやセルズニックなどは、個人の徳性がコミュニティにおいて醸成されることを強調する。

　こうした多様な試みにもかかわらず、規範的判断を導き出す論理として普遍的に確立されたものはまったく存在しない。これは自然科学を中心とする経験科学とはまったく異なる状況である。経験科学の場合は、真実だと提案された事柄については経験的データによる検証が基本的に可能である。それは、経験科学の知識が、経験的に存在する世界についてのものだからである。経験的知識の「正しさ」は、それが言及する経験的世界との対応で定まる。それにたいして、規範的判断にはそれに対応する経験的世界が存在しない。その判断の「正しさ」について、検証しうる方法が存在しないのである。

　ヴェーバーなどの「規範的判断の回避」論は、この「不可能性」に基づいている。

　それではやはり、正しい規範的判断を学術的に探究することは諦めなければならないのだろうか。公共社会学は、むろん、そうではないと考えている。

　学術における規範的探究の目的は、必ずしも「正しい規範的判断を確立すること」ではない。第一に重要なことは、規範的探究に関する公共の討議空間を確立し発展させることである。これは、政治的な空間ではなく、学術的なものである。この空間で討議される課題にはさまざまなものがある。正義や自由のような抽象的価値の概念をめぐる理論的探究もあれば、よりよい子ども子育て社会をめざしていかなる政策が望ましいかという現実的な探究もある。あるいはもっと身近な問題として、例えば「エスカレーターでの歩きは禁止すべきか」とか「マスクは着用すべきか」などの問いもある。いずれにしても、学術はこうした規範的な問いを引き受けるし、答えを導き出す努力をしなければならない（盛山：2013）。

4 公共社会学の実践

　公共社会学とは、よりよい共同性を探求する学問である。その一つの実践例を紹介して本稿の締めくくりとしよう。

　社会保障問題は、現実社会にとっての大きな問題であると同時に、社会学における主要な研究テーマの一つである。日本やヨーロッパではしばしば社会学者が社会保障政策の立ち上げや進展に携わってきており、多くの研究者が規範的な立場、すなわちよりよい社会保障制度を構築していこうとの意欲をもって関わってきた。社会学での研究は、おおまかに（a）貧困、生活実態、福祉ニーズなど、福祉の対象となる社会実態についての研究、（b）介護施設など福祉の現場についての研究、（c）介護制度とか障害者福祉のようなより個別の制度・政策に関する研究、そして（d）総合的にみた社会保障の制度・政策に関する研究の4タイプに分けることができる。このうち、（a）から（c）までは基本的に実証的であって必ずしも理論的ではない。（d）のタイプの代表例はエスピン・アンデルセンの研究（Esping-Andersen: 1990）で、極めて理論的である。

　そういう違いはあるものの、すべて共同性の価値に志向しており、その意味でそれぞれ公共社会学の実践例であると言っても構わない。しかし、残念ながら社会学における社会保障研究には二つの問題があると言わざるをえない。第一は、規範的な問題関心に導かれているにもかかわらず、多くの場合、その規範的関心そのものを客観的な見地から内省的に検討するという学術的作業を怠っていることである。逆に言えば、その規範的関心は心情的で主観的なものにとどまっていることが多い。これでは、真の意味で「公共」社会学の実践であることは難しい。第二は、他の領域でもよく見られる社会学研究の傾向なのだが、「望ましい制度や政策」を明示的に提示して議論することを回避する傾向があることである。

　この二つの問題の根源は同じである。どちらも、社会学はタテマエ的には「経験科学であって、規範的問題には関与しない」というポーズをとっていることから来ている。しかし、このポーズは学術的に何の意味もない。社会保障の中

には、保障を行うことが望ましいかどうか、あるいはどういう風に保障を行うことが望ましいかなどについて、議論のあるイッシューが少なくない。日本でも、昨今急速に政治状況がポジティブに変わったとはいえ、つい最近まで、保育の待機児童の解消をはじめとする「子育て支援政策」は非常にみすぼらしいままに置かれていた。子育ては家庭で行うのが当然と考える人々が少なくなかったのである。このような場合、支援の拡充に志向する学術研究は、たんに、支援がないために苦しむ若い母親たちの苦境を記述するだけでなく、いかなる理論的基盤のもとで子育て支援の拡充が規範的に望ましいかを論じるとともに、そのための具体的でかつ財政などの観点から実現可能な政策を提示して説明するなどの努力が必要である。しかし、残念ながら、そういう試みは少なかった。もっとも、窮状を訴える試みが、世論に影響を与えたという点では社会的な役割は果たしたとは言える。しかし、それはジャーナリズムであって、学術としては不十分だと言わざるをえない。

　社会保障の問題に関しては、筆者自身、踏み込んで探究に携わり、一定の研究結果を発表している。一つは、年金制度の持続可能性に関わる分析（盛山2007）であり、もう一つは、子育て支援を中心とする社会保障制度と経済成長との両立問題に関する分析（盛山：2015）である。どちらも、「どういう制度が望ましいか」という規範的問題への解を前提にして、望ましい制度の実現可能性や持続可能性の論証を展開したものである。どの程度説得的に論じることができたかはともかくとして、公共社会学という探究の具体的な試みとして考えることができる。

　率直に言って、本稿が考えるような公共社会学的研究の実践はまだ多くはない。だが、社会学研究者が社会の諸問題に実直に向き合い、よりよい共同性を求めて学術探究を深めて行けば、それは公共社会学という言葉を使うかどうかに関係なく、自ずから公共社会学の実践になっていくことになるだろう。そうした研究が増えていくことを願っている。

参考文献

Agger, Ben, *Public Sociology*. Rowman & Littlefield, 2000.

Burawoy, Michael, "For Public Sociology," *American Sociological Review*. 2005, 70(1): 4-28.

Burawoy, Michael, *Public Sociology: Between Utopia and Anti-Utopia*. Polity Press, Kindle 版 , 2021.

Esping-Andersen, G sta , *The Three Worlds of Welfare Capitalism*. Polity Press, 1990.（岡沢憲芙・宮本太郎監訳『福祉資本主義の三つの世界——比較福祉国家の理論と動態』（ミネルヴァ書房、2001 年）

Habermas, Jürgen, *Strukturwandel der Öffentlichkeit: Untersuchungen zu einer Kategorie der bürgerlichen Gesellschaft*. Neuwied, 1962.（細谷貞雄・山田正行訳『公共性の構造転換：市民社会の一カテゴリーについての探究』第 2 版の訳、未來社、1994 年）

Rawls, John, *A Theory of Justice*. Harvard University Press, 1971.（川本隆史・福間聡・神島裕子訳『正義論（改訂版）』（紀伊國屋書店、2010 年））

Rawls, John, *Political Liberalism*. Columbia University Press, 1993.

盛山和夫『制度論の構図』（創文社、1995 年）

Seiyama, Kazuo, "Public Spheres of Social Stratification," *International Journal of Japanese Sociology*. 2000, No.9, pp.53-63.

盛山和夫「公共哲学としてのパーソンズ」富永健一・徳安彰編『パーソンズ・ルネッサンスへの招待』（勁草書房、2004 年、3–16 頁）

盛山和夫『リベラリズムとは何か——ロールズと正義の論理』（勁草書房、2006 年）

盛山和夫『年金問題の正しい考え方——福祉国家は持続可能か』（中公新書、2007 年）

盛山和夫『社会学とは何か——意味世界への探究』（ミネルヴァ書房、2011 年）

盛山和夫『社会学の方法的立場——客観性とはなにか』（東京大学出版会、2013 年）

盛山和夫『社会保障が経済を強くする——少子高齢社会の成長戦略』（光文社新書、2015 年）

盛山和夫「公共社会学は何をめざすか——グローバル化する世界の中で」『社会学評論』（68 巻 1 号、2017 年、2–18 頁）

盛山和夫・上野千鶴子・武川正吾共編著 a『公共社会学　Ⅰ　リスク・市民社会・公共性』（東京大学出版会、2012 年）

盛山和夫・上野千鶴子・武川正吾共編著 b『公共社会学　Ⅱ　少子高齢社会の公共性』（東京大学出版会、2012 年）

08

公共日本語教育学の理論と実践

川上郁雄

1 期待される日本語教育の姿

　戦後、日本語教育は、新たな言語教育として再スタートした。戦前の「植民地政策」の一環として担った役割を見直し、広く社会の発展と国際交流、世界平和のための言語教育として歩んできた。1962 年、日本語教育学会の前身となる「外国人のための日本語教育学会」が設立され、高度経済成長期の 1972 年には、海外への日本語教育の普及を担う国際交流基金が設立された。2021 年現在、世界の日本語学習者数は約 380 万人で、世界 140 ケ国以上で日本語教育が展開されている（国際交流基金編：2022）。

　一方、日本国内の日本語学習者も多様化している。1980 年代以降、外国人留学生だけではなく、「中国帰国者」、「インドシナ難民」から「外国籍児童生徒」、「技能実習生」、ビジネスパーソン、看護師・介護福祉士、地域の生活者まで、学習者の多様化がますます進んでいる。2013 年、日本語教育学会は、社会の広い要請に応える態勢を整えようと公益社団法人化した。

　このような中、2018 年に、日本政府は将来の人口減少と少子・高齢化による労働力不足を視野に外国人労働者を大幅に受け入れることを決定した。同年発表された「経済財政運営と改革の基本方針」（いわゆる「骨太の方針」）には「新たな

1　現在の日本語教育学会の前身は 1962 年に設立された「外国人のための日本語教育学会」であった。日本国民に対する国語教育との差別化を意識した命名であった。

外国人材の受入れ」を位置づけた。また、2019年には、「日本語教育の推進に関する法律」（日本語教育推進法）が成立、施行された。この中には、海外で成長する「日本人の子ども」への日本語教育も含めて、国内外における日本語教育の社会的役割が示されている。さらに、日本語教育機関の認定制度や日本語教員の資格について定める法律が2024年度から実施されることが閣議決定された。[2]

　以上のように近年の日本国内の社会経済的、あるいは政治的な文脈において、日本語教育の意義が認識され、その社会的貢献への期待は、極めて高いように見える。

　ただし、日本政府が期待する日本語教育だけが日本語教育の社会的貢献ではないだろう。日本語教育には、後述するように、まだまだ多様な側面があり、それゆえに、政治的に「期待される日本語教育」に応えることだけが日本語教育の公共性なのか、社会的意義なのか、あるいは日本語教育は社会とどのような関係になることが求められるのかなどは十分に議論されているとはまだ言えない。そのような問題意識から、本章では、「公共日本語教育学」の理論と実践を考察してみたい。

2　なぜ「学」に「公共」を冠するのか

　まず、なぜ日本語教育学に「公共」がつくのか。近年「公共」を冠する、先行する学問領域を見ながら考えてみよう。

　『公共人類学』の編者である人類学者の山下晋司は、アメリカ人類学会長のジェームズ・ピーコック（J.Peacock）の言う"public or perish"（公共的でなければ、滅亡）の語を示し、アメリカ人類学会の危機意識、つまり、人類学が社会に貢献しなければ生き延びられないという意識から1990年代に「公共人類学」（public anthropology）の議論が始まったと述べている（山下：2014）。つまり、アメリカでは、アカデミズムと社会との関わり方を捉え直そうという意識、もしそれが出来なければ、「学」の滅亡を招くという危機意識があるということである。

2　朝日新聞、2023年2月22日付。

日本における「公共社会学」(public sociology)を構想する社会学者の盛山和夫(本書第7章を参照)は、アメリカの公共社会学の動向を見つつ、同様の危機意識を持つ。盛山(2012)は、社会にある「二一世紀型社会問題群への社会学的な取り組みの実践と整備を通じて秩序構想の学としての社会学を自覚的に再構築し、他方において、それによって社会学の学問共同体としてのアイデンティティと責任を回復すること」(盛山：2012、15)が、公共社会学の構想がめざすことだと述べる。

　社会言語学者の徳川宗賢も同様の問題意識を持っている。徳川(1999)は、「研究者は、世の中に関係なく、ただ学問をしていればいいという時代は終わったと言えるのではないでしょうか。」と述べ、「ウェルフェア・リングイスティックス」(Welfare Linguistics)という言語学のパラダイム転換の必要性を主張した。徳川は「公共」という語を冠していないが、例えば、「言語障害を持つ人」の、手話を含むことばの課題、アイヌやニューカマーなどの少数言語を話す人の言語問題、また日本国内の方言の捉え方の問題を指摘すると同時に、「地球上で絶滅寸前の小言語についていえば、その言語の使用者をどう扱っていけばいいのか。小言語を保持していくのがいいのか、それとも、効率のいい言語に乗り換えたほうがいいのか」と問う。さらに、手話や少数言語や方言を使うことや、逆にそれらのことばを使わないことが、その人のアイデンティティと密接に結びついていると述べ、ことばとアイデンティティの課題を指摘した。

　これらは、いずれも、アカデミズムと社会の関係、あり方を意識した発想である点が注目される。そこで浮かび上がる論点が、「公共性」である。

　まず、山下(2017)は、アカデミズムの発展は社会と密接に結びついていることを指摘する。人類学の場合、人類学が生まれた当初から「実用人類学」や「応用人類学」と呼ばれたのは、社会からのアカデミズムに対する要請あるいは期待であり、それに応えようとするアカデミズムの姿勢という両者の相互関係性であった。戦争や植民地主義がアカデミズムを発展させるというのは、日本語教育にも当てはまる。アカデミズムと社会の相互関係は、時代が変わっても重要な論点なのである。

　盛山(2012)は、社会学が「秩序構想の学」として「よりよい共同性」を探究

すること、そして、その共同性をより上位にある価値理念から評価するという意味で、その価値理念を表す語が「公共性」であると主張する。この考えは、山下（2017）が、人類学は「記述科学ではなく、規範科学」と述べたことに通じる。また、徳川（1999）が「これまでの研究成果をどのように社会に役立てるか、足りないところはどこなのか、そういうことを考える時期になっている」という主張も同様の問題意識であろう。

　この「公共」を関する諸学問領域の議論は「公共日本語教育学」の構想にも欠かせない論点であろう。

　では、日本語教育学の「公共性」を考えるために、どのような視点が必要であろうか。

3　日本語教育の社会的接点としての「公共性」

　政治学者の齋藤純一は、公共性の概念について「公共の福祉」（the public welfare）という切り口で述べる（齋藤：2017）。日本国憲法に、「すべて国民は、個人として尊重される。生命、自由及び幸福追求に対する国民の権利については、公共の福祉に反しない限り、立法その他の国政の上で、最大の尊重を必要とする」（第一三条）とあることから、公共の福祉に反しない限り、国民の権利は尊重されるということを、齋藤はまず確認する。

　ここで焦点となるのが、「公共の福祉に反しない限り」とは何かということである。齋藤（2017）は「公共の福祉」を、人権相互の間に生じるコンフリクトの調整を図る原理としてとらえるべきであると指摘する。例えば「表現の自由」とヘイト・スピーチが衝突したときに、その調整を図る原理として「公共の福祉」をとらえるという考え方である。

　ただし、この「調整を図る原理としての公共の福祉」をどの視点から考えるかによって、個人の幸福も大きく異なる。例えば、「エリートたる統治者が『人民の幸福』が何であるかを定義し、それを自分たちの統治によって実現していく」と考えると、「統治者が人民の幸福とは何かを定義し、それを実現していく」と

いうパターナリズムが生まれる。そうではなく、カントがいうように、基本的には「自由と自由との両立を図る法制度」、「市民に対して平等な自由を保証する制度」として「公共の福祉」という規範を理解することが重要であると齋藤（2017）は指摘する。また、「公共の福祉」というのは、幸福の実現を図ることではなく、それぞれ各人による幸福の追求のための「平等な条件の整備」に関わっているという、カントの考えを齋藤は支持する。

さらに、この考え方は、負の財（例えば軍事基地の受入れや高レベル放射能廃棄物などの処分場の受入れ）を押し付けられた場合、拒絶の理由がまともなものであり、自分も共有しうるものであれば、その拒絶を認めなければいけないという原理、「理にかなった拒絶可能性」という考えにつながるという（齋藤：2017）。

ここでも、基本的視点は個人に置かれている。その傍証として、第一三条の前段の「すべて国民は個人として尊重される。」を「切り札としての人権」と解釈する憲法学者の長谷部恭男の考えを齋藤は挙げる。

このように齋藤（2017）は、「公共的利益」とは多数派の利益ではなくて、個人の人権を尊重した「公共的理由によって正当化されうる利益」と解釈する。したがって、公共性とは多数派の利益が個人の人権より優先されるわけではないことを意味しており、齋藤（2017）はそれを「公共性と自由の緊張」と表現する。換言すれば、個人の人権という視点が公共性を考えるうえで重要な視点となるということである。

一方、山下（2017）は、齋藤の「公共性」（齋藤：2000）の議論を踏まえつつ、「言語の公共性」、「日本語の公共性」の問題性について次のように論じる。まず、「国家」のレベルでは、「国語」が権力の言語として現れるということ、「地域」のレベルでは「国語」と異なる方言があり、「国家・国語への抵抗」という側面があること、「国際的あるいはグローバル」なレベルにおいては、「国語」と言わずに「日本語」となる「国際化・グローバル化」の中の日本語という課題があることを指摘する。つまり、「言語の公共性」、「日本語の公共性」という問題設定には政治性がともなうということである。

また、教育心理学者の石黒広昭も同様の視点から、教育における「公共性」

の議論の危険性を指摘する（石黒：2017）。例えば、「教育の公共性」が公的な投資とその費用対効果で議論されれば、その背景には「公益」を優先させた論理、つまり抽象的な「一般人」、「マス」を重視し、個人を軽視するような力が働くという意味で、教育における「公共性」には権力の問題が絡むと石黒は指摘する。

　さらに石黒（2017）は、そもそも言葉を教えることは公共性に反するところがあるとも指摘する。例えば日本語教育の場合、現実には多様な人々が日本で暮らし、日本語使用に多様性があったり言語規則に揺らぎがあったりするにもかかわらず、日本語教育ではある特定の「日本」「日本語」を前提として「教科書」が作られ、それらを「事実」として教えたり学習したりする教育を行っているのであれば、それを簡単には「公共的である」とは言えないのではないかと指摘する。石黒（2017）は、それを「言語教育の内在的な問題」と捉える。

　では、その問題を乗り越えるにはどうしたらよいのか。石黒（2017）は、「言語学習」「学習動機」は社会的な文脈で他者とのやりとりの中で形成されるという立場から、言語教育の公共性を考えるべきであると主張する。つまり、個々人を生かす言語学習、ことばを使用することによって誰にでもスペースを与えるような言語教育、身振りや図や文字、絵などを含めた、他者との協働の中で意味が作り出されるというコミュニケーション観、そして多様なコミュニケーションを尊重し緩やかな統合を維持する媒体としての「パブリックランゲージ」を考えるような視点に、言語教育の「公共性」を考えるヒントがあるのではないかという（石黒：2017）。

　以上のように、公共日本語教育学を考えるには、言語教育としての政治性、権力性、人権優先を認識し、さらには「人とことばと社会」を捉える視点を再考する必要がある。その際の論点は、「公的な力」と「個の生き方」の相克を乗り越える視点をどう築くのかに尽きると思われる。

　さらに、社会言語学者のイヨンスクの「日本語教育は誰のためのものか？」という問いも個人に視点を置く問題提起である。イ（2017）は、言語教育に一定の政策の支えが必要であっても、言語教育の目標と政策の目標は違うと言う。なぜなら、政策の対象は、社会あるいは集団全体だが、言語教育の場で出会う

のは、個人一人ひとりであると考えるからである。そして、その一人ひとりの個人は、「豊かな歴史的、文化的、社会的ストーリーを抱き締めながら生きて、呼吸している存在」であり、「生きた存在」である。だからこそ、「言語そのものが人間の自由の表現である」と考えれば、日本語教育は、コミュニケーションのための道具の教育という捉え方よりも、個人の「自己実現のための日本語教育」の側面に焦点を当てるべきではないかと主張する。

　このように、イ（2017）は言語教育に政策が必要であることは認めながらも、政策と個人が生きることの間を生産的に媒介するのはまさに日本語教育であると言う。そのような意味で、日本語教育が「人間の自由を育てる言語教育」であれば、「一人ひとりの『外国人』が日本社会でのびのびと愉快に暮らすことを手助けすることができる」し、そのことにより、「外国人」が「消費される文化資本」ではなく、「生産するような文化資本」の役割を担うことができるのではないかと指摘する。

　これはまさに、日本語を学ぶ個人が自由に自己実現することに視点を置く日本語教育の実践論と言えるであろう。日本語教育を再考し、新たな公共日本語教育学を議論するには、山下や齋藤のいう日本語教育の政治性や権力性や個の人権を踏まえ、石黒、イのいう「個人」の視点に立った言語教育実践の視点が必要になるであろう。

4　実践例：「やさしい日本語」の論点

　以上を踏まえ、さらに議論を進めるために、日本語教育の公共性を別の角度からまとめると、少なくとも、（1）日本社会の歴史や社会状況と関係しているという点（日本社会との関連性）、また（2）グローバリゼーションが進む時代性とも密接に関係しているという点（時代性）、さらに（3）日本語教育、日本語教育学の社会的存在意義への問いかけであるという点（社会的存在意義）の観点が浮かび上がる。

　ではこれらの「日本社会との関連性」「時代性」「社会的存在意義」の観点を、

日本語教育の具体的な実践研究に落とし込んだ場合、どうなるかを検討してみよう。その考察から、日本語が使用される公共領域で、日本語教育はどのような役割を果たすのかを考える。ここでは日本語教育の公共性を考えるうえでヒントとなる実践、あるいは議論として、「やさしい日本語」[3]を取り上げてみよう。

庵（2013）は、「やさしい日本語」を支える三つの「側面」として、「補償教育の対象としての側面」「地域社会における共通言語としての側面」「地域型初級の対象としての側面」をあげ、その一つの実践例として、「公的文書書き換えプロジェクト」を示している。庵が目指しているのは、「日本語母語話者〈受け入れ側の日本人〉」と「日本語ゼロビギナー〈生活者としての外国人〉」が「対等な市民同士の交流」をめざし、「外国人側にも最低限の日本語習得を求める一方で、日本人側もその日本語を理解し、自らの日本語をその日本語に合わせて調整する訓練をする必要」があるとし、その調整過程に共通言語として成立するのが「やさしい日本語」であると主張する（庵：2013）。

このような庵の考えにイ（2013）は次のような指摘をする。つまり、「やさしい日本語」とは「必要最低限の日本語能力」として誤解される可能性があり、その結果、「まだ大人になっていない子どもが使う日本語」として理解されるかもしれない。もしそうなら、「子ども向けの日本語」というイメージは危険なことだと指摘する。また、上記の「公的文書書き換えプロジェクト」のように、「外国人はひたすらメッセージを受け取るだけの存在となってしまう」のは問題であるとも指摘する。そのうえで、イ（2013）は、庵のいう「やさしい日本語」とは「初級レベルの外国人でも、伝えたい意味の発話を『産出』できるような日本語のヴァリエーション」という考え方に賛同しつつ、「日本語教育は、ひとりひとりの『外国人』が、『外国人』としての自分を肯定しながら、日本社会で能動的に生きる力を与えるものでなければなりません」（イ：2013、277）と述べる。

このような庵らの「やさしい日本語」に関する実践と議論に対して、安田敏

3　「やさしい日本語」とは、庵功雄が代表を務めた科学研究費補助金による研究で使用された語として広く知られている。そのきっかけは「多文化共生」と「日本語教育文法」を結びつけるという試みであった（庵他編、2013）という。

朗は次のような批判をしている。安田（2013）は、庵が依拠する山田泉の「補償教育」という考え方に「上から目線」があると指摘し、そこから生まれる「やさしい日本語」の基本姿勢は、外国人に対して「隷属の対価としての日本語教育」を実践することだと指摘する。また、安田（2013）は、日本語を「やさしく」しても、普通の日本人も使うような気にならなければ「やさしい日本語」の存在意義はないのではないかと述べ、それは「配慮という名の差別」であると指摘する。つまり安田（2013）が主張するのは、普通の日本語のあり方を議論せず、ただ「やさしい日本語」だけを議論するのは両者を切断するだけであって、結局、多言語化する日本社会のあり方とその中の日本語のあり方を議論する視座を提供できず、「問題の本質的な解決」にならないということである。

「やさしい日本語」については、まだ議論があるが[4]、ここではいくつかの点を確認しておこう。

第一は、このような「やさしい日本語」をめぐる実践研究や議論は、前述の日本語教育の公共性の議論の観点、「日本社会との関連性」「時代性」「社会的存在意義」を問う議論であるということである。つまり、「やさしい日本語」の実践と議論は、まさに日本語教育の公共性、公共日本語教育学の実践研究となりうるのである。なぜなら、「やさしい日本語」の実践と議論は、前述の山下が述べた公共人類学の役割、すなわち、公共的課題を解決するために NGO ／ NPO などと連携し、政策提言や支援の実践を通じて、「新しい公共」の構築に参入するという役割の議論に通じるという意味で近似しているからである。

第二は、「やさしい日本語」vs 前述の「隷属の対価としての日本語教育」「配慮という名の差別」という論点には、共通点があるという点である。それは、日本語使用者の人権を考えて提案、発言されているという点である。「やさしい日本語」は日本で生活する初級段階の日本語使用者の人権を考えているといえるし、それに対する批判は、「やさしい日本語」は「上から目線」の発想であって、

---

4 「やさしい日本語」に関しては日本語教育学会内でも議論がある（例えば、『日本語教育』158 号の特集「「やさしい日本語」の諸相」2014 年 8 月）。さらに日本語使用者に寄り添った「やさしさ」の議論もある（義永・山下編：2015）。

当事者の人権を考えていないという見方である。それゆえ、その批判は「隷属」や「差別」という視点から批判が生まれている。つまり、この論点に共通するのは、多言語化・多文化化する社会における人権の捉え方、あるいは人権意識による論点であるという点である。

　第三は、これらの論点が人権の捉え方や人権意識と密接に関連しているといっても、それは日本語使用に限らないという点である。日本語使用者は常に日本語以外の言語を使用している。日本語によって構成される公共領域と、日本語以外の言語で構成される公共領域が複層的に存在していると考えると、それぞれの領域に人権のとらえ方や人権意識があると考えられる。それは、時には日本を超えて広がる領域と想定されるであろう。そのように考えると、「やさしい日本語」をめぐる実践や議論は多言語化、多文化化する日本社会の文脈で行われてきた実践研究であるが、そこから日本国外の文脈とつながる実践であり、議論であるという点である。したがって、日本語教育の公共性、公共日本語教育学を構想するうえで忘れてはならないのは、日本語教育は日本社会のためだけの言語教育ではないという点である。前述の安田が指摘したように、「やさしい日本語」の議論には「社会」や「日本語」は何かという点が十分に議論されていない点は確かだが、その場合の「社会」や「日本語」の問題は、グローバル化の進む日本および海外で生きる「日本語使用者」すべてに関わる課題であると考えられるからである。

　では、日本語教育の公共性の議論や公共日本語教育学は、このような諸点、あるいは観点を意識するだけで成り立つものなのか。最後に、実践の観点を考えてみよう。なぜなら、日本語教育は「フィールドの学」（石黒、2004）であるゆえに、公共日本語教育学も実践の学となるからである。

5　公共日本語教育学の実践

　では、日本語教育の政治性や権力性や個の人権を踏まえ、「個人」の視点に立った言語教育実践の視点とはどのような視点であろうか。いくつかの論点から考

えてみよう。

5.1　多言語社会の人権

　ここで前述の「やさしい日本語」という実践を例に考えてみる。石黒（2017）は「やさしい日本語」の語彙表を作るだけでは不十分であると指摘する。それは実践の視点が不十分であるという指摘と理解できる[5]。一方、「やさしい日本語」を推奨する人々は日本に住む外国人がまず日本で生活するためには、つまり、その人の人権を考えれば「やさしい日本語」の実践は必要であると主張する。それに対して、安田敏朗は、「やさしい日本語」の考え方にある「補償教育」という考え方には「上から目線」があり、そこから生まれる「やさしい日本語」の基本姿勢は、外国人に対して「隷属の対価としての日本語教育」を実践することだと批判する（安田：2013）。つまり、安田は、「やさしい日本語」は「配慮という名の差別」であって、多言語化する日本社会のあり方とその中の日本語のあり方を議論する視座を提供していないと言う。

　ここで確認したいのは、「やさしい日本語」をめぐる議論は、賛否どちらの立場に立っても、日本語使用者の人権を考えている点で共通しているということである。つまり、多言語化・多文化化する社会における人権の捉え方、あるいは人権意識の差が背景にあるのである。

5.2　公共領域の複言語性

　「やさしい日本語」は日本に住む外国人に関わる日本語のことであるが、彼らの言語生活の現実はそう単純ではない。日本に住む外国人の出身別「国籍・地域」数は 200 近くあり（出入国在留管理庁「出入国在留管理統計」）、多様な言語的背景をもつ人々がそれぞれの言語によって通じる世界と接しながら生活していると推定される。したがって、彼らの言語生活は日本語だけの世界ではないのである。そのことに関連して、イヨンスクが以前、興味深い発言をしている。

　イ（2009）は、ある言語が「公用語」として法的に認められれば、国家はその「公

5　石黒の実践の考え方は石黒（2016）の「学習実践論」参照。

用語」を「公式の公共圏」をつくる唯一の言語として強化するようになり、その結果、それ以外の言語を公共領域から排除する可能性が出てくると論じている。したがって、公用語の支配的地位をできるだけ制限することや、公用語以外の言語によって「対抗的な公共性」をつくりあげる必要があると、イは主張する。そのためには、マイノリティの人々が「二言語使用」や「言語の取り換え」のような「私的」で「非政治的」だと考えられてきた問題を自らの「言語権」として公共性の議論に提示すること、さらには、いかなる言語であってもアプリオリに排除されない「開かれた場」をつくることが重要であると、イは主張する（イ：2009）。

　日本語使用者は日本語以外の（場合によっては複数の）言語を知っていたり日常的に使用したりしている。日本語による公共領域と、日本語以外の言語による公共領域が日本語使用者の生活に複層的に存在していると考えると、それぞれの領域に人権や人権意識があると考えられる。それは、時には日本という枠を超えて広がる領域と想定されるであろう。なぜなら、例えばエスニック・メディアやインターネットの多言語世界も、生活の一部となっていると考えられるからである。

　山下（2017）は、日本生まれの二世、三世の言語や多様な言語使用の実態、また「海を渡った日本語」（川村：2004）や海外の日本語教科書の問題を指摘した。また石黒（2017）やイ（2017）は「継承語教育」の問題性を指摘した。いずれの言語の課題も、日本および海外における複数言語環境で生活する人の人権に関わる教育領域である点で共通している。山下（2017）は「さまざまなレベルの公共領域に実践的に関わりつつ、言語／日本語を教えることを通して、公共空間の構築に役立つこと――これが公共日本語教育学の基本的な課題だ」と指摘した。この指摘の根底に、公共領域の複言語性があることも見逃せない。

5.3　パラドクシカルで弁証法的な実践研究

　日本語教育は実践の学（石黒：2004）である。ただし、公共日本語教育学は、モノリンガルな日本語の世界だけで完結しない。公共日本語教育学は、日本語

使用者の複言語生活と人権と深く関わる実践の学と捉えることができる。

　ここでさらに留意しなければならないのは、日本語使用者には社会を構成する多様な人々が含まれており、一人ひとりにとっての人権を実現することが必ずしも国民国家の枠組みやシステムを維持することにつながらない可能性があるというパラドクシカルな実践研究になるという点である。

　少し詳しく見てみよう。日本語使用者の日本語および日本語以外の言語による公共領域と人のあり方を考えるという公共日本語教育学には、前述の 21 世紀の時代性と、アカデミズムと社会の相互関係性がある。そのため、グローバル化の影響下にある多言語化・多文化化する「社会」、「ことば」のもつ動態性・混淆性・多様性を前提とした「人とことばと社会」の捉え方の議論が不可欠なのである。例えばメトロリンガルな視点やトランスランゲージングの視点から「社会」や「ことば」を捉えると、複数言語環境で複数のことばを使用して生きる人々がどのようなコミュニケーションと関係性を構築して生きていくのかを、私たちは現在および未来社会のあり様としてどう捉え、描くかが、公共日本語教育学の共通課題となるのである。

　そのように考えれば、実践の視点だけではなく、実践のあり方も変化するであろう。例えば「公共人類学」を例にすれば、人類学者が書く民族誌の作成のあり方において、一般の人々との対話や協働の視点を取り入れ、学の外へ「関与」したり、学の外の人と「協働」することを学のあり方として、また研究者・実践者のあり方として提起されている（山下編：2014）。山下（2017）は、公共領域のうち、特に「地域社会」と「新しい公共」を取り上げ、人類学者が地方自治体の多文化共生の問題に関わる例や、市民の一人として災害の際などに「新しい公共」分野で活動するという例をあげた。また、石黒は、教育実践を研究者と実践者が一緒に行い、一緒に書くという「協働的エスノグラフィー」（collaborative ethnography）を取り上げ、社会変革のための教育実践研究を提唱する（石

6　メトロリンガリズムは複言語使用者の言語使用の混淆性、流動性と言語使用の社会的文脈に注目している。またトランスランゲージングは言語自体の混淆性、流動性に留意し、学習者の複言語能力による言語学習実践を提唱している。Pennycook & Otsuji（2015）、García & Li Wei（2014）参照。

黒：2016）。これも、実践の視点だけではなく、実践のあり方まで問う視点である。

　したがって、公共日本語教育学の研究とは、日本語教育の「公共的な性質あるいは側面」、また国内外の「認知度」「普及度」などを論じること（平高：2017）だけではないことは明らかであろう。一方、公共日本語教育学の実践に関して、外国人や日本語母語話者の区別をしない、あるいは日本語と外国語を区別しない「ことば」の議論がある。細川（2016）は、日本語教育の「公共性」の議論に、自己と他者の関係性に関わる「ことばの活動」が市民性形成へ、そして社会に関わる課題へつながると主張する。また蒲谷（2017）は「主体の行為として成立する日本語」という実践にある「開放性」「多様性」「関係性」が「日本語教育学」の「公共性」であると述べる。どちらも、国籍や背景に関わらず、誰でも日本語による主体的なコミュニケーション行為を実践していくことが社会をつくる教育実践になると考えている点で共有する。ただし、他方で蒲谷（2017）は、齋藤（2000）を引用しつつ、「公共性」の五つの特性のうち、「公的性」「共通性」は「開放性」「多様性」「関係性」と「互いに抗争する関係にもある」として「両立させにくい関係にあることは間違いない」というが、その指摘だけでは、それらの相剋を乗り越える実践をどのように行うかを議論したことにはならないであろう。

　盛山（2012）は前述の公共社会学が「秩序構想の学」として「よりよい共同性」を探究すること、さらに、そのような共同性をより上位にある価値理念から評価することの重要性を指摘した。また山下晋司は公共人類学がマックス・ウェーバーの言う「ヴェルトハイム」（Wertfreiheit／価値から自由に研究するという「価値自由」）ではなく、「こういう社会を作りたい、それに向けてやっていく」という「価値プラス」であること、だからこそ「記述科学ではなく、規範科学なのだ」と述べた（川上編：2017、22–23）。

　公共日本語教育学は、よりよい社会を考え、日本語学習・日本語教育の実践を日本語使用者とともに協働的に創っていくことを通じて、日本語使用者とともに「人とことばと社会」のあり方、そして21世紀に生きる人の生き方を構想していく学なのである。つまり、公共日本語教育学は、既存の社会規範にそっ

た実践を行うのではなく、一人ひとりの日本語教育実践者が「人とことばと社会」のあり方を考え提案していく実践研究であると考えられる。日本語使用者の複言語性と前述のパラドクシカルな諸点を踏まえ、それを乗り越える実践研究にならない限り、日本語教育学はモノリンガルな技能（スキル）教育に停滞し、時代をリードする日本語教育学にはなりえないであろう。その認識こそが、21 世紀の日本語教育の実践者に求められる資質なのである。

　だからこそ、公共日本語教育学とは、一人ひとりの日本語教育実践者が、モノリンガルな言語教育としての日本語教育を脱し、日本語教育を通じて日本語使用者とともに複言語使用の生き方を考え提案していくというパラドクシカルな実践研究であり、また新たな社会秩序と個の人権のバランスのあり方を考え提案するという弁証法的な実践研究であるということである。そのような意味で、一人ひとりの日本語教育実践者が社会実践の学として日本語教育の研究成果を世に発信していくときに、公共日本語教育学の地平が開かれていくのである。

付記
本稿は、川上（2016）、川上（2017）をもとに加筆し、まとめ直したものである。

参考文献
Clifford, J. *The Predicament of Culture: Twentieth-Century Ethnography, Literature, and Art*, Cambridge and London: Harvard University Press, 1988.（クリフォード，ジェームズ編『文化の窮状：二十世紀の民族誌，文学，芸術』太田好信・慶田勝彦・清水展・浜本満・古谷嘉章・星埜守之訳、人文書院、2003）
García, O. & Li Wei *Translanguaging: Language, Bilingualism and Education*, Basingstoke: Palgrave Macmillan, 2014.
Pennycook, A. & Otsuji, E. *Metrolingualism: Language in the City*. Oxon: Routledge, 2015.

庵功雄「「やさしい日本語」とは何か」（庵功雄、イヨンスク、森篤嗣編『「やさしい日本語」は何を目指すか──多文化共生社会を実現するために』ココ出版、2013、3–13 頁）
庵功雄、イヨンスク、森篤嗣編『「やさしい日本語」は何を目指すか──多文化共生社会を実現するために』（ココ出版、2013）
石黒広昭「フィールドの学びとしての日本語教育実践研究」（『日本語教育』120 号、2004、1–12 頁）
石黒広昭『子どもたちは教室で何を学ぶのか──教育実践論から学習実践論へ』（東京大学出版会、2016）
石黒広昭「言語学習の公共性と私性」（川上郁雄編『公共日本語教育学──社会をつくる日本語教育』、くろしお出版、2017、43–64 頁）
イヨンスク『「国語」という思想—近代日本の言語意識』（岩波書店、1998）

イ ヨンスク『「ことば」という幻影――近代日本の言語イデオロギー』（明石書店、2009）

イ ヨンスク「日本語教育が「外国人対策」の枠組みを脱するために－「外国人が能動的に生きるための日本語教育」（庵功雄、イヨンスク、森篤嗣編『「やさしい日本語」は何を目指すか――多文化共生社会を実現するために』（ココ出版、2013、259–278 頁）

イ ヨンスク「日本語教育は誰のためのものか？－自己実現のための日本語教育をめざして」（川上郁雄編『公共日本語教育学――社会をつくる日本語教育』、くろしお出版、2017、67–86 頁）

蒲谷宏「日本語教育学における「公共性」を考える」（川上郁雄編『公共日本語教育学――社会をつくる日本語教育』くろしお出版、2017、225–234 頁）

川上郁雄「「公共日本語教育学」構築の意味－実践の学の視点から」（『早稲田日本語教育学』20 号、2016、33–47 頁）

川上郁雄「公共日本語教育学の地平」（川上郁雄編『公共日本語教育学――社会をつくる日本語教育』くろしお出版、2017、235–247 頁）

川上郁雄編『公共日本語教育学――社会をつくる日本語教育』（くろしお出版、2017）

川村湊『海を渡った日本語－植民地の「国語」の時間』（青土社、2004）

齋藤純一『公共性』（岩波書店、2000）

齋藤純一「公共性と自由－「公共の福祉」をどう理解するか」（川上郁雄編『公共日本語教育学――社会をつくる日本語教育』、くろしお出版、2017、24–39 頁）

盛山和夫「公共社会学とは何か」盛山和夫・上野千鶴子・武川正吾編『公共社会学Ⅰ－リスク・市民社会・公共性』（東京大学出版会、2012、11–30 頁）

徳川宗賢「ウェルフェア・リングイスティックスの出発」（『社会言語科学』第 2 巻第 1 号、1999、89–100 頁）

平高史也「日本語教育の公共性を問う－過去・現在・未来－」（川上郁雄編『公共日本語教育学――社会をつくる日本語教育』、くろしお出版、2017、90–110 頁）

細川英雄「公共日本語教育という思想へ－早稲田日研のこれまでとこれから－」（『早稲田日本語教育学』第 20 号、2016、21–31 頁）

安田敏朗「「やさしい日本語」の批判的検討」（庵功雄、イヨンスク、森篤嗣編『「やさしい日本語」は何を目指すか――多文化共生社会を実現するために』ココ出版、2013、321–341 頁）

山下晋司「公共人類学の構築」（山下晋司編『公共人類学』東京大学出版会、2014、3–18 頁）

山下晋司編『公共人類学』（東京大学出版会、2014）

山下晋司「公共日本語教育学の可能性－公共人類学の視角から」（川上郁雄編『公共日本語教育学――社会をつくる日本語教育』、くろしお出版、2017、3–21 頁）

義永美央子・山下仁編『ことばの「やさしさ」とは何か - 批判的社会言語学からのアプローチ』（三元社、2015）

●ウェブ・サイト

出入国在留管理庁「出入国在留管理統計」https://www.moj.go.jp/isa/policies/statistics/toukei_ichiran_nyukan.html（2023 年 3 月 24 日閲覧）

国際交流基金編「2021 年度海外日本語教育機関調査」（2022）https://www.jpf.go.jp/j/about/press/2022/023.html（2023 年 3 月 24 日閲覧）

パブリックヒストリーにかかる議論

トマ・コヴァン（徳原拓哉訳）

　知識が生み出され、議論され、そしてパブリックと共有される方法に、大きな変化が生じている。研究者が自分の研究を広めるためにソーシャル・メディアを用いている、といった単純な変化ではない。科学や知識の生み出され方に、根本的で学際的な変化が起きているのだ。[1] 知識の生産に関して、自然科学だけでなく、パブリックヒューマニティーズ[2]、公共考古学、公共社会学、そして公共教育学の分野において、「参与論的転回」[3]と呼ばれる方向に向かって、明らかな変化が起きている。[4] イギリスの歴史家、ルドミラ・ヨルダノヴァ（Ludmilla

....

1　Meinolf Dierkes, Claudia von Grote, *Between Understanding and Trust: The Public, Science and Technology*. London, Routledge, 2000.

2　（訳者注) 本章においても著者が述べているところであるが、“Public”をどのように翻訳するのか、という点については明確な回答がまだない。むしろ, 近年のパブリックヒストリーにおいては、“Public”を特定の一つの概念に帰するのではなく, 各国や分野に応じた複数の“Public”が存在するという理解がコンセンサスを得つつある。本章では, その点を鑑みて文脈に応じて Public を訳し分けているが、同時にその点については (Public) を付記しておく。

3　（訳者注)「参与論的展開」(Participatory Turn) とは、解釈や構築において、市民科学における三つのアクター：ユーザー・オーディエンス・パブリックが根本的な作業に関わることを指す。Per Hetland and Kim Christian Schrøder, Chapter 9 The participatory turn Users, publics, and audiences, *A History of Participation in Museums and Archives*. Routledge. 2020, London, pp.168-185.

4　Per Hetland, Kim Christian Schrøder, "The participatory turn. Users, publics, and audiences", in Per Hetland, Palmyre Pierroux, Line Esborg (eds.), *A History of Participation in Museums and Archives*. London, Routledge, 2020, pp.168-185. ; Laura Nichols, "Public Sociology", in Kathleen Odell Korgen (ed.) *The Cambridge Handbook of Sociology*. Vol. 2 Specialty and Interdisciplinary Studies,

Jordanova）は、いまや過去は広く公的資源とみなされ、解釈の題材となっていると述べる[5]。誰が過去を所有しているのか。誰が過去を解釈できるのか。そして、社会の中で歴史家が果たす役割を問う重要性は、特にソーシャルメディアの台頭とともにより高まっている。その結果、歴史家たちは自らの役割を、歴史学の外 (public) での議論に照らして再評価している。パブリックヒストリーというフィールドの中で生じてきたのは、そうした議論の一端である。

　しかし、近年の盛り上がりにも関わらず、そのフィールドの外にいる人々には、パブリックヒストリーについてまだあまり知られていない。パブリックヒストリーが一般的に知られるようになったのは、1970 年代のアメリカである。しかし、パブリックヒストリーは、歴史学が伝統的に、多様な人々と歴史についてコミュニケーションや共有をしてきたことに、深く関係しているのだ[6]。このフィールド（パブリックヒストリー）の支持者たちは、歴史が形作られるプロセスを定義し、その範囲を広げ、そして参加者を拡大するための方法として、パブリックヒストリーを捉えた。パブリックヒストリーはその当初、ロバート・ケリーが「アカデミアの外で歴史家を雇用し、歴史学的手法を用いること」と定義づけたように、専門的な訓練を受けた歴史家が直面する雇用の危機に対する解決策のひとつであり、また学問の内と外、双方から歴史に参与する人々を結びつける手段のひとつとなった[7]。その結果、大学では学位課程が増加し、全国規模の協会、ジャーナル、種々のイベントも成立した[8]。パブリックヒストリー

....

Cambridge, Cambridge University Press ; 2017, pp. 313-321; "The International Centre for Public Pedagogy", https:// www.uel.ac.uk/our-research/research-school-education-communities/international-centre-public-pedagogyicpup, (accessed 2023-01-24). *Public Archaeology.* vol. 20, 2021; Public Humanities Hub, "Defining the Public Humanities", https://publichumanities.ubc.ca/about/what-are-the-public-humanities/, (accessed 2023-01-24).

5　Ludmilla Jordanova, *History in Practice*. London, Bloosmbury, 2006.

6　Thomas Cauvin, "The Rise of Public History: An International Perspective", *Historia Crítica.* 68 (2018), pp. 3-26.

7　Robert Kelley, "Public History: Its Origins, Nature, and Prospects", *The Public Historian*, 1 (1978). p. 16.

8　Thomas Cauvin, "Public History in the United States: Institutionalizing Old Practices" in Paul Ashton and Alex Trapeznik (eds), *What is Public History Globally? Working with the Past in the Present.* London, Bloomsbury, 2019, pp. 145-156.

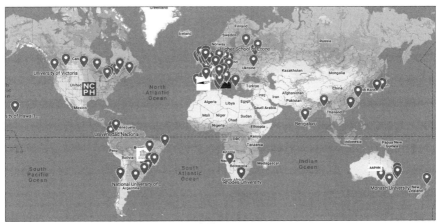

図1　パブリックヒストリープログラムの国際的見取り図

は、アメリカでは制度化された実践の分野として確固たる地位を築いた。過去30年の間に、パブリックヒストリーは世界中で発展した。特にヨーロッパでは、国際パブリックヒストリー連盟 (IFPH) が示している見取り図（図1）の通りである[9]。現在では世界各地に、数多くのパブリックヒストリーのプログラム、プロジェクト、カリキュラムが存在している。ブラジル、日本、オーストラリアとニュージーランド、イタリア、スペインでも、全国規模のネットワークや組織が成立している。2022年にはベルリンで「パブリックヒストリー国際会議」(World Congress of Public History) が開催され、世界中から250人以上の参加者が集まった。アカデミア、アーカイブ、博物館、図書館、メディア、文化センター、学校、地域団体に至るまで、さまざまな分野から歴史家が出席したことは、この分野が持つ活力を示した[10]。

　パブリックヒストリーの出現と成長は、私たちがどのように過去を保存し、研究し、解釈し、研究し、伝え合い、利用し、消費するのかを取り巻く日常的な空間の変化を反映している。現代社会における歴史と歴史家の役割に関し

9　"International Federation for Public History", https://ifph.hypotheses.org/public-history-programs-and-centers, (accessed 2023-01-22.)
10　"IFPH 2020", Program, accessed 22 January 2023, https://www.ifph2020.berlin/program/index.html, (accessed 2023-01-22.)

て、. 国的に議論がなされていることが、パブリックヒストリーが訴求力を持ち、成功をしている一因であると考えられる。この分野が世界的に拡大し続けている今、その定義、実践、そして現在どのような議論が行われているのか検討することは時宜を得ている。本章では、パブリックヒストリーにおける最新の議論、特に協働的実践や参加型の実践についての理論と倫理、またそれらが急速に発展しつつあるデジタル・パブリックヒストリーという分野にどのように適用されるかについて掘り下げていく[11]。

1 パブリックヒストリーの台頭

歴史家のイアン・ティレルは、「学者はパブリックヒストリーをなにか新しいものと見なす傾向がある」が、実際には「歴史家は長い間、公共の問題を扱ってきた」と指摘し、パブリックヒストリーに対する重要な誤解を明らかにした[12]。用語としての「パブリックヒストリー」は新しいかもしれないが、歴史研究をアカデミアの外で共有し、応用するという実践は、古くから確立されていた。歴史家のポール・クネヴェルは、「15世紀イタリアの人文主義的な歴史家たちの活動以来、西洋の歴史学は公的 (public) な機能を持っていた」と論じている。彼は歴史を使って、都市の仲間に対し、重要な市民的義務や、都市国家に住む利点を伝えているという点を以って、ブルーニやギッチャルディーニといった人文主義者を、ヨーロッパ初の「近代的な」パブリックヒストリアンとみなしている[13]。この研究は、幅広い受け手と交流し、公的に関わる (publicly engaged) 歴史家たちが古くから存在していたことを明らかにしている。

しかし、19世紀末から20世紀初頭にかけて歴史学が専門化すると、ヨーロッ

---

11 Serge Noiret, Mark Tebeau, and Gerben Zaagsma (eds), *The Handbook of Digital Public History*. Berlin, De Gruyter Publishing, 2022.

12 Ian Tyrrell, *Historians in Public: The Practice of American History, 1890-1970*. Chicago, University of Chicago Press, 2005, p.154.

13 Paul, Knevel, "Public History: The European Reception of an American Idea?" *Levend Erfgoed.* 6(2), 2009, p.7. https://dare.uva.nl/search?identifier=69a5603f-4380-4b50-b686-18558d06a230, (accessed 2024-07-12.)

パでは結果として、専門的な歴史家と受け手との関係も変化した。歴史学が科学的かつ専門的なディシプリンとなると、学術雑誌が普及の手段として好まれるようになった。ドイツの歴史家レオポルト・フォン・ランケに触発され、専門的な歴史家は、歴史家の生きている時代の一般的な考察からは距離をとって、事実に基づいて歴史の語りを作ろうとした。[14] 彼らは、学術的な仲間という特定の受け手を読者とするようになり、一般的な文体からは遠ざかっていった。この専門化は、ある種の孤立を助長した。パブリックヒストリー運動の創始者たちが対抗しようとしていたのは、この種の孤立だった。

専門的な歴史学の特殊化に呼応して、パブリックヒストリーは、1970年代に、歴史のつくられかた (History-Making) を変革しようとする広範な国際的運動の一環として発展した。ジェームズ・ガードナーとポーラ・ハミルトンは、「アメリカではパブリックヒストリーという言葉や概念の歴史が、アメリカの使者が世界の他の国々に対して、実践としてのパブリックヒストリーを紹介するという、国内向けの話として語られている。実際には、1970年代から1980年代にかけて、多くの西洋諸国が、似たような形で方法論の拡大を経験した。そうした方法論の拡大は、遺産に関わる職業の専門職化、歴史解釈の拡大、さらにオーラルヒストリー運動という、より広範なコミュニティ・プロジェクトを促進した」とはっきり述べている。[15] 実際、1960年代から1970年代にかけてのイギリスでは、すでに一部の歴史家が市民参加型の実践を展開するなど、市民参加に向けた新しいアプローチが出現していた。[16] 歴史家のラファエル・サミュエルはラスキン・カレッジにヒストリー・ワークショップを設立し、歴史研究と歴史の利用を民主化し、社会の中で可視化されない人々の声を伝えることを目ざした。彼のアプローチは、「アカデミックな歴史の権威を弱め、それによって歴史の研究と利用の民主化を

14　Peter Novick, *That Noble Dream: The 'Objectivity Question' and the American Historical Profession*. Cambridge, Cambridge University Press, 1988, p. 43.

15　James B, Gardner and Paula Hamilton, *The Oxford Handbook of Public History*. Oxford, Oxford University Press, 2017, p. 4.

16　Holger Hook, "Introduction", *The Public Historian*. 32(3), (Summer 2010), pp. 7-24.

進めたいという願望」から生まれたものだ。ティレルは、アメリカとイギリスの歴史実践を比較し、「イギリスの伝統は、民衆や労働者階級が自分たちの歴史的経験を記録することを促進した。そしてそのプロセスには、労働組合、労働者教育、地方史グループが大きく貢献していた。」と説明している[18]。このように、パブリックヒストリーの台頭は、単に北米だけの現象ではなく、歴史の作られ方や交流のされ方を刷新しようとする、より広範な運動であった。とはいえ、パブリックヒストリーの運動が当初最も成功したのはアメリカであったことは確かである。

1970年代、カリフォルニア大学サンタバーバラ校で「パブリックヒストリー」という言葉を最初に作ったのはロバート・ケリーである。環境史家、コンサルタント、水利権に関する専門家証人として、ケリーは歴史学の専門職をアカデミアを超えた実践的な応用に広げようと望んだ。彼は、「パブリックヒストリーとは、アカデミアの外で歴史家や歴史学的手法を採用することを指す」と書いている[19]。同じく運動の創設メンバーであるウェスリー・G・ジョンソンによれば、パブリックヒストリアンを養成することは、アカデミックな歴史家の孤立に対する一つの答えであったという。彼は、「歴史協会や公共（public）の場ではなく、アカデミーが歴史家の住処となり、文字通り象牙の塔に引きこもるようになった」と説明した[20]。この運動は実践的で、歴史家の職域を多様化するために教育以外のキャリアを提案した。1976年、カリフォルニア大学サンタバーバラ校にパブリックヒストリーの最初の大学院プログラムが設立され、その2年後にはウェスリー・G・ジョンソンによって学術雑誌 The Public Historian が出版された。さらに1979年には全米パブリックヒストリー協会 (National Council on Public History、NCPH) が設立されて、パブリックヒストリーが研究分野として制度化されたことが、米国でのパブリックヒストリー運動の統一性の一端を説明できるだろう[21]。

17　Bernard, Jensen, "Usable Pasts: Comparing Approaches to Popular and Public History". Kean, H.; Ashton. P. (eds), *Public History and Heritage Today. People and Their Pasts*. London; New York, Palgrave Macmillan, 2012, p. 46. https://doi.org/10.1057/9780230234468_3. (accessed 2024-07-12.)

18　Tyrrell, *Historians in Public*. p. 157.

19　Kelley, *Public History*. p. 16.

20　Wesley G. Johnson, "Editor's Preface," *The Public Historian*. 1(1), 1978, p.6.

21　Wesley G. Johnson, "The Origins of the Public Historian and the National Council on Public

パブリックヒストリーは当初アメリカで制度化され、しばしばアメリカ由来の概念として理解されているが、世界中の他の複数の地域でも共鳴した。1984年、フランスの歴史家アンリ・ルソーは「アメリカで生まれたパブリックヒストリーは、大西洋を横断している。これは歴史の未来なのだろうか？」と推論している[22]。1990年代には、オーストラリアのグレアム・デイヴィソンが、パブリックヒストリーは大半がアメリカの動きから情報を得ていると論じている[23]。確かに、しばらくの間パブリックヒストリーは主に英語圏の国々に留まっていた。ウェスリー・G・ジョンソンは、国際的なイベントを通じて、パブリックヒストリーの多様な理解と実践を橋渡ししようとした。1981年から1983年にかけて、彼はヨーロッパとアフリカで数回の国際ツアーを行い、パブリックヒストリーの要素を持つさまざまなプログラムを紹介し、歴史を現代の問題に応用している歴史家たちと対面した[24]。イギリスの歴史家アンソニー・サトクリフは1980年に彼と出会い、すぐに「北米のパブリックヒストリーと都市史は、互いに理解可能で共感できる」と考えた。サトクリフは、「パブリックヒストリーと、経済社会史という学問分野との間に、建設的な共通の関心を持つ可能性を感じた。イギリスに特徴的なことだが、社会経済史は、パブリックヒストリーの視点の一部をすでに認めていた。」と説明している[25]。このように、パブリックヒストリーは当初から他分野との相互の乗り入れがあった。にもかかわらず、ヨーロッパでこの分野が本格化したのは、2000年代に入ってからだった。

　1980年代の国際化の過程は、アメリカで生まれた特定のアプローチを広めようとする試みがほとんどだったが、2000年代にはそれとは異なる新たな関心の波が押し寄せてきた。2011年に設立された国際パブリックヒストリー連盟

　　History" *The Public Historian*. 21(3), Summer 1999, pp.167-179.

22　Henry, Rousso, "L'histoire appliquée ou les historiens thaumaturges", *Vingtième Siècle*. 1 (1984), p.105.

23　Graham, Davison, "Public History". Davidson, G.; Hirst, J.; MacIntyre, S. (eds), *Oxford Companion to Australian History*. Melbourne, Oxford University Press, 1998, pp. 532-535.

24　Wesley G. Johnson, "An American Impression of Public History in Europe", *The Public Historian*. 6(4), Fall, p.91, 95. https://doi.org/10.2307/3377384, (accessed 2024-07-12.)

25　Anthony, Sutcliffe, "The Debut of Public History in Europe", *The Public Historian*. 6(4) (1984), p.9.

は、種々のパブリックヒストリーのプロジェクト、専門家たち、学生たち、実践家たちを世界規模で結びつけることを目的としている。また、*Public History Review*、*International Public History*、*Public History Weekly* などの査読付きジャーナルも登場していることから、この分野が国際的に認知されつつあることがわかる[26]。また、ブラジル（Rede Brasileira de História Pública）、イタリア（Associazione Italiana di Public History、AIPH）、そして最近では日本（パブリックヒストリー研究会）でも全国規模のパブリックヒストリー協会が設立され、パブリックヒストリーが拡大していることがわかる[27]。さらに、英語、ポルトガル語、イタリア語、ドイツ語、ポーランド語、中国語、スペイン語、日本語の教科書、論文集、ハンドブック、手引き書などが出版社から提案されている。

2　歴史を（より）パブリックに

2.1　分野を定義する

　パブリックヒストリーを定義することは明らかに困難な作業である。「パブリック」と「歴史」という、共につかみづらい概念を、一つの傘概念の下で同時に扱うことになるからだ[28]。例えば、「パブリックヒストリー」という言葉の翻訳をめぐっては、現在も議論が続いている。フランス語、ポルトガル語（ブラジル）、オランダ語などでは、それぞれ Histoire Publique、História Pública、Publieksgeschiedenis と訳されているが、イタリアパブリックヒストリー学会（AIPH）やドイツの一部のプログラムでは、英語の表現を維持することを選択した。例えばイタリアでは、国際的なネットワークへの接続を容易にするために、

26　*The Public Historian,* https://tph.ucpress.edu, (accessed 2024-07-12.); Public History Review, https:// www.uts.edu.au/public-history-review, (accessed 2024-07-12.); *International Public History*, https://www.degruyter.com/view/j/iph, (accessed 2024-07-12.); *Public History Weekly*, https:// public-history-weekly.degruyter.com, (accessed 2024-07-12.)

27　Rede Brasileira de História Pública ("Rede" – RBHP) のウェブサイト , http://historiapublica.com.br、the AIPH のウェブサイト（https://aiph.hypotheses.org）そして、日本のパブリックヒストリー研究会のウェブサイト（https://public-history9.webnode.jp）を参照。

28　Jordanova, *History in Practice*. p. 149.

英語表記を維持することが決定された。セルジ・ノワレ（AIPH 会長）は、「イタリアでは個人がこの分野にオープンで、他国からソリューションを輸入し、現地に合わせて最適化することに全く問題がない」一方で、イタリア語でパブリックヒストリーを意味する storia pubblica という言葉は、過去に物議を醸したことがある用語のことだと理解されるだろうと述べた。フランス語の場合、福祉国家の長い歴史があるため、「パブリック」という言葉が国家や行政との密接な関係を示唆することがあり、翻訳にあたって特有の問題がある。その結果、「パブリックヒストリー」が、国家が支援する歴史、あるいは国家行政の歴史とさえ認識される可能性もある。

　パブリックヒストリーを定義づけることは問題含みだ。全米パブリックヒストリー協会がパブリックヒストリーの専門家を対象に行った 2009 年の調査に基づき、ジョン・ディヒテルとロバート・タウンゼンドは、「パブリックヒストリーは歴史についての専門的実践の中でも最も理解されていない分野の一つである。なぜなら、その仕事の大半がアカデミアの外にあるからだ。」と書いている。パブリックヒストリーがより国際的になりつつあることは明らかだが、この分野を定義することは依然として困難であり、議論の余地が残っている。例えば、2020 年パブリックヒストリー国際会議 (World Conference of Public History) のウェブサイトには、パブリックヒストリーの定義を全く記載していない。国際パブリックヒストリー連盟は、国際的なパブリックヒストリーを「世界中のさまざまな種類の受け手のために、公私のさまざまな場面で歴史に関わる仕事を行う

29　2017 年 6 月 4 日、イタリア、ラヴェンナでのキアラ・オッタヴィアーノ (AIPH 理事) へのインタビューに基づく。

30　Interview with Serge Noiret (President of the AIPH), Florence (Italy), 28 July 2017. 2017 年 7 月 28 日、イタリア、フィレンツェでのセルジ・ノワレ (AIPH 会長) へのインタビューに基づく。

31　John Dichtl and Robert Townsend "A Picture of Public History: Preliminary Results from the 2008 Survey of Public History Professionals". *Public History News*. 29 (4), September, 2009. https://www.historians.org/publications-and-directories/perspectives-on-history/september-2009/a-picture-of-public-history（訳者注：原著記載 URL はアメリカ歴史学協会（AHA）発行の Perspectives on History に掲載された同名記事である。Public History News の URL は https://ncph.org/phn-back-issues/ である。）

165

専門家からなる歴史科学の分野」とだけ示している[32]。パブリックヒストリーの国際化が進んでいるにもかかわらず、この分野の厳密な定義はまだない。2008年に発表された論文 "Defining Public History：Is It Possible? Is it Necessary?" では、ロバート・ワイブルが「25年以上も前からパブリックヒストリーの話を聞いてきたにも関わらず、歴史家が『パブリックヒストリー』が実際のところ何を意味するのかを、未だ曖昧にしているのは少し気まずい。パブリックヒストリーを一意に定義することについてコンセンサスを求めることは、無意味なのかもしれない。」と指摘している[33]。厳密な定義ではなく、この分野における主な基準について議論する方が適切だ。

2.2　現在の中の過去：相互に関連する構造

　パブリックヒストリーの決定的で厳格な定義を試みるよりも、「パブリック」と「ヒストリー」という用語を関連付けることの意味を理解することがより有益である。そのためには、パブリックヒストリーの可能性を探るための国際的な議論、交流、協力が必要である。イタリアの歴史家マルチェロ・ラヴヴェドゥトは、アカデミアという陸地からパブリックヒストリーという群島への横断、という比喩を提示している[34]。彼は、パブリックヒストリーが小さな島の集まりのように、異なりつつも互いに結びついた実践から構成されていることを、群島という言葉で表現している。この比喩は、パブリックヒストリーを、歴史のプロセスに対する共有された理解によって、ひとつに結びついた断片的な分野として捉えたいという願望を表している。重要なのは、パブリックヒストリーは従来からある歴史学的プロセスを拡張し、特定の実践を通じて「陸から群島へ」移動するものである。

....

32　International Federation for Public History, accessed 23 March 2023, https://ifph.hypotheses.org, (accessed 2023-03-23).

33　Robert Weible, "Defining Public History: Is it Possible? Is it Necessary?" in *Perspectives on History*. 1 March 2008.

34　Marcello Ravveduto, "Il viaggio della storia: dalla terra ferma all'arcipelago", in Farnetti, Paolo Bertella, Bertucelli, Lorenzo and Botti, Alfonso (eds), *Public History. Discussioni e pratiche*. Milan：Mimesis, 2017, p. 136.

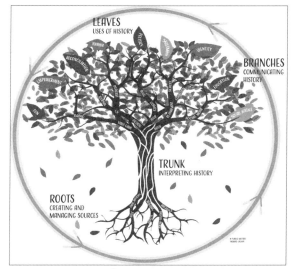

図2　パブリックヒス「ツリー」

　実践に焦点を当てることは、英語版ウィキペディアの定義にも表れている。「パブリックヒストリーは、歴史学の分野で何らかの訓練を受けた人々が、一般に専門的な学問的環境の外で行う広範な活動である [...] 幅広い実践を取り込み、多くの異なる環境で行われるため、厳密に定義されることには抵抗がある。」[35] しかし、これらの実践がどのように結びついているのかという疑問は残る。

　木というものは、象徴やメタファーとして頻繁に利用されてきた。系譜学の協会も歴史学科も、過去（ルーツ＝根）と現在のつながりを示すために木のイメージを利用している。また、木という表現で、パブリックヒストリーは、相互に関連した部分からなる一つのシステムとして紹介されることもあるかもしれない。その場合、木は単にパブリックヒストリーのアクターだけを示しているのではなく、ひとつのプロセスの中の複数の段階を表わすものとなる。木は、アクター同士の間の競合や対立の関係というよりも、各部分同士の必要不可欠な相互接続の上に構築される（図2）。各部分は異なっていても、全体的なシステム

35　Wikipedia, "Public history", https://en.wikipedia.org/wiki/Public_history, (accessed 2022-01).

の一部であり、互いなしには存在し得ない。歴史学は伝統的に、一次史料を徹底的に批判的に解釈すること（幹）と定義されてきたが、パブリックヒストリーは、アーカイブ、博物館学、文化遺産、コミュニケーション、メディア研究、パフォーマンス、観光、仲介など、他の実践や分野と、より包括的に関連している。パブリックヒストリーは、歴史をより身近なものにするために、学際的かつ協働的な枠組みで、異なる分野の専門家とともに実践されることが実に多い。訓練を受けた歴史家は、アーキビスト、キュレーター、コレクション・マネージャー、保存修復家、図書館員、メディア専門家、デザイナー、ウェブサイトの管理者、その他の一般市民（public）と協力することができる。

　パブリックヒストリーは、単なる一次史料の解釈の域を超えたものだ。木の根は史料の作成と保存、幹は史料の分析と解釈、枝は解釈の伝達、葉は解釈の多様な公共利用を意味する。幹がすべての歴史研究に共通するものだとすれば、枝は、パブリックヒストリーがいかにさまざまなパブリックとのコミュニケーションを目指しているかを示している。歴史家は、たとえそれが少数の専門家からなるニッチなものであったとしても、常に受け手を持っている。しかし、パブリックヒストリーは、歴史家に対して多様なメディア、木の枝を通して、多くの、しばしば歴史学の外にいる受け手とコミュニケーションするように後押ししている。パブリックヒストリーは、書籍、学術雑誌、一般誌誌、展示、ラジオ・テレビ放送、映画、ツアー、コミックス、フェスティバル、アプリ、ソーシャルメディア、ポッドキャストなど、さまざまなメディアを通じて伝えられる。さまざまな受け手との交流は、パブリックヒストリーの実践者に自分たちのアプローチを振り返らせ、専門用語や概念重視のアカデミックなスタイルから、ユーザー・フレンドリーで人々を惹きつける (engage) スタイルへと変化させる。各パーツが相互に関連すればするほど、パブリックヒストリーはより強固で首尾一貫したものになる。その構造は直線的ではない。用途（葉）が、私たちが収集し保存することが重要だと信じるもの（根）に頻繁に影響を与えることもある。パブリックヒス「ツリー」が表現しているパブリックヒストリーは、純粋に直線的なプロセスとしてではなく、むしろ相互に依存したシステムとして認識されるべきなのだ。

3　共有されたオーソリティ（Shared Authority）と参加型の実践

3.1　理論と実践の間にあるパブリックヒストリー

　パブリックヒストリーの国際化は、この分野にあるさまざまなアプローチや理解に光を当てた。そのため、この分野をより理論的に理解したがる歴史家もいる。1984 年には、フランスの歴史家アンリ・ルソーが、フランスとアメリカの実践を比較しながら、「プラグマティズムはフランス人の資質（あるいは障害）にはない。」と強調することで、北米の歴史家たちが——過剰なほど熱心に——公共的 (public) な実践に駆り立てられすぎているかと示唆した[36]。彼は、パブリックヒストリーを発展させる前に、フランスの歴史家は主な理論的議論に向き合う必要があると考えていたのだ。最近では、ポーランドのヴロツワフ大学での国際ワークショップにおいて、デイヴィッド・ディーン、ジェローム・デ・グルート、コード・アレンデスが、「パブリック」と「歴史」という言葉、そして両者の関連をより理論化する必要性を強調した[37]。

　パブリックヒストリーの理論化の欠如という認識は、部分的には正しい。パブリックヒストリーに関する多くの大学の研修プログラムでは、この分野への理論やアプローチについて論じるための入門的なコースが設けられている。歴史家の中には、この分野をより理論的に理解することを求める人もいるが、理論と実践を対立させず、むしろ自己反省的な実践の発展を支援するよう勧める人もいる。李娜 (Li Na) は、中国のパブリックヒストリーに関する論文の中で、「パブリックヒストリーは、創発的かつ反省的な実践として、従来の歴史教育に対して効果的な介入を構成している」と論じている。彼女は「パブリックヒストリーは反省的である。それは行動の結果、行動そのもの、そして行動に内在する直感的な知に、対話的に焦点を当てる傾向があるためだ。」と説明している[38]。この自己反省的な

36　Rousso, "L'histoire appliquée", p. 114.

37　Applied European Contemporary History, "The Public in Public and Applied History", University of Wroclaw, March 2019, http://aec-history.uni-jena.de/

38　Na Li "Public History: The Future of Teaching the Past in China" in *Public History Review*, Vol. 29, 2022 , https://epress.lib.uts.edu.au/journals/index.php/phrj/article/view/7859/7921, (accessed 2023-

実践は、一般市民（public）の協働や参加に対処するために重要である。

　パブリックヒストリーにおける「パブリック」という言葉は、これまで多くの議論や討論の対象となってきた。この用語は英語では簡単に理解できるが、他の言語での翻訳は困難である。例えば、日本のパブリックヒストリー研究会の会員とパブリックヒストリーについて議論した際には、翻訳者が私の議論の中の「パブリック」という用語を訳すのに苦労していた。似た事例として、ポーランドのプログラムでは、「パブリックヒストリー」を「公共空間の歴史」と訳すことを選択したものもある。[39] 2002 年、ジル・リディントンは、ユルゲン・ハーバーマスによって広められた公共圏に関する理論的議論と、パブリックヒストリーを結びつけるべきだと述べた。[40] ハーバーマスは、公共圏を、私的な個人が公共として集まり、社会のニーズを国家に明示することで構成される仮想または想像上の共同体と定義した。ハーバーマスは、新聞、コーヒーハウス、サロン、劇場など、さまざまなコミュニケーション・メディアを通じて、議論する公衆が出現することを強調した。しかし、ハーバーマスの「公共」という言葉の使い方にも批判があり、公共圏の概念にも疑問が呈されている。過去をどのように解釈し、表現するかについての複数の視点と継続的な議論を認識するために、「パブリック」ではなく「パブリックス」という用語を使用することを提案している学者たちもいる。政治学者たちがこのアプローチに影響を与えている。[41] 例えば、フレイザーは、「パブリックの多様性」を主張している。[42] さらに、支配的かつ公的な語りの存在と、それに対する挑戦は、異なるパブリックの間に文化や権力へのアクセスの不平等や、過去の解釈の争いが存在してきたことを学者たちが認め、「カウンターパブリック」に言及するように促した。[43] フレイザー

03).

39　Joanna Wojdon, *Historia w przestrzeni publicznej*, Warsaw：Wydawnictwo Naukowe PWN, 2018.

40　Jill Liddington, "What is Public History? Publics and Their Pasts, Meanings and Practices." In *Oral History*. 30/1 (Spring 2002), p. 89.

41　David Dean, "Publics, Public Historians and Participatory Public History", in Joanna Wojdon and Dorota Wisniewska, *Public in Public History.* (New York, 2022), pp. 1-19.

42　Nancy Fraser, "Rethinking the Public Sphere: A Contribution to the Critique of Actually Existing Democracy", Craig Calhoun ed. *Habermas and the Public Sphere.* Cambridge, MA, London: MIT Press, 1992, pp. 109-142.

43　Michael Warner, *Publics and Counterpublics*. New York, Zone Books, 2002.

によれば、カウンターパブリックとは、従属的な社会集団に所属し、自分たちのアイデンティティ、利益、ニーズについて対抗的な解釈を展開するための、対抗的な言説を作り、流通させる人々のことである[44]。こうした議論は、対立する語りがどのように認識されるのか、単一で包括的なパブリックではなく、複数のパブリックスという概念の適用にどうすれば至ることができるのかといった点に影響を与えている。

　こうした議論は、パブリックヒストリーにも影響を与えている。デイヴィッド・ディーンは *Companion to Public History* の序文で、「この分野の人々はパブリックを単数で (the public) を語る傾向があるが、パブリックヒストリーの受け手の多様性と複雑さを考えると、複数のパブリック (publics) について考える方がより有益であると主張したい」なぜなら、「単数のパブリック (the public) ではなく複数のパブリック (publics) について語ることは、歴史表象の分析をするときや、パブリックヒストリーにおける主体性の問題について語るときに、ニュアンスを持たせる」からだと述べている[45]。私たちはパブリックを単一の概念として捉えるのではなく、パブリックヒストリーに参加するさまざまな「パブリックス」——グループ、アクター、パートナー——を考慮すべきなのだ。このことは、私たちがどのように、そして誰とコラボレーションするかに直接影響する。

3.2　共有されたオーソリティ (Shared Authority) と訓練された歴史家の役割

　パブリックヒストリーの登場とその協働的なアプローチは、我々に歴史の創造に関わる個人の役割の再考を促している。パブリックヒストリーでは、一般市民は受動的な聴衆ではなく、しばしばプロジェクトに参加し、関与する。このダイナミズムを探求するための一つの出発点は、パブリックヒストリーとオーラルヒストリーの関係、特に参加者の役割について考えることである。マイケル・フリッシュの 1990 年の著書 *A Shared Authority: Essays on the Craft and Meaning of Public History* は、権威と専門性を再定義する必要性を強調するものである[46]。フ

44　Fraser, "Rethinking the Public Sphere".

45　David M, Dean, *A Companion to Public History*. New Jersey: Wiley Blackwell, 2018, pp.3-4.

46　Michael Frisch, *A Shared Authority: Essays on the Craft and Meaning of Oral and Public History*.

リッシュは、オーラルヒストリーに存在する語り手と聞き手という二重の権威を強調し、共有されたオーソリティ (Shared Authority) という概念が、歴史家に対して、過去の解釈にさまざまなアクターが参加することを再評価させていると示唆している。フリッシュによる共有されたオーソリティの呼びかけは、文化遺産における権威や専門性を再評価する動きが広がる中で生じた。公共政策や博物館学を含む他の分野では、共同制作や市民科学といった参加型の方法論とともに、多様なレベルの市民参加が強調されてきた。例えば、ニーナ・サイモンの「参加型博物館」というコンセプトは、一般の人々の交流や関与が、ミュージアムの来館者を知識創造への積極的な参加者に変えると説明している。[47]

　共有されたオーソリティは広い概念であるが、各参加型プロジェクトが効果的であるためには、透明性と、参加者の具体的な役割が確立されている必要がある。すべてのプロジェクトのすべての段階が参加型である必要はない。種々のプロジェクトを、参加型かそうでないかで分類するのではなく、さまざまな段階における参加について考えることがより有効である。例えば、市民科学においては、「貢献型」（市民科学者がデータを収集する）、「協働型」（参加者も追加の作業を行う）、「共創型」（参加者がプロジェクトの全段階に関わる）の三つの参加レベルが想定されている。[48]同様に、ニーナ・サイモンは、博物館における参加の、多様な度合いを表すピラミッドを作成した（図3）。[49]それぞれの段階において、異なるスキル、専門知識、参加者に対する要件が必要とされる。ここでは、プロセスの各段階を通じて、一般市民の参加と、厳密で批判的な方法論のバランスを見つけることが重要な課題となる。

　パブリックヒストリーの出現は、訓練を受けた歴史家に、自身の役割の再評価

　　Albany, SUNY Press, 1990.

47　Nina Simon, *The Participatory Museum. Museum* 2.0. http://www.participatorymuseum.org, 2010.

48　Rick Bonney, Caren B. Cooper, Janis Dickinson, Steve Kelling, Tina Phillips, Kenneth V. Rosenberg, Jennifer Shirk, "Citizen Science: A Developing Tool for Expanding Science Knowledge and Scientific Literacy", *BioScience*. 59(11), December 2009, pp. 977–984.

49　Nina Simon, "Hierarchy of Social Participation", in Museum 2.0 (20 March 2007), http://museumtwo.blogspot.com/2007/03/hierarchy-of-social-participation.html, (accessed 2022-09-09). ただし、出典画像に若干の修正を加えてある。

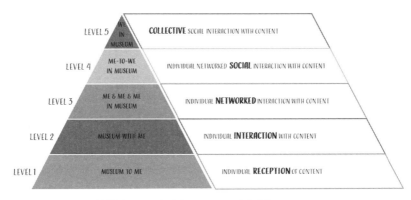

図3　博物館へのさまざまなレベルの市民参加

を求める。その発展には、訓練を受けた歴史家だけでなく、他のアクターも関与している。また、歴史が個人、コミュニティ、グループ、組織、省庁、政府によっていかに利用され消費されるかという問いが含まれている。権威の共有化と市民参加は、訓練された歴史家が権威を失ったり、公的な議論への関連性が減少するということを意味しない。歴史家は共有されたオーソリティを自分の専門知識の放棄と認識すべきではない。歴史学の批判的方法論はパブリックヒストリーに欠かせないものであり、歴史家の公的参加は歴史相対主義には帰結しない。言い換えれば、参加型の歴史構築は、過去に対するすべての解釈が真実であるだとか、あるいは等しく有効であるということを意味しないのだ。アメリカの歴史家で、パブリックヒストリーの経験が豊富なジム・ガードナーは、意見と知識を区別することを強調している。パブリックヒストリーはそのうち後者に属しており、知識は根拠と方法論に基づいて構築されているという。[50] 警戒が必要なのは、歴史家のメアリー・リゾが、共有されたオーソリティのリスクに関する論文で述べるとおり、特に参加が、歴史家を完全に舞台裏に追いやったり、目撃者や参加者の目に触れなくなる場合だ。[51] 訓練された歴史家は批判的方法論を提供し、他の参

50　James B. Gardner, "Trust, Risk and Public History: A View from the United States", in *Public History Review*. 17, 2010, https://epress.lib.uts.edu.au/journals/index.php/phrj/article/view/1852, (accessed 2024-07-12.)

51　Mary Rizzo, "Who Speaks for Baltimore: The Invisibility of Whiteness and the Ethics of Oral

加者はさまざまな参加の段階において、専門知識を提供する。

　協働型のアプローチは、役割は異なるものの、訓練された歴史家の重要性を強調する。歴史家だけが議論をコントロールしているわけではない。訓練された歴史家は、一般の人々 (public) が過去を理解するのを助けると同時に、協働的な実践の確立を助けることができる。受動的な聴衆に知識を与える宣教師として務めるのではなく、歴史家は過去を議論し解釈するための協働的な枠組みの構築に貢献することができるだろう。2006 年、バーバラ・フランコは、「市民対話における歴史家や学者の役割は、事実を記録したり、首尾一貫した論文を達成することよりも、意見の対立ができる、安全な場所を作ることに焦点を当てなければならない」と指摘している[52]。これは市民対話だけでなく、パブリックヒストリー全般にも当てはまる。パブリックヒストリーは、歴史家の役割を矮小化するものではなく、むしろ歴史家が一般市民と向き合い、対話する新鮮な機会を提供するものなのだ。歴史家は、参加者全員が歴史の収集、分析、解釈、伝達のスキルを学び、実践し、共有できるような共同スペースやプロジェクトの確立に取り組むことができる。そしてそれに成功すれば、パブリックヒストリーは、過去に対する批判的かつ方法論的な理解を維持しながら、知識生産の民主化に貢献することができるのだ。

4　デジタルパブリックヒストリーは、この分野の未来なのか？

4.1　デジタル時代のパブリックヒストリー

　デジタル技術の登場は、他の分野と同じように、パブリックヒストリーに革命をもたらした。1993 年にワールド・ワイド・ウェブがオープンして以来、歴史家は自分たちの研究をより多くの人々に広めることができる新しいプラットフォームを手に入れたのである。しかし、デジタル技術がパブリックヒストリー

History Theater", *The Oral History Review*. Vol. 48, 2021, https://www.tandfonline.com/doi/full/10.10
80/00940798.2021.1943463, (accessed 2024-07-12.)

52　Barbara Franco "Public History and Civic Dialogue", *OAH Newsletter*. 34(2), May 2006, p. 3.

に与えた影響は、単に歴史研究を広く伝えるだけにはとどまらない。歴史的知識の創造における市民の参加の役割を再考する上でも、大きな役割を果たした。歴史家と他のアクターとの協働を重視する共有されたオーソリティの概念は、Web 2.0技術の登場によって注目を集めるようになった。[53] 2000年代初頭以降、Web 2.0技術の普及により、クラウドソーシングや市民科学のプロジェクトを通じて、ユーザーが簡単にコンテンツを作成、編集、共有できるようになった。これにより、一般市民が歴史的な文書やコレクションの調査や解釈に貢献する、新しい協働作業の実践が生まれた。

　デジタル技術によって促進された協働的実践は、パブリックヒストリーの景観を一変させた。人々の参加に向けた魅力的 (engaging) な機会が生まれ、同時に歴史家の役割について新たな議論が必要とされるようになった。ジム・ガードナーとポーラ・ハミルトンは、「パブリックヒストリアンや一般的な歴史家のうち、自分たちが研究成果を発表している新しいメディアについて考察し、それが研究や発表のための『新しいツール』だという考えを超えて、伝えられる内容をどう変えるのかについて考えている人はほとんどいない」と残念がっている。[54] 最近の書籍ではこの問題を検討しているものもあるが、新しいテクノロジーの使用によって、公共的次元と歴史の制作の両方がどのように変化するのかを含め、デジタルパブリックヒストリーのさらなる概念化が必要だろう。私たちに必要なのは、デジタルパブリッヒヒストリーのより良い概念化である。ハヌ・サルミは、デジタル・ヒストリーに関する最近の著書で、デジタルヒストリーの公共的側面 (public dimension) を認めつつも、デジタルパブリックヒストリーを「過去を提示すること」と定義するのみにとどまっている。[55] メディアの問題に加えて、セルジ・ノワレは、デジタルパブリックヒストリーとは実際、「インタラクティブなデジタルの手段を用いて、公共圏 (public sphere) で歴史を生産す

53　Bill Adair, Benjamin Filene, Laura Koloski, (eds), *Letting Go?: Sharing Historical Authority in a User-Generated World*. New York, Routledge, 2011.

54　Gardner and Hamilton, *The Oxford Handbook of Public History*. p. 13.

55　Hannu Salmi, *What is digital history?*. Cambridge/Medford, PA., Polity Press, 2021, p.80.

ること」だと主張している。[56]最近出版された *Handbook of Digital Public History* がそうであるように、メディアや技術について探究するというよりも、新しい技術の利用が、歴史の生産と「公共的側面」の両方をどのように変えるかを検討する必要がある。[57]

　デジタルパブリックヒストリーの中心には、まだ多様なパブリックが存在している。2016 年の "Public, First" と題する論文で、シーラ・ブレナは、「プロジェクトや研究がオンラインで利用可能であったとしても、そのことがその成果を本質的にデジタルパブリックヒューマニティーズやパブリックデジタルヒューマニティーズにするものではない」と述べる。彼女は、「どのような種類のパブリックデジタルヒューマニティーズの仕事をするにしても、完了したプロジェクトを外部に発信するずっと前に、デザインだけでなく、アプローチやコンテンツにおいても、受け手のニーズを特定し、受け手を招き入れ、その参加に対処するための決定を、プロジェクトの初期から意識的に行っておく必要がある」と論じている。[58]デジタルパブリックヒストリーには、参加に対する自覚と行動が必要となる。例えば、1994 年に設立された歴史とニューメディアセンターの使命は、「デジタルメディアとコンピュータテクノロジーを使って、多様な声を組み込み、多様な慣習に接触し、一般の人々による提示、そして一般の人々が過去を保全し提示することによって、歴史を民主化する」というものだった。[59]このことは、デジタルパブリックヒストリーが、テクノロジーをめぐる論争を超えたものであることをよく示している。

4.2　参加について再考する

　ユーザー同士の関係を刷新しながら、インターネットは、異なる場所にいる

56　Serge Noiret, "DPH: bringing the public back in", *Digital and Public History*. (31 May 2015), https:// dph.hypotheses.org/746, (accessed 2024-07-12.)

57　Noiret, Tebeau, Zaagsma (eds), *Handbook of Digital Public History*. 2022.

58　Sheila A. Brennan, "Public, First", *Debates in Digital Humanities*. (2016), "32. Public, First | Sheila A. Brennan" in "Debates in the Digital Humanities 2016" on Debates in the DH Manifold (cuny.edu).

59　Roy Rosenzweig Center for History and New Media, "About", website, 2021, http://chnm.gmu.edu/about/, (accessed 2024-07-12.)

人々をつなぐグローバルなネットワークを提供し、新たなデジタルコミュニティ
を作り上げている。ノワレは、「過去の解釈における時空間やローカル / グロー
バルの障壁を破壊することが、デジタルパブリックヒストリーを特徴づけてい
る」と述べている。[60] Facebook の歴史グループのようなソーシャルメディア上の
プラットフォームの事例では、プロジェクトに参加する前は、ほとんどの投稿
者（contributors）がお互いを知らなかった。レベッカ・ウィンゴ、ジェイソン・
ヘプラー、ポール・シャデワルドは、デジタル・コミュニティとの関わり方の
新たな実践として、「デジタル・ツールを使うことによって、それまで自分たち
自身が一つのコミュニティなのだと認識していなかった人々を結びつける」プ
ロジェクトの存在に着目している。[61] 例えば、ノワレは Herstories から「スリラ
ンカの母親の証言が、ソーシャルネットワークからの支援とデジタルオーラル
ヒストリーのアーカイブの公開によって、国際的な広がりを見せている」と引
用している。このデジタルプロジェクトは、「2014 年にトロントで行われた展
示を生み出し」、来場者のコメントを後に展示サイトで公開している。[62]

　デジタルパブリックヒストリーは、市民科学やユーザー主導型コンテンツに
関するより広範な議論を反映している。市民科学、すなわち「科学的研究にお
ける一般市民の参与」は、知識の生産と密接な関係を持っている。[63] 欧州市民科
学協会 (The European Citizen Science Association) は、「市民は、貢献者、共同参
加者、またはプロジェクトリーダーとして行動し、プロジェクトにおいて重要
な役割を果たすことができる」と強調している。さらに、「市民科学者は、自ら
が望むなら、科学的プロセスにおける複数の段階に参与することができる。」と

60　Serge Noiret and Thomas Cauvin, "Internationalizing Public History", Gardner, James, Hamilton, Paula (eds.), *Oxford Handbook of Public History*. Oxford, Oxford University Press, 2017, pp.25-43.

61　Rebecca Wingo, Jason Heppler, and Paul Schadewald, (eds.), *Digital Community Engagement: Partnering Communities with the Academy*. Cincinnati, University of Cincinnati Press, 2020.

62　Serge Noiret, "Digital Public History", David M. Dean ed., *A Companion to Public History*. John Wiley & Sons, Inc., 2018, pp. 111-124.

63　Rick Bonney, Caren B. Cooper, Janis Dickinson, Steve Kelling, Tina Phillips, Kenneth V. Rosenberg, Jennifer Shirk, "Citizen Science: A Developing Tool for Expanding Science Knowledge and Scientific Literacy", *BioScience*. 59(11), December 2009, pp. 977–984.

続けている。そして、これらの異なるステージや異なるタスクには、異なるスキルが必要とされる。市民科学は、一般の人々が持つ一般的な知識と、少数の人々が持つ専門的な知識、さらには正規の教育や長期間の実践を通じて得られる領域固有の専門的な知識を必要とするタスクとを区別する。これらを「the public」と一括りにして考えるのは、まったく誤っている。パブリックヒストリーのプロジェクトでは、参加者の知識、スキル、専門性に応じて、さまざまなタスクを割り当てる必要がある。その中には、参加者の大半ができる仕事もある。例えば、クラウドソーシングによる天文学のプロジェクト Galaxy Zoo では、参加者は一般的な知識を用いて、銀河の形などの基本的な特徴を判断する。一方、より具体的な知識を必要とする作業も存在する。インド・パキスタン分離独立に関する証言を集める国際プロジェクト 1947 Partition Archive では、歴史の目撃者にインタビューする参加者は、オーラルヒストリーの基本（専門知識）を習得するためのトレーニングを受ける必要がある。したがって、参加型プロジェクトの開始時には、参加者が行うことのできるさまざまなタスクをリストアップし、求められる知識（一般的なもの、専門的なもの、領域固有のもの）とスキルを特定することが重要である。

　デジタルパブリックヒストリーの主要な課題の一つは、参加者が、より複雑な歴史的作業に貢献しつつ、そこから学ぶことのできる方法を見つけることだ。デジタルパブリックヒストリーのプロジェクトの大半は通常、テキストを機械で読める形式に変換するためのテープ起こしなど、一般の人々の参加を基本的な作業に限定している。2010 年にユニバーシティ・カレッジ・ロンドンで開始された Transcribe Bentham は、最も人気のあるクラウドソーシングによる手稿翻刻プロジェクトの 1 つだ。この翻刻プロジェクトは、「ボランティアが歴史の仕

....
64　European Citizen Science Association, "10 Principles", https://ecsa. citizen-science.net/documents/, (accessed 2023-01-25.)
65　Montserrat Prats López, Maura Soekijad, Hans Berends, Marleen Huysman, "A Knowledge Perspective on Quality in Complex Citizen Science", *Citizen Science: Theory and Practice*. vol.5/1, 2020, pp.1-14.
66　"The 1947 Partition Archive", https://www.1947partitionarchive.org, (accessed 2023-01-25.)

事に対する投資と参加の感覚」を感じることができるかもしれないが、一般の参加はマイクロタスクに限定される。プロジェクトによっては、翻刻を参加者の学習プロセスと結びつけているものもある。特に、何らかの学習用インターフェースと組み合わせることで、「個人の歴史的な手書き文字を解読する能力」を向上させることができる。オーストラリアの歴史家アラナ・パイパーは、単純な「"データを形づくる"ようなタスクから、"知識を形づくる"ようなタスクに関連した、批判的思考の育成に移行」せよと論じている。2018年に開始されたオーストラリアのプロジェクト Criminal Characters は、「1850年代から1940年代のビクトリア州の中央刑務所登録簿、囚人の職業、読み書き、出生地、家族・移住歴、前科、外見、刑務所内での経験などを詳細に記録した5万件以上の記録の翻刻を支援している。[67]」Zooniverse[68] のアーキテクチャ通じて、このプロジェクトでは、一次史料の種類や遭遇したデータについて、チュートリアルを一歩一歩学習することができるようになっている。また、日本のデジタルプロジェクトである「みんなで翻刻[69]」(第19章参照)は、参加者に前近代的の地震の記録を翻刻するよう求めている。参加者の99％は、日本の古い筆記スタイルである、くずし字を読むことができない。そのためプロジェクトマネージャーは、クラウドソーシングプロジェクトに紐づいた学習アプリを設計した。[70]

　ジャーナリストのジョアン・パルマは、Covid-19 パンデミックのさなかにユダヤ人がどのように暮らしていたかを記録したデジタル資料を収集する American Jewish Life に、「歴史の民主化によってそれが可能になった（…）歴史は誰の独占物でもない、本当に。それが全てだ」と喜びのコメントをしている[71]。ユーザー主導型のプロジェクト Pandemic Religion: a Digital Archive は、確

67　Alana Piper, "Crowdsourcing：Citizen History and Criminal Characters", Paul Ashton, Tanya Evans and Paula Hamilton, ed., *Making Histories*. Berlin/Boston：De Gruyter Oldenbourg, 2020, p.205, 208.

68　（訳者注）Zooniverse：自然科学から人文科学まで、さまざまな市民科学プロジェクトのための場を提供するプラットフォーム https://www.zooniverse.org/(2024年8月8日アクセス)。

69　（訳者注）https://honkoku.org/

70　"Minna de Honkoku", website, 2021, https://honkoku.org/index_en.html, (accessed 2024-07-12.)

71　Joanne Palmer, "Democratizing history as we make it", Jewish Standard, (31 August 2020), https://blogs.timesofisrael.com/democratizing-history-as-we-make-it/, (accessed 2024-07-12.)

かにパンデミックをアーカイブするための重要な一歩だといえる。しかしながら、オンラインコレクションの作成は、歴史的作業の一側面に過ぎないことを理解することが重要である。[72] オンラインコレクションの作成は、歴史実践の一端に過ぎず、歴史実践のためには歴史の解釈も必要なのだ。2013 年にフィエン・ダニアウは「デジタルパブリックヒストリーに関する問題は、画像の集積やオンラインコレクションが世界的に最も一般的で支配的なジャンルであること」であり、「コレクションは膨大でも、そこにある歴史は小さい」と結論付け警告している。[73] このような多様な参加形態から、参加者が新たな歴史的スキルを身につけるための、市民の歴史を発展させる必要があるという学者もいる。

デジタルパブリックヒストリーのプロジェクトでは、市民の参加は歴史的解釈ではなく、文字起こしなどの基本的な作業に限定されることが多い。歴史的解釈には、批判的分析、文脈の整理、論証が必要であり、シティズンヒストリアンにとってはそれらのスキルを身につけることはより困難である。「もっと多くの人が歴史家となることを応援する」ために、米国のホロコースト記念館（USHMMM）が 2007 年に開発した Children of the Lodz Ghetto プロジェクトは、「ホロコーストの犠牲になった小学生たちの物語を再構築するために世界中の人々を募った。[74]」このプロジェクトでは、1941 年の学校アルバムを分析し、ホロコーストの犠牲になったウッチ・ゲットーの小学生の物語を再構成するために「シティズンヒストリアン」を募集したのだ。[75] プロジェクトマネージャーのエリッサ・フランクルは、「市民の歴史とは、アマチュアの学者や愛好家と向き合い、博物館が保有する権威ある研究や資料に基づいて、本質的な質問について考え、答えるものである。同時にそれは、新たな協力者がもたらす新しいアイデア、

72　Pandemic Religion: A Digital Archive, "Welcome", website, 2021, https://pandemicreligion.org/s/contributions/page/welcome, (accessed 2024-07-12.)

73　Fien Danniau, "Public History in a Digital Context: Back to the Future or Back to Basics?", *BMGN - Low Countries Historical Review.* 128(4), (December 2013), p. 135.

74　Frankle, Elissa."More Crowdsourced Scholarship：Citizen History", *Center for the Future of Museums*, (28 July 2011), https://www.aam-us.org/2011/07/28/more-crowdsourced-scholarship-citizen-history/, (accessed 2024-07-12.)

75　United States Holocaust Memorial Museum, "Children of the Lodz Ghetto", website, 2021, https://www.ushmm.org/online/lodzchildren/, (accessed 2024-07-12.)

質問、考え方に開かれている」と説明しました[76]。このプロジェクトのために開発されたワークスペースの構造は、研究プロセスをより小さなタスクに分割することで一種の足場作りを行った。参加者は、史料と目の前にある問題との関連性を判断し、その意思決定プロセスを振り返るよう促された。市民の歴史プロジェクトは、参加者が史料に基づくスキルを身につけ、証拠を論拠に結びつけるのに役立つのだ。

USHMM のもう一つのプロジェクト History Unfolded では、「私たちは共に、1933 年から 1945 年の間に、全国の一般の人々が地元の新聞を読んで、ホロコーストについて何を知っていたかを明らかにすることができる。私たちは、シティズンヒストリアンのチームに参加して、学者、学芸員、そして一般市民と共有する新しい知識を発掘するためにあなたを必要としている」と論じている。参加者は、ホロコーストの時期のアメリカとヨーロッパで起きた出来事について、選ばれた 37 の事例を、デジタル新聞を用いてニュースや意見を調査した。プロジェクトマネージャーはこの調査について、「『シティズンヒストリアン』たちは、活動を通して、ホロコーストの歴史について学び、歴史研究に一次史料を使用しながら、ホロコーストに対するアメリカ人の知識と反応に関する既成概念に挑戦してきた」と結論付けている[77]。

最後に、ラディカルな市民科学では、市民参加は研究課題全体のデザインにまで拡張可能である。ウィンゴー、ヘプラー、シャーデヴァルドの 3 人は、最近出版した *Digital Community Engagement* の中で、コミュニティと共同で開始したプロジェクトをいくつか紹介している[78]。例えば、学生非暴力調整委員会（SNCC）の元メンバーは、「学術的文献における SNCC の不正確な表現に不満を持ち、元メンバーの声を中心としたデジタルプロジェクトを立ち上げるためにデューク大学に話をもちかけた。」という。デジタルパブリックヒストリープロジェクト

76　Elissa Frankle, "Making History with the Masses: Citizen History and Radical Trust in Museums", 2013, https://archive.mith.umd.edu/mith-2020/dialogues/making-history-with-the-masses-citizen-history-and-radicaltrust-in-museums/, (accessed 2024-07-12.)

77　History Unfolded, website, 2021, https://newspapers.ushmm.org/, (accessed 2024-07-12.)

78　Wingo, Heppler, Schadewald, *Digital Community Engagement.*

のリーダーたちは、「プロジェクトパートナーたちが、共通の目標に取り組み、共通の価値観を持っていたから」成功したと指摘している。元活動家のメンバー、アーキビスト、学者、そしてプロジェクトのスタッフたちは、SNCCと黒人自由闘争運動のボトムアップの歴史を、そして彼らが「内側からの歴史」(inside out) と呼ぶ、それを生きた人々によって指示・創造された知識を伝える活動に公式に参加した」のだ。[79]

　結論として、パブリックヒストリーの発展とは、古くからある実践に基づきつつも同時に、パブリックヒューマニティーズやパブリックサイエンスへの一般的な転換の一部として理解されるべきだ。パブリックヒストリーの実践は、博物館、文書館、地方史研究会などの研究・解釈の場にも長く存在してきたが、最近のブームは、学術研究や研修の場が開放されている大学において起きている。種々の新しいコースや研修プログラム、プロジェクトやイベントは、大学における歴史学が多様化し、学際的なスキルやアプローチ、倫理観がますます必要とされていることを示している。パブリックヒストリーの分野は厳密に定義されているわけではなく、むしろ、異なる分野の学者や専門家たちが、過去に対する新しい理解や解釈を生み出すために出会い、交流し、協力し合うことができる柔軟で包括的な空間として機能している。そうすることで、この分野は集合知に対する大きな手助けになる。パブリックヒストリーは、研究、保存、解釈、コミュニケーションの、そしてまた大学、文書館、博物館、史跡、その他の公共空間との架け橋となる。パブリックヒストリーは、歴史をよりアクセスしやすく、より包括的に、より魅力的に、そしてより有意義なものにするよう、さまざまな人々に働きかけているのだ。

....

79　Geri Augusto, Molly Bragg, et al. "Learn from the Past, Organize for the Future: Building the SNCC Digital Gateway", Rebecca S. Wingo, Jason A. Heppler and Paul Schadewald, eds., *Digital Community Engagement*. University of Cincinnati Press, 2020, https://ucincinnatipress.manifoldapp.org/read/digital-community-engagement/section/e597a18f-faf6-4786-8889-3a02b1906d85, (accessed 2024-07-12.)

第 **3** 部
人文学を社会で実践する

「人文知コミュニケーション」を考える

研究機関発信にみるパブリックヒューマニティーズ

光平有希

　科学者や技術者と社会、あるいは一般の人々をつなげる「サイエンス（科学）コミュニケーター」という職種は既に耳馴染みのある方も多いのではないだろうか。また、製品や薬品の開発など産学連携での取り組みも盛んな理系分野は、研究機関の各資源と社会とが比較的近い距離に位置しているようにも感じる。では人文学分野はどうだろうか。哲学や歴史、文学、芸術、言語学、社会科学、地域研究など各学術研究の成果「人文知」をどのように社会に伝え、受け手の知的好奇心を呼び起こし、社会的認知度をいかに向上させるのか——、人文学分野でもこれまでさまざまな形での取り組みをもって検討が重ねられてきた。

　とはいえ、1980年代のポストモダニズムをめぐる議論以降、人文知の危機が繰り返し叫ばれるなか、30年以上たった現在もその問い直しは未だ混迷のなかにあることも事実である。並行してデジタル・ネットワークに書き込まれた情報の肥大化やサーチエンジンの高度化など、進化した現代の情報環境は、ある種、伝統的な人文知が目指してきた人間像とはほど遠いようにも感じる。しかしそうした現状下にこそ伝えられる、伝えるべき学問的知識が存在すると筆者は考える。そして、いまなお各研究機関には社会に伝えきれていない人的・モノ的研究資源が多分に存在し、人文学研究の存続意義を見直すためにもその発信力の強化が急務と目されている。本稿では、自身が「人文知コミュニケーター」活動期に取り組んだいくつかの事例を振り返りつつ、研究機関の中からパブリッ

クヒューマニティーズを検討することの意味について一考を加えてみたい。

人文学の知と社会をつなぐ―人文知コミュニケーションとは―

　人文学は「理論的統合」、「社会的貢献」及び「『教養』の形成」という三つの役割・機能に立脚した学問といわれる。他者との対話を基本とするその特性から、成果発信においても人間や文化の文明史的な位置づけといった、多様性と普遍性との架橋、そして個別諸学の専門性と市民的教養との架橋という二方向での社会的貢献が期待されている。

　そうしたなか、大学共同利用機関法人人間文化研究機構では人間文化研究の成果をわかりやすい言葉で社会に発信し、その魅力を伝えるとともに、そこから得られた疑問や要望を研究の現場にフィードバックする双方向コミュニケーション、すなわち人文知コミュニケーションを継続的に推進している。その過程で 2017 年より「人文知コミュニケーター」の育成事業に取り組み、現在、国際日本文化研究センター、国文学研究資料館、国立国語研究所、国立民族学博物館、国立歴史民俗博物館、総合地球環境学研究所、の各機関に一名ずつ配属されている。筆者も 2019 年からの 3 年間、国際日本文化研究センター（以後、日文研と略す）において人文知コミュニケーターとして在職していた。

　従来の研究活動あるいは研究成果発信では、研究者から市民に対して専門的な知識の伝達を行うという一方向のコミュニケーションが主であった。しかしいま、諸分野の研究内容や科学技術が社会にもたらす恩恵への意見を市民に問う、あるいは研究者だけでは答えの出せない倫理的な問題を社会全体で考えるなど、双方向コミュニケーションに基づく研究の深化や成果発信が大きなカギを握っているといっても過言ではない。それに付随して研究者が市民のニーズや諸学に対する思いを汲み取ること、自身の研究が社会にどのような変容をもたらすのかわかりやすい言葉や方法で説明すること、また市民からのアイディアを柔軟に受け入れ潜在的な問題点を検討するなど、研究者側で心得ておくいくつかの観点があることは言うまでもない。

　わたしたちが日常的におこなっているコミュニケーションに思いを巡らすと

き、それを通じて双方の気持ちが理解できる、あるいは議論していて意見が一致するなど、一見なにかを共有するということが対話には重要と思いがちである。しかし、例えば「同じものを見ていても相手はこんな風に感じるのか」というお互いの差異を知ること、そしてそこから派生する新しい知見を語り合うことも重要であり、そうした営みがまさにさまざまなフィールドをもつ人々、あるいは異分野の研究者とのあいだでおこなわれる「人文知コミュニケーション」には必要不可欠なことと感じる。

研究資源・研究成果の発信事例から

　2021年春、日文研・株式会社島津製作所・神田外語大学の共催でオンライン企画展「明石博高と島津源蔵—近代京都の科学技術教育の先駆者たち—」を公開した。近代京都の理化学・医学の発展に大きく貢献した明石博高と島津源蔵に焦点を当てた企画である。ウェブ上では資料キャプションやコラムのほか、島津製作所との連携で日文研所蔵の明治初期金属標本（カドミウム、鉛、錫）を非破壊分析し、史実とも照合してその分析結果を公表。その後、当該標本は日本化学遺産学会として登録され、市民や異分野研究者にもその存在を周知できる機会となった。コロナウイルス感染症の影響拡大を考慮し、実地開催を見合わせた結果ではあったが、半恒久的にオンラインで閲覧ができる同展は、結果的に機関の所蔵資料や研究成果を広く発信できるツールの模索という点で良い収穫を得た。

　その反面、やはり実物のもつ迫力など実地ながらのリアル体験の欠如も否めず、2022年春に改めて日文研・神田外語大学・京都府立京都学・歴彩館共催の企画展「明石博高—京都近代化の先駆者—」を開催。記念シンポジウムでは発表後、フロアからのコメントシートを用いた質疑に対して登壇者による詳細な応答が繰り返され、そこからさらに別の研究者が新たな知見や研究の可能性をコメントするなど、まさに双方向コミュニケーション創成の場となった。関連するツールとして、日文研所蔵の近代京都古地図「京都府組分細図」と現在の地図情報を連動させ、明石博高ゆかりの地を3Dマップで表示する「明石博高史

跡マップ」も制作・公開した。同図では、GPS を使った現在地情報の切替も付加、視覚的そして実際の地を巡るという意味合いでは身体を通じたバーチャルな歴史体験の模索をはかった。これらは一例であるが人文知コミュニケーター着任期間中、筆者はとりわけ資料の可視化を通じた成果発信に積極的に取り組んだ。一貫して心掛けていたのは、成果発信を通じて地域への知の還元をはかること、そして企業や NPO など広い意味でのビジネスセクターとの共催で産学連携の各種イベントを開催し、文系に留まらず理系分野との文理融合の観点から多面的に立案するということだった。基礎研究から段階的に事業化に至る「リニアモデル」から、基礎研究と事業化が同時並行的に行われる「コンカレントモデル」への変化が加速・拡大する現況、産学連携の事業化は、基礎的・基盤的な研究をさらに発展させ、多角的な視座と経験をもつ人材を育てる上でも極めて重要な要素となっている。また、産学連携は新たな発見や新商品又は新役務の開発、さらにその他の創造的活動を通じた新たな価値の産出など、その普及が経済社会の大きな変化の創出にもつながることから、文系・理系を問わずあらゆる研究分野において大きな役割を担っていると思われる。

　成果発信先の検討に目を向けてみると、壮年・老年期向けのイベントと同様に若年層向けの広報や教育ツールの開発もその支柱に欠かせないものと筆者は考えている。一つの取り組みとして「にちぶんけんさんぽ」という、人文知コミュニケーターの職務を紹介しつつ所属機関の資料や教員を紹介する冊子を制作した。日文研所蔵の日本関係欧文貴重書（外書）を題材にしたアニメーション「カルレッティのだいぼうけん」（日本語・英語版）の企画・翻案を手がけ、国際的・学際的な日本研究の魅力を広く伝えることを念頭に、新しい国際日本研究資料の発信を模索した。その他複合的な学術イベントを展開する企業と共に「国際日本文化研究センター×ナレッジキャピタル　おもしろ日本を解き明かそう！」を開催、「日本の情報／史料」をテーマに全 3 回のリレー講座を YouTube 上で開講した。いずれも小学生〜中学生を対象にした成果発信であり、こうした地道な積み重ねが次世代の国際日本研究者の育成、ひいては人文学研究諸分野に対する社会の認知・理解にもつながっていくと信じてやまない。

アカデミズムの枠を超え、人文知を市民に提供するアウトリーチリソースとしてのパブリックヒューマニティーズを考える時、そこに介在する人文知コミュニケーションには残念ながら未だ確たる方法論や定義はないように思う。人文知コミュニケーターならびに各研究者が手さぐりに遂行し、実践例と横断的かつ緻密な対話を重ねていくことによって今後その足跡が方針を形作っていくのではないかと期待する。新たなイノベーションの創出に向け、幅広い分野で大学の研究活動から発生したさまざまな知的財産などシーズを管理し、その他の研究機関や企業、市民社会へ公開することの意義を問われる昨今、人文学分野においてなにができるのか——、私自身さらに研鑽を積み考えていきたいと意を新たにしている。

参考文献

大石 裕『コミュニケーション研究——社会の中のメディア』（慶應義塾大学出版会、2022 年）

林三博「デジタル・コミュニケーションと人文知の行方」（『ことば・文化・コミュニケーション：異文化コミュニケーション学部紀要』第七巻、2015 年）

歴史学研究会『「人文知の危機」と歴史学：歴史学研究会創立 90 周年記念』（績文堂出版、2022 年）

文部科学省ホームページ「人文学の役割・機能」（https://www.mext.go.jp/b_menu/shingi/gijyutu/gijyutu4/siryo/attach/1337673.htm#top）（アクセス日：2023-3-31.）

オンライン企画展「京の近代科学技術教育の先駆者たち——明石博高と島津源蔵」（https://www.nichibun.ac.jp/online/akashi_hiroakira_and_shimadzu_genzo/）（アクセス日：2023-3-31.）

「カルレッティのだいぼうけん」（https://www.youtube.com/@NICHIBUNKENkoho）（アクセス日：2023-3-31.）

「SpringX 超学校　国際日本文化研究センター×ナレッジキャピタル　おもしろ日本を解き明かそう！」（https://kc-i.jp/activity/chogakko/nichibun/）（アクセス日：2023-3-31.）

Ⅱ

#発信する

Philosophy for everyone の理念とその実践

山野弘樹

はじめに

　本稿の目的は、東京大学の UTCP（University of Tokyo Center for Philosophy：共生のための国際哲学研究センター）にてリサーチアシスタントとして務めていた経験を基に、「人文学を社会に開くには」という問いに対して一つの回答を与えることです。「パブリックヒューマニティーズ」の理念とその取り組みに関してはすでに本書の前半で議論がなされていると思いますので、本稿においては、とりわけ「哲学を社会に発信する」という課題について論じたいと思います。

　私が研究活動の理念として掲げているのは、Philosophy for everyone（「哲学をすべての人に」）という考え方です。これはもともと私が所属している東京大学駒場キャンパスの研究機関「UTCP」が掲げる基本理念です。哲学は専門の研究者だけが論じるものでも、一部の好事家だけが教養として好むものでもない。もしも哲学が普遍的な問題を扱うならば、それに関する知は、誰にとっても切実で有意義なものになりうる。もしも人間にとって普遍的な問題を扱えていないならば、それは真に哲学の営みになりえているとは言えない（例えば「○○屋のハンバーグは美味しいか？」という問いは哲学ではないが、「美味しさとは何か？」、「料理を芸術として捉えることは可能か？」などといった問いは哲学である）。哲学は、すべての人に平等に開かれており、またすべての人にとって必要な存在である——それが私の哲学研究の原動力であり、かつ研究の理念でした。

UTCPのウェブサイト

ですが、「哲学研究」というものが一般的にあまり理解を得られていないというのもまた事実です。実際、私も哲学を学ぶ大学院に進まなければ、その実態についてよく分からないままだったでしょう。だからこそ、Philosophy for everyoneという理念は必ず実践を伴うものとなります。なぜなら、実際に人々に哲学の意義と魅力を伝えることができなければ、その哲学は誰かにとってのみ意味を持つ形骸化された知に過ぎなくなってしまうからです。

まずは問題意識を共有する

それでは、どのように哲学を人々に伝えていけば良いのでしょうか。「分かりやすい言葉で説明する」というのは当たり前のように思われますが、そのためには、具体的に何をすれば良いのでしょうか？「専門用語を専門用語で説明しない」というのは基本であると思います。ここで私がより重要だと思うのは、「まずは問題意識を共有してもらう」ということです。

例えば私はポール・リクールというフランスの哲学者の思想を研究していますが、ここで突然私がリクール晩年の主著『記憶・歴史・忘却』（2000年）の解説を始めて、そこで用いられる諸概念（「負債」、「自己の証し」、「赦し」など）を丹念に説明したとしても、興味を持ってくれる人はごく僅かでしょう。教室でいえば、数十人いて一人か二人くらいの割合だと思います。まず必要なのは、細かいリクールの議論を知識として解説することではなく、「なぜリクールはそのように考えたのか？」という問題意識を伝えることです。リクールが取り組んでいたのは、「いかに過去を表象するのか？」という過去の問い、そして「いかに公正

な未来を作り出すのか？」という未来の問いです。リクールが「歴史をめぐる問い」に専心するに至ったのは、第一次世界大戦で父を亡くし、戦後の混乱の中で姉を失い、自身も第二次世界大戦に徴兵されて生き延びたという経緯があるからです。あの時、何があったのか？ それをどのように次の世代に伝えれば良いのか？ 歴史はいかに物語られるべきなのか？ そして、過去の災禍を繰り返さないように、私たちはどのような未来を再建すべきなのか？ そうした一連の問いが、リクール哲学の根底に流れていました。こうした問いは、私たちにとっても無関係ではありません。例えば、私たちは過去の戦争をどのように次世代に語り継げば良いのでしょうか？ そして、多くの人の命を奪った大災害をどのように記憶すれば良いのでしょうか？ この世に災禍がある限り、リクールの問いは人類すべてに当てはまるものです。そしてすべての人に当てはまるからこそ、その問いは普遍的であるのです。

　まずは問題意識を共有する。それが研究成果を一般の方々に伝える際の出発点です。哲学研究を有意義なものとして受け止めてもらえるか否かは、最初に切迫した普遍的問題を問いとして定式化することができるか否かにかかっていると言えるでしょう。

哲学の魅力を社会に伝える方法

　ここまで説明してきたのが、哲学の意義を社会に伝えるときに考えるべき点でした。それでは、哲学の魅力を社会に伝えるためには、どのような取り組みの可能性があるのでしょうか？

　私は、哲学とは極めて知的にスリリングな学問であると思っています。哲学にはまるで推理勝負のような側面があります。例えば「芸術」とは何でしょうか？ 何らかの本質「X」を満たせば、ある作品は「芸術作品」になるのでしょうか？ もしそうだとすれば、その「X」とは何でしょうか？ あるいは、そのような本質「X」などは存在せず、何らかの文脈「Y」があるときに限り、その作品は「芸術作品」として認識されるのでしょうか？[1] さらに、芸術作品の中には「絵画」、

1　こうした議論について、詳しくは（ステッカー：2013）第 5 章を参照。

「文学」、「音楽」などのカテゴリーがありますが、これらすべてに共通する要素があるのでしょうか？　あるいは、これらは全く別のものなのでしょうか？　こうした論争は、1917年にマルセル・デュシャンが「泉」（男性用の便器を横に倒したもの）を芸術作品として制作したことによって、より白熱したものになりました。実際、これを読まれている方は、ある存在は本質「X」によって芸術作品になると思うでしょうか？　それとも、文脈「Y」によって芸術作品になると思うでしょうか？　もしどちらかの立場を選ぶのであれば、その正しさをどのように論証できるでしょうか？

　哲学にはこのような論争がたくさんあります。今挙げたのは「芸術」に関するものですが、哲学が対象にするのは、世界に遍在するありとあらゆる謎です。言わば、哲学とは世界という謎に対する推理小説のようなものなのです。しかもそれは、誰か一人によって書かれるのではなく、共同的に創作され、絶えざる批判と修正を受ける長大な推理小説です。そこには先人が繰り広げたさまざまな推理勝負が残されており、私たちはその推理の行く末を追体験したり、同世代の仲間たちと一緒にその勝負にジャッジを下したりすることもできます（そのジャッジ自体も批判的な吟味の対象となりますが）。このように、哲学とは、その生き生きした姿さえ再生することができれば、それだけで十分スリリングで魅力的な存在になりうるのです。

　また、哲学が世界に遍在するありとあらゆる謎に関わる知である以上、問いの立て方によってどのようなものでも哲学的思索の対象になりえます。例えば今日急速に知名度を上げつつある「VTuber」（バーチャルな姿で配信活動を行う存在者）をテーマとし、「「VTuber」とは何か？」という問いを立てることもできます。というのも、「VTuberとは何か？」という問いは、「アイデンティティとは何か？」、「フィクションとは何か？」、「芸術とは何か？」といった一連の問いと密接に関連しているからです。一つの主題を掘り下げる中で別の哲学的問題

2　2022年8月に、国内初となる「VTuberの哲学」をテーマとした査読論文が『フィルカル』にて公開されました。この論文は哲学に関心のある者のみならず、これまで哲学に関する本を読んだことがなかった数多くのVTuberファンの方々によって読まれることになりました。その成果が、2024年に『VTuberの哲学』（単著）、『VTuber学』（共編著）として形となり、

に直面してしまうという事態は、哲学の知がその本性からして有機的な体系を織りなすことを示しています。多くの人々にとっては単に娯楽の対象でしかなかったものも、そこにたった一つの問いを投げかけるだけで、それは哲学的に十分吟味可能な主題へと一変するのです。このように、現在のインターネット文化の中枢を担う「VTuber」なる存在を出発点に哲学の議論を紹介する——そしてそれによって「VTuber」という存在そのものの理解も深まる——といった方法は、哲学の魅力を伝える有力な手段の一つになりえるでしょう。

コロナ禍のオンラインイベント

さて、ここまで哲学の意義と魅力を社会に発信するときに私が心掛けていることについて説明してきました。最後に Philosophy for everyone という理念を実践するために、私が東京大学の UTCP で企画・立案してきたオンラインイベントの取り組みについて説明したいと思います。

新型コロナウイルスが世界中で猛威を振るうようになってから、オンラインで物事を行うということが一気に増えました。今でこそオンラインで学会運営を行うというのは常識となりましたが、UTCP はその中でも（梶谷真司センター長主導のもと）先駆的にオンラインイベントを開く哲学系の研究機関であったように思います。そして、かねてより哲学の知を社会に発信したいと考えていた私も、ぜひこの機会を活用したいと考えるようになりました。イベントの案内文を起草し、梶谷先生の承認を得てから、各研究者に声をかけ、オンラインイベントを開催する。そのときに意識したのは、まさに先ほど解説した「哲学の意義と魅力の伝え方」に他なりません。そしてその伝え方が功を奏したのか、哲学をテーマとするオンラインイベントであるにもかかわらず参加者は毎回 100 名を超え、アンケートには「次回はこれについて聞きたい」、「こんな内容についても学びたい」という声が続々と寄せられました。そうした取り組みを 10 回以上行ってきました。

もちろん、イベントに関わる人が増えれば増えるほど連絡の頻度も上がり、

ホロライブの VTuber である儒烏風亭らでんさんの配信で取り上げられました。

日程調整などの負担も大きくなります。すべての参加者の要望に応えることができるわけでもありません。それでも、こうした取り組みに挑戦できたことは非常に良い機会になったと思います。それは Philosophy for everyone の理念を実践することができたという意味だけではありません。博士課程のうちから外向きに発信するための企画を立案できる経験など、アカデミズムの世界においてはそうそう無いからです。あるテーマや問題設定を平易かつ説得的な文章でまとめ、多くの人を巻き込みながらオンラインイベントを運営するという経験は、何にも代えがたい財産です。そうした経験は、人文学の研究者としてキャリアを積んでいく過程で、非常に有用な訓練の機会を私たちにもたらしてくれるでしょう。

むすびに

これまで、「哲学を社会に発信する」という課題について考えてきました。死んだ知識の断片を一方的に与えるのではなく、生きた思索の道筋を共有する。それこそが、哲学を社会に開くということです。また、興味が分散し、時間に追われる中で大量のコンテンツが素早く消費される現代社会にあっては、知の在り方はますます断片化する傾向にあります。バラバラになってしまった知を自ら繋ぎとめ、有機的な思索を行う思考力を市民と共に養っていくこと——哲学を社会に伝える意義は、そこにあるのではないでしょうか。Philosophy for everyone の理念とその実践は、まだ始まったばかりです。

参考文献
岡本健、山野弘樹、吉川慧編『VTuber 学』（岩波書店、2024 年）
梶谷真司『考えるとはどういうことか　0 歳から 100 歳までの哲学入門』（幻冬舎、2018 年）
山野弘樹『独学の思考法　地頭を鍛える「考える技術」』（講談社、2022 年）
山野弘樹「「バーチャル YouTuber」とは誰を指し示すのか」（『フィルカル』第 7 巻、第 2 号、2022 年）
山野弘樹『VTuber の哲学』（春秋社、2024 年）
ロバート・ステッカー著、森功次訳『分析美学入門』（勁草書房、2013 年）

12

#発信する

小さなミュージアムの大きな野望

石棒クラブ（三好清超・上原惇・小林遼香）

はじめに

「一日一石棒」「石棒を 3D 化することの未来」「3D 合宿」。一見では内容が分かりにくい石棒クラブ活動イベントのタイトル名である。石棒クラブは「石棒をはじめとした文化財の活用を通じて、未来の新しいミュージアムの姿を創り出す。また、飛騨市や日本全国、そして世界の人に幸せを届ける」という mission に基づき活動する。

本稿では、飛騨みやがわ考古民俗館（以下、当館）という小規模ミュージアムで、その存在と価値を知らしめ、当館の存続をかけて活動する石棒クラブの実践事例と理念を紹介する。

飛騨みやがわ考古民俗館と石棒クラブ

石棒クラブは、飛騨みやがわ考古民俗館で活動する。当館は岐阜県飛騨市宮川町塩屋に所在する博物館である。飛騨市は岐阜県の最北部に位置し、面積792km² のうち 93％が森林、市域の大半が特別豪雪地帯という自治体である。人口は 2024 年 7 月現在 2 万 2 千人を切り、高齢化率が 40％に達する。この「人口減少先進地」と自認する飛騨市で、民俗資料 2 万点、考古資料 4 万点を収蔵展示するのが当館である。とりわけ、縄文時代の祈りの道具「石棒」1,074 本を有することは、全国の考古学研究者に知られる。

一方、当館は飛騨地域に根差した重要な資料群を所有するという価値とは別

に、僻地の集客力がない文化施設という課題に直面していた。この課題を解決するためのプロジェクトが、石棒クラブである。

石棒クラブによるミュージアム情報のデータ化と公開の経緯

　石棒クラブは 2019 年 3 月の立ち上げ以降、飛騨みやがわ考古民俗館で所蔵する縄文時代の祈りの道具「石棒」の撮影、3D データ化を進めてきた。この経緯を述べたい。

　2019 年度に石棒を撮影し、インスタグラムでほぼ毎日 1 本ずつ公開する「一日一石棒」を開始した（♯ 1 日 1 石棒）。初めての撮影会はメンバーだけで実施したが、2 回目以降は有志を募って実施することとした。また、同年度には 3D データの取得も試行し、同時に Sketchfab のアカウントを取得し、公開を開始した。

　2020 年度、コロナ禍において全国で最初にリアルタイムのオンラインツアーを実施した。この効果か、一日一石棒も広く知られるようになった。また、3D データの活用を学びはじめ、11 月には都竹淳也飛騨市長と文化財 3D に詳しい野口淳先生らとの対談を「石棒を 3D 化することの未来」として実施した。

　2021 年度には石棒撮影会に加え、資料の 3D データ化も有志を募って合宿形式で開始した。さらに、当年度の文化庁埋蔵文化財担当職員等講習会で一日一石棒の取り組みを発表した。

　2022 年度にも、石棒撮影会・3D 合宿を実施した。さらに取得したデータをオープンデータとするための展望を考える合宿も実施した。また、当年度より、名古屋大学考古学研究室・情報学研究科で開発中の 3D 文化財鑑賞システム・カルプティコンでの活用について協議を開始した。

　このように、石棒クラブの活動は、データ取得と公開を多くの方と共働・発信して進めてきた。以下、ここに至る考え方の過程を詳しく述べたい。

石棒クラブの誕生と試行錯誤から生まれた考え方

　石棒クラブの活動の中心である飛騨みやがわ考古民俗館は、飛騨地域に根差した豊富な資料群を保有する価値がある一方、飛騨市の中心地から車で 40 分ほ

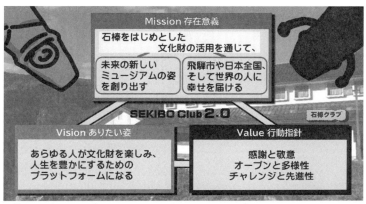

石棒クラブのMVV（ミッション、ビジョン、バリュー）

どかかるという場所柄なども影響してか集客に課題があり、施設の存続が課題となっていた。そのような中、「このままではいけない」と市の学芸員が立ち上がり、IT企業・金融機関・建築士とともにプロジェクトチームとして活動を開始した。これこそが石棒クラブである。

　立ち上げメンバーの1人であるUさんは、当時のことをこう振り返る。「学芸員の方の熱意と人柄、そして文化財という一見ハードルが高く感じてしまう分野を面白く、そしてわかりやすく解説する姿にとにかく感動し、一気に引き込まれてしまった」そんな感覚だった。プロジェクトメンバーは皆、文化財ひいては石棒の専門家などでは全くなかった。むしろ全くの初心者であったはずのメンバーの心を強烈に惹きつけるものが、そこにはすでにあった。

　活動の目的は当初から明確で「飛騨みやがわ考古民俗館の魅力や石棒の魅力をたくさんの方に伝える」ということであったため、メンバー全員で「石棒×（かける）○○」をテーマにした活動アイデアのディスカッションを開始した。「まずは石棒facebookアカウントを開設してみよう」「石棒インスタはどうかな」「石棒イベントもやってみる？」そんな調子で和気藹々とアイデアを出し合い、一つ一つを形にしていった。

　活動初年度は、すぐにできることとしてfacebookやInstagramを活用したウェブ上での活動を展開しつつ、2020年8月には石棒クラブとして初めてのイベン

ト「石棒ナイト vol.1」を東京で開催した。平日夜の開催にも関わらず、映画の上映会などとセットで開催したことも功を奏し、約 50 名の方に参加いただくことができた。「ほとんどの人が知らない石棒というテーマであっても、知る機会さえあれば多くの人に石棒の魅力は伝わる」とすぐにメンバーは感じた。

　しかしながら、イベントの場で告知した 11 月の考古民俗館でのバックヤードツアーに本イベント参加者が来ることはなかった。「東京と飛騨市をつなげることはそんな簡単なことではないな」と感じる一方、確かな手応えも感じていた。「自分たちメンバーが楽しむことで、周りの人にも魅力が伝わるのでは」「とにかくチャレンジしてみればいい」「開催者とお客さんという関係性もよいが、もっと関わってもらえる機会を増やしたらどうか」これらの考え方の大切さに大いに気づかされた。これらの気づきがあったからこそ、その後のバックヤードツアーでの石棒づくり体験、石棒撮影会といった、さまざまな人との関わりや体験を重視する仕掛けを考案することができた。初年度の大きな成果の 1 つだったと言えるだろう。

石棒が持つポテンシャル

　イベント開催時、必ずと言って議論になるテーマがある。それは「石棒とは何か」だ。子孫繁栄や祭祀で用いられたなど諸説あるが未だ解明されていない。その石棒が纏うミステリアスな雰囲気が石棒クラブを形作ったと言っても過言ではない。石棒クラブが受け入れられているのは、石棒の恩恵と言えるだろう。

　活動の趣旨が伝わりにくく、謎の集団として見られている石棒クラブ。その最大の理由は、どのようにして石棒クラブのメンバーになるのか公開していない点だろう。そして、石棒クラブのメンバーでさえ入会の定義を知らない。だが、現在活躍しているメンバーの共通点が一つだけある。それは、たまたま石棒クラブのメンバーに接触する機会を得ることができたら、参加したい意気込みや成し遂げたいことをプレゼンするのだ。そして、「石棒クラブでやりましょう」となり、気づけばメンバーになっている。

　例えば、K さんの場合は、考古学に一切触れてきていなかったが「縄文」の

未知さと「お祭り」をしたいというモチベーションで参加してきた。ただ、2020年春の第1回目の緊急事態宣言と時期がかぶり、現地での開催は当分見込まれなくなった。それでもKさんのモチベーションは下がらず、状況を逆手にとりオンラインであれば人は越境でき、集合することはできると考えた。それを石棒クラブのメンバーにプレゼンをすると、すぐさま市役所に掛け合い200人も参加するオンラインツアーのイベント開催となった。「帰省したい人」、「美術館・博物館に行きたい人」、「知的好奇心を満たしたい人」など参加動機のニーズをみたすことで、点ではなく面を広げることに成功したイベントになったのだ。

　このように、ある人は「動画制作をしたい」、ある人は「カプセルトイを作りたい」などさまざまな動機で石棒クラブに参加する。決して、個人の実施したいことは否定しない。状況によって困難な場合は、組織の制度を変化させ、個人が挑戦することを応援してくれる土壌があるのだ。

　そして、コラボレーション先も石棒クラブメンバーの熱意を勝ってくれるところが多い。これまでに3D化、カフェでのメニュー化、ミュージアムでの土器作りワークショップなど、コラボレーションしていく変数の幅を広げていった。おかげで各ジャンルのファンに石棒クラブが認知されるようになった。

　今後も活動を続ける限り、石棒クラブのミステリアスな存在としての立ち位置は変わらないだろう。さまざまな解釈を許す石棒のように、多様性を受け入れるシンボルになっていきたい。

石棒クラブ活動実践の効果

　石棒クラブは、飛騨みやがわ考古民俗館に収蔵する石棒の価値に触れる活動を通じてファンを増やし、館が存続する姿を模索してきた。このため、文化財データの取得と公開において全国の興味がある方々と共働で実施してきた。mission を明確にし、そこに達する手法を多様にし、また石棒にどのような価値を見出すかは人それぞれという多様性も大切にした。その結果、当館の認知度が向上しはじめた。

また、この取り組みに賛同する方から、当館に所在する茅葺民家の葺き替えに、ふるさと納税を通じた寄付を受けている。その累計は、2023年末までに6,000万円をこえた。今後も多くの方と共働する姿を示し、核となる文化財の維持継承に反映させたい。

おわりに

　石棒クラブでは、発信だけでなくその過程を共有して価値を高め、ファンを増やしてきた。すなわち、博物館資料に触れることで感動が高まり、愛着が湧き、そして、飛騨市の魅力の一つと感じるファンが増えたと考えている。

　ここで大切にしたことは、活動を通じて、石棒にどのような価値を見出すかは多様であるという事実である。別の言い方をすると、博物館資料に感じる価値は人によって異なるため、あらゆる切り口で石棒情報の発信を継続する必要があると言える。これにより、当館に関わる人を増やし、今の私たちでは認識できていない博物館の新たな価値に気づく人が集まるものと推測される。そのため、次の段階化として、2024年度より無人開館を開始、またバーチャル博物館の検討も開始した。

　今後も館の継承を目指し、飛騨みやがわ考古民俗館の資料を適切に保存管理し、石棒クラブにて多くの価値を多くの方と共働して発信していきたい。

バーチャル博物館実験の様子

13

#描く／書く

漫画を通じた歴史実践

佐藤二葉

　本コラムは、西洋古典学と歴史学に取材した漫画を描いている作家の「歴史実践」について述べるものである。

　現在行っている行為を俯瞰して語ることは難しいが、人文学と深く関連する題材を選んで漫画を二作続けて描いている作家の実践例として読んでもらいたい。

歴史漫画を描くスタンスについて

　私は過去に古代ギリシアを舞台とする漫画を描き、現在、中世の東地中海を舞台とする漫画を連載している。

　史料や歴史学研究をもとに物語を構成する場合、単に出来事を並べて描写するのではなく、「物語」的なつながり、すなわち作者が魅力的だと思い、読者にとっても魅力的でありうる筋（プロット、因果と言ってもいいかもしれない）を示すことが必要になる。史料の中の空白部分や行為や出来事の因果——「どうしてこのようなことをしたのだろう？」「なぜこのようなことが起こったのだろう？」を作家の想像力で補い、演出することになる。

　そもそも歴史には解釈が必要で、歴史叙述自体がある種のストーリーテリングであると理解しているが、エンターテイメント、フィクションとしての物語は、より踏み込んだ想像／創造が許されると考える。

　アリストテレース『詩学』1451aで、歴史家と詩人（これはギリシア悲劇の作者を

指しているが、フィクションの作者と言い換えてもいいだろう）の違いについて述べられている。曰く、詩人（作者）の仕事は、「すでに起こったことを語ることではなく、起こりうることを、すなわち、ありそうな仕方で、あるいは必然的な仕方で起こる可能性のあることを、語ることである」。

　歴史を題材にした物語創造をするにあたって、私の手本はギリシア悲劇である。紀元前5世紀にアテーナイで発展し最盛期を迎えたギリシア悲劇は、基本的に神話や歴史を題材として作劇された。観客の知っている物語、顛末が分かっている出来事を素材として、同時代人にうったえるようにつくられ、演出された。

　漫画は演劇と同様にビジュアルを伴う物語芸術であり、またエンターテイメントとして送り出している作品であるならその「演出」の要素はいっそう強くなる。この演出や視覚的効果には危険もあり、研究によって分かっている事とは異なる印象を広めてしまいかねないことも理解している。しかし、ギリシア悲劇がそうであったように、自分が漫画を通して行っていることは、ある歴史的な出来事や人物を広めることを目的としているのではなく、それらを土台とした創造的挑戦である。史料や研究を、共同創作者あるいは対話の相手とする、という立場で漫画を描いている。

　ちなみに、これまでの自分の歴史漫画の単行本には、西洋古典学・歴史学研究への感謝と敬意、そして読者へのブックガイドの意味をこめて、巻末に参考文献リストを掲載している。

どのように物語を作っているか

a.『うたえ！エーリンナ』（星海社、2018年）（図1）

　2017〜2018年にかけて連載され、2018年に単行本が発売された本作品は、歴史漫画というより西洋古典漫画と呼ぶほうがふさわしいかもしれない。舞台は紀元前6世紀、アルカイック期の地中海、レスボス島で、詩人を目指す少女のひと時の青春を描く1巻完結の4コマ漫画作品である。古代ギリシアを舞台とした作品を描くと決め、神話や、男性主人公を描く作品はすでに多く存在するので、実在したユニークな少女詩人、エーリンナを主人公に選んだ。彼女は

図1『うたえ！エーリンナ』（星海社、2018年）

ヘレニズム期を生きた詩人だが、10世紀後半に編纂された『スーダ辞典』では、古代ギリシア最大の女性詩人サッポーの同時代人とされている。ここからヒントを得て、舞台とする時代を前6世紀に設定し、エーリンナ、そして彼女が詩にうたった彼女の親友バウキスを、サッポーの文芸サークル（漫画の中では「学校」として描いている）に迎えて物語を編むこととした。現存するエーリンナの詩にはサッポーの影響が見られるからだ。

　サッポーにしても、エーリンナにしても、彼女たちの生涯についてわかっていることはとても少ない。漫画『うたえ！エーリンナ』は、詩人の人生を描くものではなく、彼女たちの詩の中で描かれている世界、彼女たちが詩の中でとらえているものの中で遊ぼうという試みとなった。

　サッポーが詩の中に描いている「わたし」のあり方、二千年を超えて今も私の心を揺り動かす言葉の奥の炎、ギリシア語の響きから喚起される情景。あるいは、エーリンナが詩の中に閉じ込めた少女時代の思い出と感情、そして詩の題材と形式における挑戦。こうしたものを、漫画という形式の中で膨らませて語りたいと思った。

　エーリンナは他の詩人の詩によって夭折したことが分かっている。彼女より先に若くして死んでしまった親友バウキスを悼む詩が残っており、この言葉による墓碑に強く心動かされたことが創造の出発点となったが、友人の死を嘆くエーリンナを私は漫画に描いていない。『うたえ！エーリンナ』は、詩人がとらえた彼女自身の少女時代の印象や、詩人が形式によって行った詩的挑戦（断片が発見されている『糸巻棒』という作品は、少女期の思い出を英雄叙事詩の形式でうたっている）をキャラクターたちが遭遇する出来事として表現しようとした。男性中心的

な社会の中で少女が詩人になりたいと願った時にどういう問題と直面するのか、そうした逆境において何が詩人を支え、主題となりうるか、がこの漫画の焦点である。

西洋古典学を通して学んだ文献学的なアプローチが、作品創造に活かされたように思う。

b.『アンナ・コムネナ』（星海社、2021年〜2025年、全6巻）（図2）

本作品は、11世紀〜12世紀の東地中海を舞台とする歴史漫画である。ビザンツ皇帝アレクシオス1世の娘、すなわち皇女として生を受け、晩年に歴史書『アレクシアス』を書き上げ、西洋の古代から中世を通して唯一の女性歴史家になったと言われるアンナ・コムネナ（1083-1153/4）を主人公とする。

古代ギリシアからの伝統で、アンナの生きる世界において歴史叙述は男性のものであった。政治や軍務の経験のある人間が行う仕事であり、女性にはそうした活動は開かれていなかった。そこに参入し、その史料的・文学的な価値の高さによって作品を今に残した女性に強く惹かれたのがきっかけである。

漫画『アンナ・コムネナ』の主な取材源は歴史家アンナ・コムネナの歴史叙述だが、彼女が記したのは彼女の父、皇帝アレクシオス1世の事績であるため、彼女自身の生涯についてはわからないところも多い。また、当然史料批判の必要があるため、同じ時代を扱ったほかの歴史家による叙述も参照することになる。すると、それぞれ違った見方をしていることがわかる。アンナの夫である軍人ニケフォロス・ブリュエンニオスも歴史家であるが、アンナとニケフォロスの見解が異なることもある。アンナの歴史叙述には、ほかの同時代の歴史家とは違う目的があるようだ——そう思いながら『アレクシアス』を

図2『アンナ・コムネナ』第1巻（星海社、2021年）

読むと、アンナ・コムネナの強烈な個性や、彼女が叙述の中で繰り広げた戦略が見えてくる。アンナを訪ね、話し合いながら一緒に物語を作っている、という感覚で制作を進めているが、つまり、これはアンナ・コムネナという女性の伝記漫画ではなく、それぞれ見解の違う歴史叙述、史料、歴史学研究の成果から浮かび上がる人間観、歴史観などからキャラクターをくみ上げ、物語を作ろうという試みである。

　歴史家になる人物を描くにあたって、歴史学とは何か、そして物語るとは一体いかなる行為なのかを考えなくてはならなくなった。また、当時、その社会において「一般的ではない」行動をとる女性を描くため、その共同体の価値観（とりわけジェンダー、家父長制）を俯瞰して描くことになる。すると、いま、歴史に取材して物語を描いている私は何をしようとしているのかを常に問い続けることになり、また、今生きている自分の価値観をも俯瞰することになる。

　紀元前5世紀のアテーナイ市民たちは、ギリシア悲劇の上演を、すり鉢状の観客席から俯瞰して観ることで、普段は意識できない人間の運命や自分たちの社会の在り方について考える機会を持った。漫画によっても、もしかしたらそうした効果が得られるのかもしれないと感じ始めている。

　『うたえ！エーリンナ』同様、『アンナ・コムネナ』も、4コマ漫画を掲載する媒体での連載作品であり、4コマ漫画の形式にのっとって描いている。この形式上の強い制約（必ず1ページ4コマ、1ページずつの更新のため各回になんらかの「オチ」的な落としどころが求められる）は、重くなりがちな要素をコメディ風に演出することや、登場人物のカリカチュアを要求する。形式によってキャラクターや演出が影響を受けることは、ホメーロスの叙事詩の韻律の厳密さや、ギリシア悲劇の韻律と構成上の約束を私に思い出させる。ギリシア悲劇の「お約束」の中でさまざまな挑戦をした悲劇詩人エウリーピデースの作風が、現在私の挑戦の支えとなっている。

　心血を注いで取り組んでいる最中の行為を言語化し、まとめることは難しい。ひとまず今言えることは、この作品は、題材のみならず、演出上・作劇上の工夫においても、過去の人々や出来事、叙述、芸術の形式を参照しながら制作し、

新たな叙述を創造しようとしているものである。そして、私はこれをある種の歴史実践であると意識しながら行っている。

結びにかえて

　私は学生時代に西洋古典学を専攻し、ギリシア悲劇にのめり込んだが、修士課程を中退し、ギリシア悲劇の上演を目指して演劇学校に進んだ。そして舞台演出を学んだ後、演劇や音楽の演奏活動を行いながら作家としても活動している。演劇にしろ漫画にしろ、人文学の成果からひらめきを得ることが多い。学究活動から離れた後も、さまざまな研究を参照することができるおかげで、創造をすることが適っているように思う。とりわけ、歴史家になる人物を題材とした作品、それもこれまで漫画の中で描かれることが少なかったビザンツ帝国を舞台とする作品に着手できたのは、ひらかれた歴史学研究のあり方や、ビザンツ史研究の継続的で活発なアウトリーチ活動のおかげであると強く感じている。

　学問と物語創造の良き協働を願いながら、これからも悩みつつ励んでいきたい。

参考文献
松本仁助・岡道夫訳『アリストテレース詩学・ホラーティウス詩論』（岩波書店、1997 年）

14

#描く／書く

神話継承・受容の研究動向から感じること

庄子大亮

人文学研究者の端くれたる私は、「神話」への興味を強め続けている。いろいろな理由があるけれども、「神話」が諸分野に関わりながら、一般社会とのつながりや共鳴を感じさせてくれることに、特に惹かれるのである。そこから、人文学のあり方について何か提起できるところもあるかもしれないと、一考を試みたい。

ギリシャ神話を例に

そもそも「神話」（myth）とは何かという定義はもちろん重要だが、厳密な論証をするわけでもないこの場ではひとまずそれを脇に置かせてもらい、「ギリシャ（ギリシア）神話」を例にしよう（ギリシャ神話は神話ではない、と主張する人はいないだろうから）。ギリシャ神話は、古代ギリシャ文明の時代（前8世紀～前4世紀頃）に伝えられていた、神々と英雄にまつわる物語とイメージ表現の総称である。天空神ゼウスをはじめとする主な神々は、実在するオリュンポス山の上に住まうとされ、オリュンポスの12神と呼ばれた。またギリシャ人は、神の血をひく優れた人間、すなわち「英雄」たちが大昔に実在したと考えていた。そして、世界の成り立ち、昔の人間界を、神々と英雄たちの物語で説明したのである。

ギリシャ人は、諸事象の原理を司る存在として神々を崇め続け、また偉大な

1　ここではかなり簡潔な説明にとどめている。ギリシャ神話の成り立ち、後述する継承・受容については、参考文献に挙げる拙著も参照されたい。

先祖とされる英雄たちを讃えながら、神話を語り継いだ。世に神話を広めたのが、祭典などで物語を歌った詩人たちで、なかでもトロイア（トロイ）戦争の物語を伝えた前8世紀頃のホメロスが有名である。ホメロスの叙事詩『イリアス』と『オデュッセイア』に代表される口承詩で伝えられていた物語は、文字に書き下されたことによっても受け継がれた。他にも神話を題材とした演劇、彫刻や絵画などに囲まれ、人々は神話と共に生きていたといえよう。ギリシャ神話は、一人の王や一つの国の意図に沿って統一的に編集されたわけではないし、正典にまとめられたのでもない。各地の言い伝え、権力者の意向、神話を伝え表現する者たちの解釈・改変・創作付加などを絶えず反映しながら、多様な物語が生み出された。だから数多くの異伝・矛盾もあるが、物語とイメージがたいへん豊かなのである。

　その後、地中海世界を統合しギリシャ文化を受け継いだ古代ローマを経て、神話も継承されていく。また、ローマ神話の要素も加わって物語・イメージがより豊かになったことも忘れてはならない。一方、ローマ時代にはしだいに一神教のキリスト教が広まるのだが、多神教の神々を中心とした神話はキリスト教のもとでも消え去らなかった。神々・神話は昔の人間のことを語っていると解されたり、自然や宇宙の力の象徴とされたり、星座の由来説明となったりして、受け継がれたのである。それからギリシャ神話は、古典復興のルネサンスも経て西洋文化にとって不可欠な要素になった。

　継承されたギリシャ神話は、西洋の歴史的・文化的影響もあってさらに世界中で知られるようにもなっている。オリュンポスの神々の物語・イメージ、ホメロスの叙事詩を中心に伝えられたトロイア戦争、怪物メデューサを退治したペルセウス、剛力無双のヘラクレスなど、日本でもご存じの方は多いだろう。そして文学や美術、天体関係のほかにも、ギリシャ神話は科学用語や医療関連の表現（例えば医療のシンボル、医神アスクレピオスの杖）からスポーツ関連（オリンピックはゼウスの祭典に由来する、など）にいたるまで、万物につながっているのである。「古代の文脈における神話自体」が前提としてもちろん重要だが、こうした後世への継承・受容が、私の神話への興味をより促進することになったのだ。

大衆文化・ポップカルチャーを介して

　私がなかでも注視するようになったのが、小説、映画、コミック、ゲームといった大衆文化・ポップカルチャーを介してギリシャ神話が一般社会に浸透し受容され続けていることである。紙幅の限られたここでは例を限定し、米国産のもので、邦訳などでも容易に参照できる作品を少し挙げよう。

　ギリシャ神話に親しむきっかけを特に若年層に与え続けているのが、リック・リオーダン作の児童小説『パーシー・ジャクソンとオリンポスの神々』（2005〜09 年）である。本作は、ギリシャ神話の神々が実際に今も生きているという世界観のもと、半神半人の少年の活躍を描いた物語だ。映画化は二作で中断したものの、小説では続編も刊行され、2023 年の末にはディズニーが製作するドラマ版の配信も始まった。世に求められ、展開を続ける神話コンテンツの典型例である。

　はるか昔に語られた神話は、未来を意識する SF にまで影響を及ぼしている。例えば、ダン・シモンズの小説『イリアム』（2003 年）、『オリュンポス』（2005 年）は、数千年先に地球化された火星で神々や英雄たちがトロイア戦争を再現するかのように戦うという設定から物語が展開する。ダン・シモンズのそれ以前の SF 小説『ハイペリオン』（1989 年）、『ハイペリオンの没落』（1990 年）、『エンディミオン』（1996 年）も、近代英国ロマン主義の詩人ジョン・キーツなどを介したギリシャ神話が着想源だった。

　続いて映像作品に目を向けよう。往年の名作映画に、英雄ペルセウスのメデューサ退治の物語をもとにし、特撮技術の巨匠レイ・ハリーハウゼンが製作に携わった『タイタンの戦い』（1981 年）があったが、2010 年に同タイトルでリメイクされ（ルイ・レテリエ監督）、その続編として『タイタンの逆襲』も新たに製作された（ジョナサン・リーベスマン監督、2012 年）。さらに、ギリシャ神話において最も多くのエピソードに彩られる英雄ヘラクレスを主人公とした『ヘラクレス』（ブレット・ラトナー監督、2014 年）、『ザ・ヘラクレス』（レニー・ハーリン監督、2014 年）もある。世界最大の物語産業といえるだろうハリウッドにおいて、こう

してギリシャ神話が求められ続けているのである。またラトナー監督の『ヘラクレス』の原作はコミック（スティーブ・ムーア『ヘラクレス―トラキア戦争』）で、もちろんコミックやアニメにも多くの神話継承・受容例がある。直接的に神話を描いているわけではなくても、プロットの参考にしているなど間接的な場合も考えれば、ギリシャ神話なくして生まれなかったかもしれない作品があらゆるジャンルにおいて認められるだろう。

庄子大亮『世界の見方が変わるギリシア・ローマ神話』河出書房新社、2022 年

多様な例としてさらに二つのジャンルを挙げておく。一つがコンピュータ・ゲームである。ギリシャ神話の世界観をもとにした作品で、アメリカのみならず世界でヒットしたアクション・アドベンチャーゲームが、『ゴッド・オブ・ウォー』シリーズだ（2005 年～）。近年、日本でも多くのファンを得たゲーム『ハデス』（2020 年）もギリシャ神話をモチーフとしていた。

もう一つは音楽、それも激しい音楽性を特徴とするヘヴィメタルである。ヘヴィメタルには技巧派のプログレッシブ・メタルなるサブジャンルがあり、その代表的バンドの一つであるシンフォニーXが、叙事詩『オデュッセイア』をモチーフにした『ジ・オデッセイ』（2002 年）というアルバムを制作している。これはヘヴィメタルでのほんの一例で、複雑な演奏を物語のごとく展開する楽曲が好まれる同ジャンルにおいて、神話物語にインスピレーションを得た曲が実は多い。[2]

ギリシャ神話は日本でも「遍在」しており、諸氏それぞれが思いつく例もいろいろあるかもしれず、これ以上は控えよう。ただ、作品中の一部の設定やキャラクター名などでの利用も視野に入れれば、ギリシャ神話の継承・受容例は日

---

[2] 詳しくは以下を参照。庄子大亮「ヘヴィメタルと古典古代の共鳴」（京都大学大学院文学研究科西洋史研究室『フェネストラ 京大西洋史学報』第 8 号、2024 年、1-11 頁。）

本の漫画やアニメだけでもきっと途方もない数にのぼるだろう[3]。

　もちろん、神話が今ここにある、あそこにある、と指摘するだけではあまりに表層的である。学問として、それがどのように、なぜ、という考察こそ重要であることはいうまでもない。重要であればこそ、ここではとうてい語り尽くせないわけだが、そのような観点からの研究が多くあらわれ、活況を呈していることは強調しておこう[4]。文学、哲学、歴史学、宗教学、美術関連など、多岐に渡る分野の研究者たちによる研究書、論文集等が、絶え間なく続々と世にあらわれているのである。これを、研究者・学問の側における偶然の流行と片づけることはできまい。従来なら異なる分野に首を突っ込んだりしなかったかもしれない研究者たちや、そもそも人文学にふれることはなかったような人々も、ポップカルチャーを介して強く興味を顕在化させているからこそだろう。私自身の身近なところからもいわせてもらえば、ギリシャ神話とその継承・受容について特にポップカルチャーに注目してきたからこそ、講演を依頼されたり一般向け教養書の企画を打診されたりすることがあり、世の需要を何度も実感してきた。また、こちらとしても刺激を得て、研究の展開に活かすことができたのである。

　だからといってもちろん、「特に近年、大衆にも関心をいだかれる神話およびその研究」を模範に、人文学がより多くの人に興味をもってもらえるように単におもねるべきだというわけではない。神話で人文学全体を語ることなどできないし、そうすべきでもあるまい。それでも、こうした新しい動向、すなわち分野を越えての研究の活性化、いろいろな意味での裾野の広がり、興味の広範な喚起などは、人文学のあり方について前向きに示唆できるところが皆無では

3　なお、ここではギリシャ神話そして米国産の作品を例にしたが、なぜヨーロッパの古代神話が日本でも受容されてきたのか、日本の場合、日本神話はどういう影響を及ぼし続けているのか、といったことも筆者の問題意識としてもちろんあることは付記しておく。こうした考察の展開が必然的にもたらされることもまた、神話の継承・受容研究のおもしろいところであると思う。

4　活況を示すような例を参考文献に挙げる。なお、ギリシャ・ローマの文学や哲学、芸術などを包括する「西洋古典」の受容・継承に着目する Classical Reception Studies（古典受容研究）という研究動向もあるので、その文脈で神話を視野に入れているものを含む。

ないだろう、とも強く感じるのである。

参考文献

A. Bakogianni and L. U. Gómez (eds.), *Classical Reception: New Challenges in a Changing World*. De Gruyter, 2024.

M. S. Cyrino and M. E. Safran (eds.), *Classical Myth on Screen*. Palgrave Macmillan, 2015.

K. F. B. Fletcher and O. Umurhan (eds.), *Classical Antiquity in Heavy Metal Music*. Bloomsbury, 2020.

F. L. Gómez, A. Álvarez-Ossorio Rivas, C. A. Hernandez (eds.), *The Present of Antiquity: Reception, Recovery, Reinvention of the Ancient World in Current Popular Culture*. Presses Universitaires de Franche-Comté, 2019.

G. Kovacs and C. W. Marshall (eds.), *Classics and Comics*. Oxford University Press, 2011.

G. Kovacs and C. W. Marshall (eds.), *Son of Classics and Comics*. Oxford University Press, 2016.

D. Lowe and K. Shahabudin (eds.), *Classics for All: Reworking Antiquity in Mass Culture*. Cambridge Scholars Publishing, 2009.

J. McConnell and E. Hall (eds.), *Ancient Greek Myth in World Fiction since 1989*. Bloomsbury, 2016.

B. M. Rogers and B. E. Steven (eds.), *Classical Traditions in Science Fiction*. Oxford University Press, 2015.

C. Rollinger, *Classical Antiquity in Video Games: Playing with the Ancient World*. Bloomsbury, 2020.

V. Zajko and H. Hoyle (eds.), *A Handbook to the Reception of Classical Mythology*. Wiley-Blackwell, 2017.

庄子大亮『世界の見方が変わるギリシア・ローマ神話』（河出書房新社、2022 年）

庄子大亮「ヘヴィメタルと共鳴する古典古代」京都大学大学院文学研究科西洋史研究室『フェネストラ 京大西洋史学報』第 8 号、2024 年、1-11 頁。

15

#描く／書く

研究成果をもっとウィキペディアに！
学会、図書館、博物館との連携

北村紗衣

はじめに

　学術研究成果のアウトリーチ活動を行う場所として、フリーの百科事典ウェ
ブサイトであるウィキペディアは最も適した場所である。子どもからテレビ局
や新聞社、国会議員や大臣まで、調べ物で最初に使うウェブサイトの一つがウィ
キペディアだ。さらにウィキペディアには加筆を待っている低品質な記事がた
くさんある。研究者をはじめとする専門家が記事執筆をするようになれば、ウィ
キペディアに最新の研究成果が反映され、市民より良い情報が無料で提供され
るようになるはずだ。

　こうした理想とはうらはらに、学術研究の最新の成果がウィキペディアに反
映されるということはあまりない。ほとんどの研究者は多忙すぎてウィキペディ
アを書く暇が全くなく、記事を書いても業績にならないので手をつけない。さ
らに、ウィキペディアには官僚的な制度がたくさんあり、「独自研究」つまりオ
リジナルリサーチを記事に記述することを禁止しているため、常に独自の分析
をしようとしている研究者にとってはあまり取り組みやすくないところでもあ
る。

　しかしながら、学術研究はウィキペディアにとってはなくてはならないもの
だ。ウィキペディアでは信頼できそうな出典をつけて記事を書くことが義務づ
けられており（あまり守られていないが）、出典として最も信頼性が高いとされてい

るのはきちんとした学術書や学術論文である。学問なしにウィキペディアは運営できない。

学術研究の成果とウィキペディアをつなぐ

　学術研究の成果とウィキペディアをつなぐべく、いくつか対策がとられている。そのうち最も重要な一つが「ウィキペディア図書館」であり、これは継続して活動しているウィキペディアン（ウィキペディアの編集をしている利用者）がさまざまな学術データベースを利用できるようにするサービスだ。このおかげでウィキペディアンは学術研究の成果を記事に反映させることができる。このサービスはおそらく、大学や研究所に所属しない研究者や大学院生、小規模大学所属の研究者などにとってもありがたいものであると思われ、このサービスが利用できるというだけでも、研究者はウィキペディアに参加する価値がある。

　もう一つ重要な対策としてあげられるのが、研究者や研究機関とウィキペディアンが協力して行うエディタソンである。エディタソンというのは「エディット」＋「マラソン」のかばん語で、ウィキペディアなどのプロジェクトで編集者が集まり、テーマを決めて編集をしたり、初心者にベテランが編集方法を教えたりするようなイベントのことだ。対面で行われることが多いが、オンラインのみのエディタソンもある。

ウィキペディア図書館のトップページ
https://meta.wikimedia.org/wiki/The_Wikipedia_Library/ja

　こうしたエディタソンのうち、日本で最も人気があるのは、地方公共団体の公共図書館などが中心になり、町おこしをかねて地域の記事を書くウィキペディアタウンというイベントである。ウィキペディアタウンは市民にウィキペディアのことを知ってもらう良い機会であり、さまざまな成果を上げてきたが、地域のことが

らがテーマであるため、最新の研究成果をウィキペディアに還元するということにはあまりならない。スウェーデン大使館が主導して行っていた、ウィキペディアにおけるジェンダーギャップを縮小させるためのイベントであるウィキギャップも比較的人気があったが、これは女性の人物記事を増やすプロジェクトで、やはり最新の研究をウィキペディアに…というようなものではない。

しかしながら、研究者がエディタソンを活用してウィキペディアに学問の成果を還元するのは可能である。一番効果的なのは、学会が実施することだ。2007年から2010年代初頭まで行われていた応用力学ウィキペディアプロジェクトは、土木学会が小委員会を設置してウィキペディアにおける応用力学用語の改善に取り組むという本格的なプロジェクトであり、日本の学会の取り組みとしては先駆的なものであった。人文学においては、本稿の著者である北村も2016年から研究者向けにウィキペディアの書き方指導をするワークショップを実施しており、この年に日本科学史学会でウィキペディアの科学史関連記事に関するセッションを組織した他、2017年には表象文化論学会で、2021年には日本西洋史学会でウィキペディアを書くワークショップを行った。2023年3月時点では、かつての土木学会のように本格的にウィキペディアの改善に取り組んでいる日本の学会はないが、学会員の関心に沿う形でエディタソンなどを学会活動に組み込めれば、学会がウィキペディアの改善にかかわることは可能であると考えられる。日本西洋史学会でワークショップを実施した後、セッションの中で言及したウィキペディア歴史学ポータルの西洋史読書案内が大量に加筆されるということがあった。この例からわかるように、紹介のしかたを工夫すれば学会員に興味を持ってもらえる。

GLAM系プロジェクト

ここ数年、日本で活発に行われていて今後も発展が見込まれているのが、GLAM系プロジェクトの一部として専門図書館や博物館・美術館とウィキペディアが連携して行うエディタソンである。GLAMとは美術館（Galleries）、図書館（Libraries）、公文書館（Archives）、博物館（Museums）の頭文字をとったもので、ウィ

キペディアではGLAM機関との連携が重視されている。こうした機関は出典として使用できる文書資料を保有しているのみならず、収蔵品の写真や、場合によっては動画・音源などを提供できる可能性もあるため、マルチメディアのプロジェクトであるウィキペディアにとっては資料の宝庫だ。GLAM系エディタソンでは学芸員や司書の支援を受け、出典となる資料を大量に使いながら記事を作るので、ある程度学術研究の成果をウィキペディア記事に反映させることができる。

　日本における代表的なものとしては、2018年より、神奈川近代文学館及び神奈川県立図書館の協力によって行われているWikipediaブンガクのシリーズがある。これは主に神奈川近代文学館の展覧会にあわせて関連する記事を充実させるというエディタソンだ。既に12回実施され、多くの成果記事が存在する。

　新型コロナウイルス感染症の流行が落ち着いてきた2022年に始まったのが大宅壮一文庫でウィキペディアンが記事を書くWikipediaOYAである。雑誌専門図書館である大宅壮一文庫では、国立国会図書館などでもなかなか提供してもらえないような出典にアクセスできる上、文庫で独自に作成している索引も使いやすく、記事執筆者にとっては便利な施設である。既に二回開催されており、今後はさらに大きな規模での実施も計画されている。

　2022年8月9日には、著者が組織者となり、早稲田大学の学生団体である早稲田Wikipedianサークル及びその卒業生組織である稲門ウィキペディアン会の支援を得て、東京国立博物館資料室でエディタソンを行った。このエディタソンはウィキメディアに関する国際大会であるウィキマニア2022のローカルイベントとして実施された。ベテランのウィキペディアンと研究者の両方を執筆者として招聘し、資料

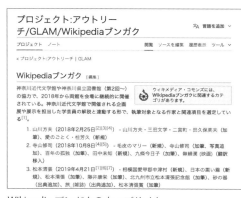

Wikipediaブンガクのウェブサイト
https://w.wiki/9y4

室の資料を使いながら東京国立博物館所蔵品の記事を書くというものであった。アメリカ合衆国ではスミソニアンアーカイヴズの資料を用いたエディタソンなどの実施実績があるが、日本では大規模な博物館の資料を用いたエディタソンはまだあまり行われておらず、今後の拡大が望まれる。

むすび

　学術研究の成果をウィキペディアに反映するためには、こうした GLAM 系プロジェクトのさらなる進展が不可欠である。これまで日本でエディタソンを行っていた GLAM 機関は公共図書館などが主であったが、ウィキペディアを良いところにし、市民により正確で充実した情報を提供するためには、専門図書館や大学図書館、博物館、美術館などとの連携を強化し、執筆者として研究者にも参加してもらうことが大事だ。海外の GLAM 機関や大学などでは、機関と連携してウィキペディア上での活動を行う職員であるウィキペディアン・イン・レジデンスを招聘するところも出てきているが、こうした制度も検討する価値がある。学術的な機関・団体と日本語版ウィキペディアの連携はなかなか進んでいないが、できることはたくさんある。ウィキペディアンと研究者が交流し、ウィキペディアの改善に取り組めるような環境のさらなる整備が必要である。

※本稿では山田：2011 に倣い、ウィキペディア記事は全て二重ブラケットで囲った表記を用いる。日本語版ウィキペディアの検索窓にブラケット内の文字を入れて検索すると、該当ページにたどり着くことができる。例えば [[Wikipedia: ウィキペディアへようこそ]] はウィキペディア空間内にある項目であり、URL は < https://ja.wikipedia.org/wiki/Wikipedia: ウィキペディアへようこそ > のようになる。言語版については、とくに指定がないかぎり日本語で記事名が書かれているものは日本語版の記事である。なお、本来であれば使用した版を全て oldid で指定すべきであるが、あまりにも煩雑になるため、ウィキペディア記事の参照は全て日本時間 2024 年 3 月 26 日 17 時の時点での最新版に従ったものとする。

参考資料
◉文献
山田晴通「ウィキペディアとアカデミズムの間」(『東京経済大学人文自然科学論集』131 号、2011 年、57–75 頁)

◉ウィキペディア内の記事

[[Portal: 歴史学 / 西洋史]]

[[Wikipedia:Meetup/DC 30]]（英語版ウィキペディア内）

[[Wikipedia: ウィキペディア図書館]]

[[Wikipedia: オフラインミーティング / 科学史学会 2016]]

[[Wikipedia: オフラインミーティング / 人文研究者・教員向けウィキペディアの書き方ワーク
　　ショップ 2017]]

[[Wikipedia: オフラインミーティング / 第 71 回日本西洋史学会大会ウィキペディアワークショッ
　　プ]]

[[プロジェクト : アウトリーチ /GLAM/WikipediaOYA20220528]]

[[プロジェクト : アウトリーチ /GLAM/Wikipedia ブンガク]]

[[プロジェクト : アウトリーチ /GLAM/ ウィキマニア 2022 東京]]

[[プロジェクト : アウトリーチ / 応用力学ウィキペディア小委員会]]

16

#展示する

東日本大震災を起点とした博物館活動と社会実践

内山大介

博物館と社会

　各地の博物館には、地域の自然や歴史、文化を物語るさまざまなコレクションが収蔵され、学芸員の調査研究にもとづく多様な活動が展開されている。主に歴史系の諸学問にとって、博物館は社会とつながる最前線の場の一つである。そのため、博物館と社会との結びつきについてはこれまでにも多くの議論が蓄積されてきた。

　例えば1970年代以降、社会に開かれた博物館像をその目指すべき姿として提唱した伊藤寿朗の議論がある（伊藤：1986）。伊藤は博物館をその目的に応じて、地域志向型・中央志向型・観光志向型に分類したうえで、地域志向型博物館は完成された知識を啓蒙・普及するのではなく、市民自身が主体となって地域課題に取り組む場であると述べ、博物館と市民が相互の主体性を尊重し合う仕組みが必要であると指摘した。また博物館をその外に開いていく試みの一つに、「フォーラムとしてのミュージアム」という理念がある。吉田憲司は美術史家ダンカン・キャメロンが1970年代初頭に提唱した「テンプルとしてのミュージアム」と「フォーラムとしてのミュージアム」という区分を日本に紹介した（吉田：1999）。前者は評価の定まった「至宝」を人々が「拝みにくる」神殿のような場所、後者は未知なるものに出会い、そこから議論が始まる場所を意味し、後者を博物館の将来像として提示した。展覧会では展示する側・される側・見る側による対話や議論により絶えず内容の更新が行われることが重要であるとして、そ

221

うした人々との共同作業による展示制作を実践している。さらに吉田は、「資料を生み出した当の社会の人々と共有し、それらの人々の手でさらなる情報を付加できるようにすることで、博物館の資料情報は飛躍的に充実したものとなる」と述べ、コレクションへの情報の付加や研究、展示企画までを本来の所蔵者である先住民コミュニティと共同で行う世界の博物館の取り組みも紹介している（吉田：2013）。

　両者の議論では念頭に置く博物館の規模や性格が異なるが、いずれもコレクションや調査研究、展示などを博物館が独占することなく、社会に向けて開いていくことを企図している。所蔵資料に関する情報の集積、調査研究、展覧会の企画までの諸活動を多様な人々と協働する取り組みは、歴史学の「場」や「担い手」、「史料」の多様な主体への開放と、それら相互の協働を目指すパブリックヒストリーの考え方とも共鳴する（菅：2019）。こうみてくると、博物館が社会に開かれた存在として進めてきた議論や活動の歴史は、すでに半世紀近くになっているといえる。

東日本大震災と「震災遺産」

　上記のような議論が、博物館の現場における活動にとってより具体的な形で求められる契機となった出来事の一つが東日本大震災である。1995年の阪神・淡路大震災以降、被災した文化財の救出・保全活動と、それを担うネットワークの構築が各地で進められてきたが、東日本大震災の被災地においては、それが広域に大規模な形で展開した。筆者も被災した文化財の保全活動に参加してきたが、さらにその流れの一つとして震災を伝えるモノを資料として保全する動きも生まれた。

　福島県では、震災から数年が経った時期から原発事故による避難区域の除染・復興工事などの加速化により、それまで時間が止まったように残されていた被災地の変化が進んでいった。そこで筆者が勤務していた福島県立博物館では考古・歴史・民俗・自然などの専門分野からなる学芸員のチームを結成し、震災の出来事を伝える資料の保全を開始した。例を挙げれば、津波で流出した看板

震災遺産の展示

や標識、避難所の張り紙や生活用具、被災者を鼓舞するための横断幕、災害対策本部に残された書類、仮設住宅の看板や運営資料、巨大な余震で表出した活断層の剥ぎ取り標本など、その範囲は直接的な被害にとどまらない。地震・津波の規模の大きさや被害の甚大さ、広域・長期にわたる被害や避難と生活、さらに被災地の復旧や除染などの原発事故が生み出した特異な状況を物語るものなど、震災により地域が経験した多様な局面を伝える資料群といえる。これを我々は「震災遺産」と名づけて活動を進めてきた。

　現場では資料の所在調査や聞き取り調査を行い、必要に応じて実物資料の収集、場所の記録保存、資料の現地保存などを行う。特に資料収集にあたっては、聞き取りや資料の位置情報なども含めた場所の記録化を通じ、資料の背景的情報の収集を重視した。またそれらをもとに、展示やシンポジウムなどによるアウトリーチも展開した。

　このような実物資料を収集し展示することで震災の歴史を後世に残すという活動は、従来の博物館活動の延長線上に位置するものであり、一見すると何ら矛盾のない学芸員の仕事にみえる。しかし、その間には大きな違いがある。個々の専門分野における研究の蓄積から意味や価値が与えられた文化財的な博物館

資料に関わる諸活動に対して、震災遺産の保全や展示は、現在進行形で変化し続ける被災地の状況を目の前にしながら、何をどれだけ残し、どう保存し、いかなるメッセージやストーリーを伝えていくべきなのか、ということに全く正解や前例がないなかで進められた事業であった。

　そこで、資料や展示の意味をより豊かなものとするために、さまざまな立場や経験をもつ人々との対話が欠かせないものとなった。実際に、開催した多くの展覧会やアウトリーチの会場では、それぞれの経験や記憶、伝聞などを展示資料と重ね合わせながら語り、時には涙を流しながら観覧する多くの来場者がみられ、またそこでの語りが展示資料の説明やストーリーを大きく変える、あるいは新たな意味が付加されるきっかけを作り出していたのである。そこで2020年に特集展「震災遺産を考える－それぞれの9年－」を開催し、資料の寄贈者や収集現場において被災・避難などの経験がある7名の人物を主人公に、その経験の語りに対し資料を付随的に紹介する形で展覧会を構成した。また震災遺産の収集・保全には、被災地における人々の経験や記憶だけでなく、収集の現場で活動する個々の学芸員がそのモノに込めた思いや収集の意図が必ず存在する。現場では多くの学芸員が葛藤と試行錯誤を繰り返して調査や収集を進めてきたし、またこれまでの展示では、通常の博物館ではほとんど聞かれることがないような、「なぜこれを集めようと思ったのか」「何を基準に資料を収集するのか」といった質問も多く寄せられた。そこで震災10年の節目であった2021年には企画展「震災遺産を考える－次の10年へつなぐために－」を開催し、上述した7名を含む多くの方々の経験に加えて、学芸員個々人による現場での収集の経緯や意図を文章化してパネルと図録に掲載した（内山編：2020）。個別のモノと具体的な場所の解説に、多様な立場にある人の顔と声を組み合わせた展示は、震災をめぐる現在進行形の小さな物語をいくつも散りばめ、来場者に語りかける空間となった。こうした取り組みの積み重ねが、将来に向けて震災の多様な記憶、小さな物語を不断に紡ぎあげていく活動になると考えている。

「困難な過去」から開かれた博物館へ

　筆者が関わった活動に限らず、東日本大震災を経験した地域の博物館では、資料そのものへの意味付けや展示の構築、それらに関する解釈に至るまで社会へと開いていこうとする動きがみられる。例えば「3がつ11にちをわすれないためにセンター」による「3月12日はじまりのごはん」は、「震災時の『食』にまつわる写真を展示し、来場者がそれらを見て思い出した体験や想いを付箋に書いてもらう参加型の催し」である（甲斐ほか：2015）。会場に並ぶ写真パネルには説明がほとんどなく、見学者が自由に体験や思い出、感想、関連する情報などを付箋に書いてその余白に貼っていく。展示する側の解説で展示が構築されるのではなく、見学者の参加を通じて多様な情報が蓄積され展示が完成していく試みである。

　また加藤幸治は東北学院大学博物館における取り組みとして、宮城県石巻市で救出した文化財を活用した移動博物館やワークショップを各地で展開した。会場では被災資料をもとに大学生が来場者に思い出やエピソードの聞き書きを行い、集積されたデータが次の活動を生み出すという循環的な実践である。「調査研究による成果を人々に提示する展示などの場において、逆に地域の人々から新たな提案やアイデアが沸き上がり、それを研究者が引き受けてさらに調査研究をして提示するといった、双方向な関係が動き続ける」こうした取り組みを、加藤は「文化創造のインタラクション」と呼ぶ（加藤：2017）。

　これらの活動はいずれも展示を見る側が一方的に情報を受け取るのではなく、資料や写真を媒介に自らの経験や思考を想起し、展示する側と見る側とが共有する試みである。まさにフォーラムとしての展示空間を作り出しているといえよう。

　また近年、フォーラムとしての博物館やパブリックヒストリーの議論を積極的に取り入れているのが公害資料館である。除本理史は、公害が戦争や自然災害、大事故などと同様に立場により複数の解釈がぶつかり合う「困難な過去」であるとし、多視点性を保持しながら過去の解釈をめぐって開かれた対話を進めることの重要性を説く（除本：2023）。その取り組みをパブリックヒストリーの実践

として位置づけ、倉敷市水島地区における公害をめぐって、地域の歴史やまちづくりの将来を語り合う「みずしま地域カフェ」を公害資料館づくりの一環として進めている。

　震災や公害などの出来事の継承や地域再生を目指す取り組みは、過去の解釈だけにとどまらず、地域の歴史と地続きの現在までを射程にとらえ、それを未来に向けて発信・活用しようとするものである。博物館は災害や公害といった経験を経て、そこから立ち上がるための活動を契機に社会に開かれた存在へと大きく生まれ変わろうとしている。そこで重要なのは、こうした視点や取り組みを限定された活動にとどめないことだろう。従来の博物館が対象としてきた地域の歴史や文化にも同様の議論を広げていくことが、社会との接点をさらに開いていくための大きな一歩になる。

参考文献
伊藤寿朗　「地域博物館論―現代博物館の課題と展望―」長浜功編『現代社会教育の課題と展望』（明石書店、1986 年）
内山大介　「震災・原発被災と日常／非日常の博物館活動―福島県の被災文化財と「震災遺産」をめぐって―」（『国立歴史民俗博物館研究報告』第 214 集、2019 年）
内山大介編　『震災遺産を考える―次の 10 年へつなぐために―』（福島県立博物館、2021 年）
甲斐賢治ほか編　『3 がつ 11 にちをわすれないためにセンター活動報告』（せんだいメディアテーク、2015 年）
加藤幸治　『復興キュレーション―語りのオーナーシップで作り伝える"くじらまち"』（社会評論社、2017 年）
除本理史　「『困難な過去』から『地域の価値』へ―水俣、倉敷・水島の事例から考える―」清水万由子・林美帆・除本理史編『公害の経験を未来につなぐ―教育・フォーラム・アーカイブズを通した公害資料館の挑戦―』（ナカニシヤ出版、2023 年）
菅豊　「パブリック・ヒストリーとはなにか？」菅豊・北条勝貴編『パブリック・ヒストリー入門―開かれた歴史学への挑戦―』（勉誠出版、2019 年）
吉田憲司　『文化の「発見」―驚異の部屋からヴァーチャル・ミュージアムまで―』（岩波書店、1999 年）
吉田憲司　「フォーラムとしてのミュージアム、その後」（『民博通信』140、2013 年）

17

#展示する

COVID-19 に関する博物館展示を通じた人文学の発信

五月女賢司

はじめに

　吹田市立博物館では、2020 年 2 月から収集している新型コロナ関連資料を活用した、いわば新着資料展示としてのミニ展示「新型コロナと生きる社会〜私たちは何を託されたのか〜」（会期：2020 年 7 月 18 日〜8 月 23 日）を 2020 年夏に開催し、市民、行政、マスコミ、研究者コミュニティなどから一定の評価をいただき、また展覧会の継続開催を望む声も多く聞かれた。担当した筆者としても、新型コロナで社会的に苦しむ人々に正面から向き合うことのできる展示の可能性を模索していたため、2020 年度ミニ展示の内容や方法を修正した上で、2020 年初秋からどのような展覧会が翌年度に開催可能かという検討を始めた。

　当館では新型コロナの感染拡大が始まった当初より、現在のコロナ禍の状況、特に市井の人たちの状況を将来の人々に伝えるために、行政や研究機関が残すことのなさそうな資料やそれらにまつわる背景を積極的に収集対象とし保存することや、新型コロナ関連資料の寄贈を展覧会の開催を通じて市民に呼びかけることは、日常業務として行っていた。当館では、将来世代に新型コロナ関連資料を残すそのような使命とともに、現在の、目の前の人々のためにできることを実施することも同様に重要であると考え、2021 年度には、現代的なややメッセージ性の強い展覧会を行うことにした。

　以上のような背景のもと、2021 年度ミニ巡回展として「流行病（はやりやまい）と新型コロナ〜百年後の人たちへ〜」を開催し、3792 人（推計）[1] が来場した。こ

1　2021 年度ミニ巡回展の各会場の会期中，一日のみ筆者らが各会場で来場者を数え，「観覧

227

れは、大阪府の吹田市立博物館と茨木市市民文化部人権・男女共生課が主催者となって開催したもので、吹田市立図書館と茨木市人権センターも共催に入った。吹田市立博物館は会場とせず、茨木市と吹田市の各四会場、計八会場を巡回した。合計の開場日数は 95 日間、一日平均来場者数は 39.92 人（来場者数が多い各市役所二会場を不算入で開場日数 76 日間、一日平均来場者数 17.42 人）であった。吹田市立博物館が収集を進めている新型コロナウイルス感染症に関する現代資料に加え、感染症についての歴史資料も展示した。会期は、最初の会場の初日が 6 月 26 日、最後の会場の最終日が 11 月 19 日であった。

　本稿では、主に 2021 年度に開催したミニ巡回展について、開催に至った経緯や展示内容を振り返る。その上で、開催目的や開催意図の達成度合いを検討することとしたい。

2020 年度ミニ展示「新型コロナと生きる社会」

　2021 年度ミニ巡回展「流行病と新型コロナ」の開催目的や開催意図の達成度合いを検討する前に、2020 年度ミニ展示について、振り返っておきたい。

　2020 年度ミニ展示「新型コロナと生きる社会」（図 1）は、今は当たり前のものでも、百年後には現在の新型コロナウイルス感染拡大の実態を知る情報源として貴重な歴史資料になるという考えのもと、ひとまずそれまでに収集できた資料を展示することで、次なる収集につなげると同時に、今回のコロナ禍が日本に、そして地域社会に、何をもたらしたのか、ま

図 1　2020 年度ミニ展示「新型コロナと生きる社会」のチラシ

いただいた来場日に○印を付けてください」というシートに○を付けた人数との比較から他の日の推計来場者数を割り出した。

た現代人に何を託したのか、来場者一人ひとりが、過去数か月を振り返り、これからの日本のあり方を考えるきっかけとしてもらうことを目的として開催し、905人が来場した。合計の開場日数は33日間、一日平均来場者数は27.42人であった。一日平均来場者数は、2021年度ミニ巡回展「流行病と新型コロナ」と比較して、ちょうど10人多かった（茨木と吹田の市役所会場を除く）。また、来館者のミニ展示に対する評価も、概ね良好であった（表1）。

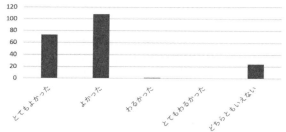

表1　2020年度ミニ展示「新型コロナと生きる社会」に対する来館者の評価（N = 905, n = 206）

　2021年度ミニ展示で寄せられたアンケート結果における「展示の開催や内容」に関する感想は「、確かに、私達は今、歴史的な出来事に直面していると実感しました」のほか、「つい最近のことなのに忘れていたこともあった」といった肯定的な内容があった一方で、「コロナ禍中、展示のタイミングはどうかな、と考える」といったものもあり、コロナ禍における展覧会の開催方法やタイミングについて再検討の余地を残した。

　また、「資料や証言を後世に残す取組」に関する意見には、「阪神大震災の被災者として、何かしらの出来事の資料が残っていくことが良いと思っている」のほか、「早い段階から集めていらっしゃったのは、すごい。私はわたわたしていただけなのに…」や「この事態がある意味『異常』で歴史の瞬間に立ちあったカンジがあり、大変面白かったです」といったものがあった。

　今後の取り組みに対する期待としては、「ぜひ第二弾を期待しています！」や「一年後にもう一度展示して下さい。その時、自分がどう感じるのか、それが楽しみです」といった将来の展示に関する意見のほか、「まだまだ途中です。引き

続きの活動を期待します」といった資料収集への期待とも取れる感想があった。

　以上のアンケート結果などを踏まえ、まず、① 2021 年度にも新型コロナに関連した展示を開催すること、②同一内容の展示を巡回させる分散展示とすること、③「歴史的なこと」という認識を来館者が持つコロナ禍を、感染症の歴史の中に組み込む展示とすること、そして、④「異常」な事態に直面していると来館者が認識するコロナ禍において、博物館として社会課題の解決に資する展示を目指すこと、という方針を立て、予算要求と企画の具体案作成を進めた。

2021 年度ミニ巡回展「流行病と新型コロナ」

a. 目的・意図

　2021 年度ミニ巡回展開催の目的や意図は、主に以下の三つである。

　まず一つめは、感染拡大防止のため、地域内の小規模な八会場に博物館から出向くことで、来場者の遠出と三密の回避を意図したこと（図2）。二つめは、感染症に関する歴史資料も展示をすることで、来場者が過去の延長線上に現在と未来があるということを再認識するためのきっかけとすること（図3）。そして、三つめは、現在進行形の新型コロナの感染拡大による社会の混乱や分断について、静寂な展示空間で展示資料を客観的に見ることを通して、来場者が冷静に自らの考えや立ち位置を振り返る機会とすること、であった。

b. 展示内容

　展示は、第一章「流行病の歴史」と第二章「新型コロナの現在」という二つで構成した（図3）。

　第一章「流行病の歴史」では、江戸後期から昭和中期にかけての感染症について、歴史資料を通じて紹介した。

　人間と感染症の長い歴史を振り返ると、多くの人々の命を奪った天然痘（疱瘡）・麻しん（はしか）・コレラなどの疫病が、大変恐れられていたのは、それほど遠い昔ではないことがわかる。江戸時代の記録には、こうした疫病が何度も流行し、多数の死者を出したとあり、また明治・大正を経て戦後に至るまで、命に関わ

図2 吹田市と茨木市の八会場の施設名や会期などが記された2021年度ミニ巡回展「流行病と新型コロナ」のチラシ

図3 2020年度ミニ展示と2021年度ミニ巡回展で展示した主な資料

る恐ろしい病気であった[2]）。

　そこで第一章では、天然痘（疱瘡）への罹患前後に心得るべき食べ物が、具体的かつ詳細に記されている 1840 年（天保 11）の「疱瘡食物考」や、親たちが神仏や呪術などにもすがって、我が子の健康を祈るといった人々の願いが疫神信仰を生んだという背景と共に、1862 年（文久 2）の「はしか絵」を展示した。また、各時代の行政機関や研究機関が国民の命・健康を守り、国をさらに発展させるため、さまざまな形で疫病予防のための普及を図ったことを示す 1880 年（明治 13）の「虎列刺豫防諭解 完」なども展示した。また、舞台美術家、画家の田中良とその妻・文子が、スペインかぜが流行していた 1920 年（大正 9）1 月に知人に宛てた、黒色のマスクをした家族のイラストが入った葉書も展示するなど、時系列の歴史展示とした。

　第二章「新型コロナの現在」では、吹田市立博物館が 2020 年 2 月から収集する新型コロナに関連する資料や経験・証言の一部を紹介した。

　コロナ禍において現代人は、かつてないほど不確実性の大きい社会に向き合うことを余儀なくされている。それは、何が正解で何が不正解なのかは、人それぞれの立場や、その時々の感情などによってまったく異なるのだという本来極めて当たり前のことを、社会全体が再認識する機会になっているということでもある。今までの、いわゆる常識や理想が、これからのそれとは限らないのである。不確実性の大きい時代には、より自分の頭で考え判断をすることが求められるようになる。その際のよりどころとして、現在や未来において、新型コロナ関連の資料や、人々の苦しみや悲しみなどの経験・証言が役立つこともあろう。そうした資料に基づき、現代人や将来の人々が、新型コロナに関して健全な議論を起こしたり、疑問を持ったりすることが、よりよい社会をつくる第一歩となるといえる[3]。

　そこで第二章では、地域住民製作のマスクやコロナ禍で広がった弁当などの

2　五月女賢司「第一章：流行病の歴史」（吹田市立博物館，茨木市市民文化部人権・男女共生課編『流行病と新型コロナ』吹田市立博物館、2021 年）
3　五月女賢司「第二章：新型コロナの現在」（吹田市立博物館，茨木市市民文化部人権・男女共生課編『流行病と新型コロナ』吹田市立博物館、2021 年）

デリバリーサービスのチラシ、また、いわゆる「自粛警察」によって居酒屋の入り口に貼られた紙片「しばらく休業してください！テロ行為です！」といった生活の苦闘があふれているものなどを展示することで、来場者が自らの考えや立ち位置を客観的に振り返る機会とした。さらに、2020年5月に起こった米国の白人警官によるアフリカ系米国人の殺害事件に端を発する、人種差別への抗議運動「ブラック・ライヴズ・マター（BLM）運動」が同年6月に大阪や京都でも行われ、殺害された人物のみならず、社会・経済的な理由からアフリカ系米国人に新型コロナの感染者が多いことなどが指摘されたため、大阪、京都での平和行進の際に使用されたプラカードも地域の概念を拡大し、収集・展示した。

c. 来場者の評価

まず、2021年度ミニ巡回展で寄せられたアンケート結果における「展示の開催や内容」に関する評価は概ね良好であった（表2）。

「展示の開催や内容」についての感想としては、「自分の居住している身近でもコロナ差別が存在する一方、そこに立ち向かっていく人々の奮闘を感じることができ胸が熱くなった」や「コンパクトにまとまっているけれど、ちゃんと『主張』を持っている」ところが良かったといった感想のほか、「この国内で終わらせるには、勿体ないくらい、よい試みだと感じました」といった国際展開を期

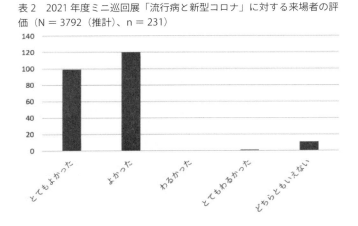

表2　2021年度ミニ巡回展「流行病と新型コロナ」に対する来場者の評価（N = 3792（推計）、n = 231）

待する声、さらに「新型コロナを現在の大きな課題と捉える人々は数多いと思われますが、長い目、数十年以上後のために〜という観点での取り組みをされているところは少ないかなと思います。私の地元でそのような活動をされているのに対し、とても誇らしく感じます。是非協力させていただければと心より考えています」といった地元意識の涵養につながったとみられる意見があった。

一方、「資料や証言を後世に残す取組」に関する評価は、「『今、つまらないモノ』が百年後にものすごい価値ってスゴク興奮しますよ」などといった感想が寄せられるなど、「展示の開催や内容」についての評価よりも良好であった(表3)。理由は定かではないが、現在の展示に対しては批判的にみる一方、後世に新型コロナ関連資料を残す取り組みについては、現在のコロナ禍を「歴史的な出来事」と捉える来場者から高評価を得た可能性が考えられる。一方で、「状況と人々の感覚は常に変化するので、こまめに資料収集すること・記憶の記録化は重要」といった継続的な収集や「後世でもよくわかり、やっていけるか、その利用、参考になるのかが問題です」といった収集した資料を将来役立てる方法についての課題を指摘する声も聞かれた。2021年度ミニ巡回展開催の、三つの目的や意図についての達成度合いについても、来場者アンケートの感想・意見から検討したい。

まず一つめの、「感染拡大防止のため、地域内の小規模な八会場に博物館から

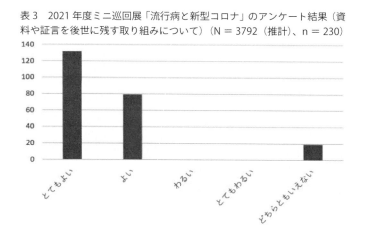

表3 2021年度ミニ巡回展「流行病と新型コロナ」のアンケート結果(資料や証言を後世に残す取り組みについて)(N = 3792(推計)、n = 230)

234

出向くことで、来場者の遠出と三密の回避を意図したこと」については、「吹田に見に行くことは考えていなかったが、茨木でやっているので見に来れた。今の時期はやはり必要最低限の移動と思ってしまい、他市となると買い物以外は控えてしまっています」や「なかなか市から出ていけないので巡回展は有難いです」といった意見が寄せられ、その目的を達成できたとみてよさそうである。

次に二つめの、「感染症に関する歴史資料も展示をすることで、来場者が過去の延長線上に現在と未来があるということを再認識するためのきっかけとすること」については、「感染症の今昔が分かり、昔からみんな戦ってたんだと共感した」や「新型コロナが流行している時に過去の流行病の資料を見ることでいろいろ考える機会ができた」といった感想があり、これも当初の目的を達成できたと考えられる。

最後に三つめの、「現在進行形の新型コロナの感染拡大による社会の混乱や分断について、静寂な展示空間で展示資料を客観的に見ることを通して、来場者が冷静に自らの考えや立ち位置を振り返る機会とすること」については、「百年後の人たちのみならず、私自身新型コロナ騒ぎの流れについて、改めて考えるきっかけになった」や「展示を見ながらさまざまな感情が溢れ出て来た。コロナと自分とを結びつけ、客観的にも自分を見つめる機会になり、とても良かった」といったコロナ禍の自分自身を見つめ直す感想のほか、「たいへん良い視点。精神的に切迫すると、人々は心の余裕をなくし、誰かのせいにしてしまう」や「人間、自分を守ろうとすると他人を見ることができない生き物だと思った。そこから生まれる差別があたかも当然のような空気にゾッとした。はたして自分は正しい行動ができているだろうか、コロナを理由に差別していないだろうか、考えさせられるきっかけとなった」といった人間や自分自身の心の弱さや脆さに思いを巡らせた感想が寄せられた。この三つめの目的も、こうした感想をみる限り、概ね達成できたと考えられる。

以上のアンケート結果から、2020年度ミニ展示のアンケート結果などを踏まえて開催した、2021年度ミニ巡回展の目的・意図は、概ね達成できたと考えることができそうである。現代社会に対するメッセージ性の強い展示ではあった

が、コロナ禍で求められる新たな役割を果たすことができたといえよう。

おわりに

　新型コロナ関連資料を収集し後世に残すことについては、現代社会がどのような危機に陥っていたのか、どのようにコロナ禍に立ち向かったのか、市井の人々がどのような思いで現代のコロナ禍を生きたのか、といったことを後世の人々が知る手掛かりになり得るという意味で重要である。また、現在のコロナ禍が後世の人々から見たときに社会が変容する転換点となった、というような考察を可能にする一次資料にもなり得る。

　しかし、現代人対象という意味では、他市の人権行政を担う部署との連携によって、公立博物館の企画が、コロナ禍で可視化された社会課題に対して一定の役割を果たすことができる可能性を提示できたことは、一つの大きな成果といえよう。

世界中の人々が共通体験を持ち、大きな関心を寄せる新型コロナというテーマだけに、共通体験を持つ人同士の対話が生まれ、来館者の自己の経験が他者と共有できるような展示をさらに追及していきたい。

18
#場を作る

山村で自宅を図書館として開くということ
人文系私設図書館ルチャ・リブロの実践から

青木真兵

川のせせらぎが聴こえる「人文知の拠点」

　2016年4月、私たちは兵庫県西宮市から奈良県東吉野村という山村に引越した。そしてその6月から人文系私設図書館ルチャ・リブロという名前で自宅を開放し、現在まで活動を続けている。移住と図書館を開設した経緯については、妻の青木海青子との共著『彼岸の図書館』（夕書房）に記しているので詳述しないが、ルチャ・リブロがどのような場所であるかはホームページに文言を掲載している。

> 人文系私設図書館ルチャ・リブロは、図書館、パブリック・スペース、研究センターなどを内包する、大げさにいえば「人文知の拠点」です。蔵書は歴史や文学、思想、サブカルチャーといった人文系の本を中心としており、「役に立つ・立たない」といった議論では揺れ動かない一点を常に意識しています。話をどんどん先に進めるというよりも、はじまりに立ち戻るような、そしてその始点自体が拠って立つところをも疑問視するような、そんなところです。
> 川のせせらぎを聴きながら、ゆっくり本を読んでみませんか？[1]

　ルチャ・リブロが「人文」という言葉を冠している理由は、一言でいうと、役に立たないといわれることは「本当に役に立たないのか」という疑問に根差している。私が大学院生だった2000年代後半、当時暮らしていた大阪府ではあ

1　ルチャ・リブロホームページ. https://lucha-libro.net,（アクセス日：2023-04-22.）

ルチャ・リブロへの道のり

らゆるものを数値化し競争させ、市場の原理で価値を測る、いわゆる新自由主義的政策が行われ始めた。例えば大阪府立国際児童文学館の廃止統合や大阪人権博物館への実質上の立ち退き要求、文楽への批判などに象徴される。このようにして、そもそも数値化という測定方法に馴染まない文化・教育施設が「役に立たない」という烙印を押されていった。確かに文化・教育にまつわるものはすぐには数値化されないかもしれないが、存在していること自体が後々の社会や世界において価値を持つものである。

　繰り返すが、博物館や図書館に所蔵されているものは来館者数や貸出点数をどれだけ達成したかだけで、価値が測られるものではない。例えば、奈良時代から価値の高かった螺鈿の施された宝物から、当時は日用品であった土器や石器。さらに中国から輸入した仏典などの書物から、中・近世の百姓の生活の様子が分かる古文書など。これらの文物の価値を一様に測ることは不可能である。一方で現代社会を見渡すと、ますます価値尺度としての経済的指標の存在感は増すばかりである。つまり、数値化することのできる経済的な価値が重視され、そもそも数値化には馴染まず、トレンドとも関係の薄い、歴史的、普遍的な価値が軽視されていっているのである。そういう意味で、現代社会のニーズに即しているかどうかではなく、「人類にとって大切なものとは何か」という長期的な価値の存在を認識できる人文知が、ますます重要になってきている。

人文知の詰まった媒体

　その人文知の詰まった媒体が本である。本は情報化できる部分もあるが、情報化に馴染まない要素もある。本に書かれている内容は情報化できる部分であり、電子書籍はこれを集約するのに適している。しかし実物の本の手触りや装幀、重さや厚みなどは情報化できない要素によって構成されている。電子書籍は本の価値を内容だけに限定した結果、速く、広く、手軽に読者に伝えることができる。一方、実物はどうしても電子書籍のように簡便ではない部分があるが、その他の魅力が詰まっている。物質としての本の一番の魅力は、その有限性であり全体性を強く感じられることだと考えている。ルチャ・リブロに並ぶ本は私たちの蔵書であるという意味で限界を持っており、また私たちが何度でも読みたい本や、他の人にもぜひ読んでほしいと思う本だけを置いているという意味で、ある種の全体性を帯びている。

　また私の癖でもあるが、本に付箋を貼りながら読書しており、それをそのまま貸し出している。すると、ルチャ・リブロの利用者も付箋を貼って返却してくれたり、付箋の貼られていた部分への感想を伝えてくれたりする。一般的な図書館では、共有財である本に痕跡を残さないのがルールだが、ルチャ・リブロではそれが対話を促す装置になっている。しかしその対話は利用者と司書、

館内の様子1　中央にいるのは館長のかぼす（猫）

館内の様子2

利用者と利用者といった一対一の関係ではなく、不特定多数のまだ見ぬ利用者に向けた、「開かれた対話」ともいうことができる。

　現在、ルチャ・リブロは月に12日程度開館している。元大学図書館司書の妻・海青子が在館し、司書業務にあたっている。毎月の開館日などはホームページで発信しており、年間では140日程度開館している。来館して本を読むだけの利用は無料だが、トークイベントなどに参加する場合は有料である。本を借りる場合は会員カードを作成料500円で、遠方の方でも貸出は可能だ。貸出期間は2ヶ月、一人3冊までとなっている。来館者は村内の移住者や奈良県内外などから、2023年はのべ710名であった。その中で貸借は計865件あり、会員数は2024年8月現在395名となっている。

資本の原理から贈与の原理へ

　ルチャ・リブロが山村にあることも重要な点である。都市は資本の原理が大きく作用しているが、山村にはまだ贈与の原理が息づいている。例えば、大根や人参などの野菜は旬の時期になるとたくさん収穫することができる。このような「過剰さ」は一年を通じてではなく、季節に応じて時折訪れる。通常、夏は過剰の時期であり、冬は不足の時期である。だから生き物は夏場に食べ物をたくさん摂っておき、冬は活動量を極力減らして籠る。人類も夏に過剰に収穫

した食べ物を保存のために加工したために、各地でさまざまな加工食品が誕生している。この過剰をもたらすのが「自然からの贈与」とも呼べるものだ。

この過剰を扱う一つの知恵が「おすそ分け」である。畑や田んぼをやっていると、収穫の時期に多くの野菜やお米をいただくことがある。自分の畑や田んぼで農作物を作ったことがある方は分かると思うが、太陽や雨などの自然の贈与によってできた農作物はとてもおいしく、なぜだか人にあげたくなる。ルチャ・リブロ活動もこれと同じ構造を持っている。私たちは自分たちだけでは読みきれないほど、過剰に本を有している。確かに自分たちで買って集めた本だが、しかしなぜこれほど本が好きなのかは理由が分からない。この本への想いは一種の自然の贈与だと思っている。これを「おすそ分け」しているのがルチャ・リブロである。等価交換のようなサービスとしてではなく、自分たちがなぜか過剰に得ているものを再分配する活動として行っている。

このようにルチャ・リブロは資本の原理とは異なる、贈与の原理が働く場だと思っている。図書館は書店と異なり、本を売るのではなく貸出をする場である。売るという行為は金銭を媒介とした等価交換だ。等価交換により売り手と買い手の関係はその都度リセットされる、これが経済活動によって自由を感じられる理由である。もちろん私はこの経済活動に対して反対しているわけではない。しかし前述の通り、現代社会は全てを経済的指標で判断する傾向にあるなど、資本の原理があまりに強く影響している。一方で、ルチャ・リブロの蔵書は有限性と全体性を持ちつつ、本を付箋付きで貸し出しすることで、そこに開かれた対話の糸口が出現している。

現代は資本の原理によって人々の関係が切れ、無縁社会化していることが問題視されている。山村での図書館活動は、等価交換ではなく贈与によって縁を結び直し、問題を克服する可能性を有している。しかしもちろん贈与と反対給付はセットなので、贈与の原理を無条件で肯定することはできない。前近代の伝統社会を知ると、その社会を構築していた地縁や血縁がもたらしていた「しがらみ」という不自由や差別が存在したことが分かるからだ。このようにルチャ・リブロでは近代と前近代、都市と山村、交換と贈与など、さまざまな事象を問

い直し、その二項対立を生活の中で実践しながら乗り越えていくことを目指している。この活動を駆動させるのが人文知なのだ。

参考文献
青木真兵『武器としての土着思考　僕たちが「資本の原理」から逃れて「移住との格闘」に希望を見出した理由』（東洋経済新報社、2024 年）
青木海青子『不完全な司書』（晶文社、2023 年）
青木真兵、光嶋裕介『つくる人になるために　若き建築家と思想家の往復書簡』(灯光舎、2023 年)
青木真兵『手づくりのアジール　土着の知が生まれるところ』（晶文社、2021 年）
青木海青子『本が語ること、語らせること』（夕書房、2022 年）
青木真兵、海青子『彼岸の図書館　ぼくたちの移住のかたち』（夕書房、2019 年）
青木真兵、海青子『山學ノオト』シリーズ（エイチアンドエスカンパニー、2020 〜 2024 年）

19

#場を作る

シチズンサイエンスとアジャイルソフトウェア開発
「みんなで翻刻」の取り組みを通じて

橋本雄太

　近年のシチズンサイエンスやパブリックヒューマニティーズは，その多くがオンラインのプロジェクトとして展開されている．その活動のためにソフトウェア開発が必要になる場面も少なくない．本稿では，筆者が数年来開発と運営に携わってきたシチズンサイエンス・プロジェクトの「みんなで翻刻」（https://honkoku.org/）を題材に，ソフトウェア開発の側面からシチズンサイエンスを成功に導く上での課題について論じたい．

「みんなで翻刻」の取り組み

　「みんなで翻刻」は，筆者が大学院生時代から所属する京都大学古地震研究会が 2017 年に開始したオンラインのシチズンサイエンス・プロジェクトである．運営メンバーの異動のため，2023 年現在は国立歴史民俗博物館，東京大学地震研究所，京都大学古地震研究会の共同プロジェクトとして運営されている．古地震研究会は防災研究と地震研究への応用を目的として，京都大学理学研究科を中心に地震史料の解読にあたっている有志の研究グループである．

　古文書のような歴史資料に書かれた文字を活字に起こす作業を，歴史学の用語で「翻刻」と呼ぶ．翻刻は，災害を含む過去の出来事を史料の記述から窺い知るためのもっとも基礎的な作業である．古地震研究会は 2012 年の活動開始以来，江戸時代以前に刊行または筆記された災害史料の翻刻に取り組んでおり，

みんなで翻刻のウェブサイト

2016 年までに 13 万文字に及ぶ史料を翻刻した．しかしながら，それぞれ別に専門を持つ少数の研究者グループの手で翻刻できる史料の分量には限りがある．そこで，インターネットを通じて多数の市民の協力を募り，膨大な点数が残されている地震史料を翻刻する計画が立てられたのである．

　こうした経緯のもとで，「みんなで翻刻」は地震を中心とする歴史災害史料の市民参加型翻刻プロジェクトとして 2017 年 1 月に開始された．「みんなで翻刻」上では公開直後から毎日 2 万字以上のペースで翻刻作業が進行し，2019 年 3 月には当初の目標としていた東京大学地震研究所図書室の所蔵資料約 500 点の翻刻が完了した．このため 2019 年 7 月にシステムをリニューアルし，災害史料に限定されない文字資料一般を翻刻するプラットフォームとして再出発することになった．本稿を執筆している 2023 年 12 月時点で，「みんなで翻刻」には 3,000 人弱の参加者がアカウントを登録しており，これらの人々によりこれまでに 1639 点の史料が全文翻刻されている．入力された文字数の合計は 2930 万字に達し，現在も毎日 2 万字程度のペースで増加している．

効果的な開発手法

　ソフトウェアとしての「みんなで翻刻」は，筆者が Web フレームワークの Vue.js を使用して構築した Web アプリケーションである．学術領域のソフトウェアとして「みんなで翻刻」が特殊な点は，それが研究や業務の中で義務的に使用されるものではなく，ユーザーの自由意志によって使用されるソフトウェアであるという点にある．シチズンサイエンスは市民の自由参加によって成り立つプロジェクトであるから，ソフトウェアの出来が悪ければ参加者の離脱に繋がり，プロジェクトの成否に多大な悪影響をもたらす．したがって，できる限りユーザーにストレスを与えず，プロジェクト参加に意義を見出しやすいソフトウェアを構築せねばならない．

　しかしながら，不確実性の高い市民参加型プロジェクトにおいて，最初の段階でそうした高品質なソフトウェアを開発することはほとんど不可能である．実際には，ソフトウェアを使用したユーザー（プロジェクトの参加者）からフィードバックを受け取りつつ，機能追加や不具合解消を繰り返すことで，段階的に品質を向上していくことになる．例えば「みんなで翻刻」に実装されている次の機能は，いずれもユーザーによるリクエストを通じて生まれたものであった．

- 自身の翻刻文が添削された際にそれを知らせる通知機能
- 全文検索機能
- 翻刻文のダウンロード機能
- 翻刻文の編集履歴表示
- SNS 連携

　また公開時点の「みんなで翻刻」には数多くの不具合が存在していたため，ユーザーが不具合を発見した際には，SNS やシステムのコメント機能を通じて運営側に報告するよう呼びかけをおこなった．実際に不具合報告を筆者が受けた際には，数日中，早ければ当日中に修正を実施し，公開版に反映させるように努めた．ユーザーの要望やシステムの不具合を長らく放置すれば，彼らがソフト

ウェアに寄せる信頼や愛着（Webマーケティングの用語でloyaltyと呼ぶ）が低下し，プロジェクトに悪影響をおよぼすことが明白だったからである．

このように，筆者はユーザーとの協調のもと，短いスパンでシステムの品質改善のサイクルを回す機動的な体制で「みんなで翻刻」のシステムを構築してきた．このようなソフトウェアの開発方式を，ソフトウェア工学において「アジャイルソフトウェア開発」と呼ぶ．

アジャイルソフトウェア開発とは，ユーザーとの協調や変化への迅速な対応，また反復的な開発プロセスを特徴とするソフトウェア開発の方法論である．あらかじめ厳密に策定された設計や計画にもとづき単線的に開発が進む「ウォーターフォール開発」としばしば対比される．この方法論は，2001年に米国で17名のソフトウェア開発者の連名によりまとめられた「アジャイルソフトウェア開発宣言」と呼ばれる文書にその原則がまとめられている．この宣言において著者らは以下に挙げるソフトウェア開発における4つの価値観を提示し，これらの価値観にもとづいておこなわれる開発を「アジャイルソフトウェア開発」と呼んだ．

- **Individuals and interactions** over processes and tools（プロセスやツールよりも**個人と対話**を）
- **Working software** over comprehensive documentation（包括的なドキュメントよりも**動くソフトウェア**を）
- **Customer collaboration** over contract negotiation（契約交渉よりも**顧客との協調**を）
- **Responding to change** over following a plan（計画に従うことよりも**変化への対応**を）

上記の原則に表現されているように，アジャイル開発はユーザーとの協調や変化に対する迅速な対応を重視した開発手法である．アジャイル開発は，ソフトウェア開発を反復的なプロセスとして捉え，ユーザーとのコミュニケーションやユーザーによるテストを繰り返すことで，ソフトウェア開発における不確実性を低減し，ユーザーの要望に確実に対応することを目指す．ユーザー参加

がプロジェクトの成否を左右するシチズンサイエンスにおいては，非常に効果的な開発手法といえる．

日本のアカデミアとの相性は悪い？

　一方で，この開発方式は，現在の日本のアカデミアにおいて一般的な請負契約による受託型のソフトウェア開発とは大変に相性が悪い．国立大学などの公的研究機関においてソフトウェアを開発する際には，一般に研究者が作成した仕様書をもとに，請負契約を結んだ開発業者がソフトウェアを開発，納品する．開発は仕様書にもとづいておこなわれるので，受託後の仕様変更が難しく，エンドユーザーによるフィードバックが成果物に反映されにくいという構造がある．ユーザーによるフィードバックが得られたとしても，それを実装に反映するには追加契約が必要になり，しばしば数ヶ月を要してしまう．このように，受託型開発においてはユーザーの要望に機動的に応えるアジャイル開発を実践することはきわめて難しい．

　請負契約から離れてアジャイル開発を実現する方法は二つある．一つはソフトウェアをプロジェクト内部で開発することである．プロジェクトメンバーみずからがソフトウェア開発にあたっている「みんなで翻刻」や，国立天文台の「Galaxy Cruise」はこのケースにあたる．内製開発の場合，ユーザーの要望を数日単位でソフトウェアに反映することも可能であるが，現在のアカデミアにおいて内製が可能な開発者を確保することはそう容易ではない．

　アジャイル開発を実現するもう一つの方法は，外部の開発業者と準委任契約を結ぶことである．準委任契約は，発注者が受託者に特定の作業・業務を委託する契約形態であるが，請負契約と異なり，受託者に仕様書の条件を満たすソフトウェアの完成品を納品する義務は生じない．ただし，「善管注意義務」のもと，受託者には委託された業務を誠実に遂行することが求められる．このように仕様書により業務内容が束縛されないため，準委任契約にあっては柔軟にソフトウェアの開発を進めることが可能であり，アジャイル開発に適した契約方式であると言われる．しかしながら，準委任契約では契約の履行・不履行を客

観的に判断することが難しく，筆者の知る限り，国立大学を含む公的研究機関においてソフトウェア開発に準委任契約が適用されたケースはほとんどない．

　日本のアカデミアにおいて，いまだ IT を活用したシチズンサイエンスやパブリックヒストリーの事例が少ない背景には，上に述べたようなアジャイル開発の実践を阻む構造的問題があるのではないか，と筆者は考えている．英米圏ではシチズンサイエンス・プロジェクトが活発に公開されているが，その大多数はソフトウェアを内製または準委任契約に近い形でエンジニアを雇用し開発していると見られる．詳細についてはまだ筆者の調査が足りていないが，少なくとも仕様書で成果物を明確に規定する請負契約が採用されているようには見えない．

　シチズンサイエンスやパブリックヒューマニティーズのプロジェクトの多くが IT の利用を前提としている以上，その推進のためにはソフトウェアの開発方式や開発者の契約に関わる問題も視野に入れる必要がある．

参考文献
みんなで翻刻 https://honkoku.org/（アクセス日 2023-12-29.）
アジャイルソフトウェア開発宣言 https://agilemanifesto.org/iso/ja/manifesto.html（アクセス日 2023-12-29.）
国立天文台 Galaxy Cruise https://galaxycruise.mtk.nao.ac.jp/（アクセス日 2023-12-29.）

20

#体験する

VRとメタバースを人文学教育に活用する
その方法と課題

矢野浩二朗

はじめに

近年、新型コロナ感染症の拡大により、対面による活動が大きく制限されている。そのため、オンラインでコミュニケーションをとるための手段として、VRやメタバースが注目を集めている。これらの技術は、エンターテインメントからビジネスまで、幅広い分野に応用可能であるが、特に、教育分野での利用が期待されている。VRやメタバースの教育応用というと、現実に「そこにいる」感覚を再現できる（Presence, 臨場感）、コンピュータ上の体を実際の自分の体と同じ感覚で使える（Embodiment, 身体化）といった特徴（Johnson-Glenberg: 2019）を生かしたコンテンツ、例えば医療現場における手技（織田：2021）や溶接などの技能（青山：2022）の訓練や、語学教育への活用（斎藤：2021）が取り上げられることが多い。しかし筆者は、この技術は一般に期待されている以上に人文学教育において有用であると考える。本稿では、VRおよびメタバースの教育利用について概説し、人文学教育での活用の方法と課題について述べる。ただし、著者自身の専門は生命科学、情報科学、教育工学であり、人文学については門外漢である。そのため、本稿における人文学教育の取り上げ方には偏りや誤解が含まれる可能性があることを御理解いただければ幸いである。

VR とメタバース

　VR、すなわち Virtual Reality の Virtual とは、Oxford Learner's Dictionary によれば "made to appear to exist by the use of computer software"、つまりコンピュータによって存在するように見せかけられたものの事を指す。一方、Reality は「現実」なので、VR とは平たく言えば「コンピュータによって合成された現実（感）」をなるだろう。それを視覚で体験するために用いられるのがヘッドマウントディスプレイ（Head Mounted Display, HMD）であり、聴覚で体験するのがヘッドフォン、体性感覚で体験するのがコントローラー、ということになる。一方、メタバースの方は少しややこしい。Metaverse という言葉自体は、ニール・スティーヴンスン（Neal Stephenson）の *Snow Crash* という作品で最初に出てくるものであるが、現在「メタバース」といわれるものは、原義とは異なる文脈で使われることも多いからである。原義を尊重しつつ、マシュー・ボール（Matthew Ball）の定義（Ball: 2022）などを参考に整理すると、メタバースは「アバターとして存在するユーザー同士、あるいはユーザーとモノが相互作用できるオンライン上の大規模な仮想空間であり、その中で経済活動などが行える、現実社会と併存するもう一つの社会」といえるだろう。ただし、これはあくまでも最終的な到達点であり、現状ではメタバースは「マルチユーザーで利用可能なバーチャル（＝コンピューターによって合成された）空間」と同義と考えてよい。ここで重要なのは、どのような形でメタバースを体験するかは規定されていない、ということである。HMD を使って体験すれば高い現実感を得ることが出来るが、そこまでのものを必要としないなら、PC やスマートフォンでアクセスしても良い。メタバースにおいては、あくまでも「場」が重要である、ということを強調したい。

人文学教育における課題

　VR やメタバースを人文学教育に応用する前提として、人文学教育における問題点を整理する必要があるだろう。例えば、モーソンとシャピーロ（Morson and Shapiro: 2017）は、"The Dehumanities" と題した人文学教育に関する記事において、「小説が教える最も重要な教訓は、事実やメッセージではなく、共感や他の視点から

世界を見るというである…また、他の学問分野では共感を推奨することがあるかもしれないが、人文学では共感を実践することができる。」と述べている。また、ブラッドレー（Bradley: 2018）は "The Practical Humanities" と題した記事において、「歴史と文学を学ぶことで、学生たちは、何世代にもわたって指導者や思想家を悩ませてきた人間のジレンマ、逆説、不合理に直面し、職業、政治、社会、文化生活で直面する課題に備えることができる」と述べている。このように、人文学教育においては、人間のさまざまな内面の有り様を追体験することで、それらに対する理解を深めるよう学生を導くことが重要であると考えられる。

人文学教育における VR とメタバースの可能性

　では、VR やメタバースは、どのような形で人文学教育に貢献できるだろうか。人文学教育では、歴史、地理、文化などの文脈を踏まえて理解する必要がある、多様で複雑なトピックを扱うことが重要である。しかし、それらは即物的に有用なものではないため、学生の興味を繋ぎとめるのは容易ではない。VR は学習対象のバックグラウンドを、より没入感のあるリアルな体験として学生に提供することで、学生の興味を引くことが出来る可能性がある（Reisoğlu: 2017）。学生は、歴史、地理、文化をインタラクティブな方法で探求することができ、また議論されているトピックの複雑さを理解しやすくなるだろう。また、VR によるリアルで明敏な体験を通して、学生は自分たちとは異なる文化や人々に対する共感を深めることもできる（Schutte: 2017）。さらに、これはリモート授業での場合であるが、VR は学生間のコラボレーションと会話を促進し、トピックについての議論を深めることも可能になるだろう。

　一方で VR を用いた授業は、HMD など体験用のデバイスを用意することが難しく、一般の学校では導入は容易ではない。その場合、上で述べた学習を行うためのバーチャル空間をメタバースとして提供し、PC やスマートフォンでアクセスできるようにすることにより、GIGA スクールや BYOD（Bring Your Own Device, 生徒自身のデバイスによる学習）を導入している学校で広く利用が可能になる。もちろんこの場合、HMD を通して体験する事に比べると臨場感や没入感の程度

は劣るが、歴史、地理、文化などの文脈を理解するための一助としては十分機能する。むしろ、HMDを使う場合より手軽で疲労感も少ないため、メタバースとして利用する方が、より頻繁かつ長時間にわたって学習が可能になるという利点もある。

VRとメタバースの具体的な活用方法

　ここからは、人文学教育に応用可能なVRやメタバースのコンテンツについて、幾つかの実例を紹介したい。まずVRやメタバースが用いられる最も重要な分野として語学教育があり、既にMondlyなど多くの個人向けアプリや、AEON VRといった商用語学学習サービスが利用できる。これについては斎藤（2021）、Zheng（2022）、Klimova（2021）などで解説されているため、スペースの都合上、ここでは詳細を割愛したい。

　次に重要な分野として、「現代あるいは歴史上の人物の経験の追体験」である。例えば、Planned Parenthood（https://www.plannedparenthood.org/）のAcross The Lineは、アメリカにおける妊娠中絶を希望する女性、中絶医療に携わる医療関係者へのハラスメントの実際の様子を、360度動画とCG（に実際の妊娠中絶反対デモ参加者からの罵声などを組み合わせたもの）によって追体験するものである。これにより、女性たちがいかに過酷なハラスメントを受けているかを、強い心理的インパクトを以って実感することができる。筆者も体験したが、男性の目から見ても非常に恐怖感を覚えるものであった。他にも、Anne Frank House VR（https://annefrank-housevr.com/）は、アンネ・フランクが第二次世界大戦中に使用していたオランダでの隠れ家を再現したものをVRで体験する。アプリ内では、単に隠れ家の様子を見るだけではなく、アンネの日記からの一節とそれの読み上げ音声を用いて、アンネが隠れ家の中を案内

Accross The Lineのウェブサイト

するようなシナリオになっている。それにより、彼女たちがナチスの手から逃れるために隠れることになった経緯、隠れ家の生活をどう感じていたかなどを具体的に知ることができる。この VR アプリを実際に教育に活用する例として、Adelaide 大学

Anne Frank House VR のウェブサイト

が公開している授業案では、アンネの日記や VR アプリなどを組みあわせ、彼女の体験やホロコーストについて議論する流れを示している。

　最後に、「人物」より「場所」に重点をおいたコンテンツとして、「バーチャルフィールドトリップ」が挙げられる。これらは、社会科見学のような形で、さまざまな場所をバーチャル空間として体験できるコンテンツである。たとえば、Google が以前公開していた Google Expeditions では、火山、ゴミ処理場、博物館などを 360 度画像で作られたバーチャル空間として訪問でき、解説を読むことが可能であった。また、それらを用いた授業案も多く制作された（https://www.tes.com/ などでアーカイブされている）。また瀬戸崎と佐藤（2017）は 360 度画像を用いて、浦上天主堂や爆心地など修学旅行で頻繁に訪問される長崎の被爆遺構の見学や被爆体験者の講話を学習できるコンテンツを制作し、平和教育の授業実践を行っている。特に、コロナ感染症の拡大などが原因で、学校やクラス単位での遠隔地へ訪問が難しい状況では、この種の教材の利用価値が大きい。また、こうした学習のために歴史的文化的遺産をバーチャル空間として教材化することは、アーカイブとしての役割も期待できる。特に近年では、バーチャル空間に用いられる 3DCG モデルを Sketchfab（https://sketchfab.com/）などのデータ共有サイトで Creative Commons ライセンスにて配布することも行われるようになっている。例えば、Lancaster（2019）は、地域の高校と連携しながら、オハイオ北東部の旧商店などの建造物やモニュメントをフォトグラメトリにより 3D モデル化し、Sketchfab 上でアーカイブ化している。バーチャル空間を活用した教

育においては、3DCG モデルの確保が律速段階になることが多いため、こうした公開アーカイブの発展は大きな意義があると考えられる。

結語

　以上、VR 及びメタバース、およびそれらを活用した人文学教育の可能性について議論した。VR やメタバースの授業への導入には、単に授業の中でそれらを利用するだけでなく、カリキュラムの中で有効に活用するための学習法略の研究が必要になる。それを進めるには教員が個人で活動するだけでなく、各分野で教員間が協力して教材や実践例の共有が必要であると筆者は考える。そのためにも、VR・メタバース教育のためのコミュニティが活発化することを期待している。

参考文献

青山雄一郎、谷山博昭、川崎仁史「溶接のバーチャルトレーニングシステムによる技能伝承」(『溶接学会誌』91 号、2022 年)

織田順、三苫博「VR/AR 技術を用いたフィードバック動画教材」による「能動型見学実習」の試み」(『医学教育』52 号、2013 年)

斎藤裕紀恵「EdTech の現状と展望：VR, AR, AI 技術の英語教育への応用」(『国際情報学研究』1 号、2021 年)

Ball, Matthew. *The Metaverse: And How It Will Revolutionize Everything.* Liveright Publishing, 2022.

Bradley, Elizabeth H. "The Practical Humanities." *Inside Higher Education.* 2018, https://www.insidehighered.com/views/2018/10/22/humanities-provide-practical-workplace-and-life-skills-opinion, (2024-7-12.)

Johnson-Glenberg, Mina C. "The Necessary Nine: Design Principles for Embodied VR and Active Stem Education." Diáz Paloma et al. ed., *Learning in a Digital World: Perspective on Interactive Technologies for Formal and Informal Education*, Springer, Singapore, 2019, pp. 83–112.

Klimova, Blanka. "Use of Virtual Reality in Non-Native Language Learning and Teaching." *Procedia Computer Science.* vol. 192, 2021, pp. 1385–1392.

Morson, Gary Saul, and Morton Schapiro. "The Dehumanities." *Inside Higher Education.* 2017, https://www.insidehighered.com/views/2017/06/13/scholars-unconvincing-case-about-value-humanities-essay, (2024-7-12.)

Reisoğlu, I., et al. "3D Virtual Learning Environments in Education: A Meta-Review." *Asia Pacific Education Review.* vol. 18, no. 1, 2017, pp. 81–100.

Schutte, Nicola S., and Emma J. Stilinović. "Facilitating Empathy through Virtual Reality." *Motivation and Emotion.* vol. 41, no. 6, 2017, pp. 708–712.

Zheng, Chunping, et al. "Review of the Application of Virtual Reality in Language Education from 2010 to 2020." *Journal of China Computer-Assisted Language Learning.* vol. 2, no. 2, 2022, pp. 299–335.

21

#体験する

ゲームを通じて歴史学者の思考を体験する

池尻良平

　本稿では、歴史学者の「知識」ではなく「思考」を社会に開く意義と、そのメディアとしての「ゲーム」の可能性を論じる。

　著者は、歴史的思考力を育成するためのゲーム教材やデジタル教材を開発し、学校での授業実践を通した効果検証を行っている研究者である。その中で、歴史学者の思考を体験できる学習ゲームを開発・公開したところ、主に学校に対して興味深い開かれ方が見られた。

　そこで本稿では、開発した学習ゲームの概要と狙いを紹介した後、授業で導入した教師のインタビュー結果をもとに、この学習ゲームの何が評価され、どう学校に開かれていったかを描く。最後に本稿の知見をもとに、人文学を社会に開くために今後取り組むべきことをまとめる。

歴史学者の思考を体験できる学習ゲーム「レキシーカー」

　「レキシーカー」は、高校生が歴史的思考を体験できるように開発した学習ゲームである。図のようにウェブサイトで公開しており、誰でもプレイ可能で、10分程度でクリアできるようになっている。産業革命期の労働問題をテーマにしており、高校の必修科目「歴史総合」の初期において、歴史資料を用いた歴史的思考を体験して学び、その後の授業で活かしてもらうことを狙っている。

　レキシーカーは、歴史の本や教科書がなくなったフィクションの世界におい

1　レキシーカーのウェブサイト https://rekiseeker.net（パソコン推奨）

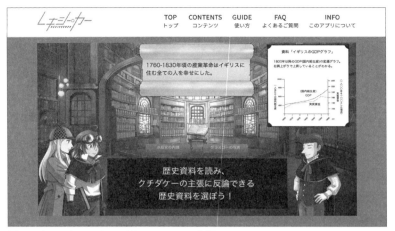

図　レキシーカーのウェブサイトとゲーム画面

て、残っていた歴史資料を使って人類の歴史をもう一度まとめる「ガッカイ」という機関を舞台にしている。ガッカイでは、歴史資料を発掘しながら歴史(Rekishi)を捜索する者(Seeker)、通称「レキシーカー」が歴史の推理を競い合い、より妥当と判断された方が「歴史」に記されるというルールになっている。プレイヤーは、歴史資料の発掘は得意だが推理が苦手なキャラクター(図の左から2番目)を操作し、歴史資料の発掘は苦手だが説得的な推理が得意な敵キャラクター(図の右)に、推理バトルで挑むというシナリオになっている。推理バトルでは、まず図のように敵キャラクターが誤った歴史的思考を披露する。プレイヤーはその誤りに気づき、歴史資料を駆使してより妥当な歴史的思考を披露できればクリアになる。

　この学習ゲームのポイントは、歴史学者と初学者(高校生など)を比較した熟達者研究の知見を用いている点である。具体的には、複数の歴史資料を用いて推論した場合、歴史学者は歴史資料の出所に注目でき、歴史資料を当時の文脈に位置づけられ、複数の歴史資料による確証化ができる一方、高校生だと難しいことがわかっている(Wineburg：1991)。つまり、この3つは歴史的思考においてつまずきやすいポイントなのである。そこで図のように、敵キャラクターに

この誤った歴史的思考をさせ、プレイヤーに誤りを発見させることで、つまずきやすいポイントを確実に乗り越えられるように設計している。これが、レキシーカーの教育的な仕掛けである。このように、登場人物や舞台設定はフィクションだが、歴史的思考と歴史資料はホンモノにしている点が、この学習ゲームの特徴である。

レキシーカーは社会にどう開かれていったか

レキシーカーは 2021 年に高校生を対象にした効果検証を行い、歴史的思考力の向上に効果があることを確認した。そこで 2022 年 4 月に著者のウェブサイトで公開し、SNS で発信したところ、普段に比べて大きい反響があった。興味深かったのは、歴史教育には直接関係がない人も関心を示して体験し、感想と一緒にさらにレキシーカーを広めてくれた点である。この点は後で考察する。

その後しばらくすると、各地の教師から「レキシーカーを授業で使いました」と言われることが増えていった。そこで、レキシーカーが学校にどう開かれていったかを知るために、実際に学校で使用した 2 人の高校の歴史の教師に対し、レキシーカーのどこを評価したのか、なぜ導入しようと思ったのかをインタビューした。その結果、どちらの教師も言及していた内容で興味深いことが 2 つあった。

1 つ目は、授業で歴史学者の思考を体験させられるメディアの価値を高く評価していた点である。どちらの教師も歴史の教材研究には熱心で、普段から歴史の本、一次史料、映像などを集めて授業で用いていた。しかし、歴史資料を用いた思考そのものを体験させられる教材は少なく、どちらの教師もそれが導入理由につながっていた。例えば、X 教師は「（レキシーカーは）歴史的な思考力とか資料というものを、ちゃんと客観的に根拠をもって判断するとかっていうのが全部埋め込まれている」点を評価していた。特に、同じペースで均等に生徒に体験させられる点を評価していた。教師 Y も「主張、根拠、反論、さらに主張、根拠、反論とかっていうセットが常に応酬されていくので、生徒もやりながら実感が少し湧いたんじゃないか」と評価し、学習ゲームと類似した型の

レポートを書かせる授業につなげていた。

2つ目は、ゲームのフィクション部分も、教育的な観点から評価されていた点である。例えば教師Xは「鎌倉時代の源頼朝の手紙を見て、パッと舞台設定が頭の中にできるって、それってたぶん歴史学者ぐらいじゃないとできないと思うんですよ」と述べた上で、「(レキシーカーは)カラーで、キャラが出てきてという舞台設定なんかが、パッと生徒の中に入るんだと思うんです。…いきなりその世界に没入できるというか…足場になる」と評価していた。つまり、歴史学者の思考に入るまでの教育的な足場としてフィクションが評価されていたのである。また、レキシーカーでは、歴史資料を当時の文脈ではなく現代の文脈で解釈してしまっているという誤りを正しく指摘できた場合は「バイアス!」という決め台詞が出るようになっているが、教師Yは「(生徒は)「バイアス!」とかそういう台詞はすごい、その時は笑っていた。…それが大事なんだなというのをシンプルに受け止めやすくなった」と評価していた。このように、複雑で理解しにくい歴史的思考を認識する際、たとえフィクションの台詞であったとしても、それを印象的な言葉に落とし込んで認識が促進されるのであれば、それは高校生に対して歴史学者の思考を開いていくことにつながったのだと考えられる。

総合すると、歴史学者の思考が体験できるメディアは社会的にも希少性が高く、社会に開かれていく潜在的な力があったといえる。特に歴史的思考力の育成が求められる学校に対しては、その潜在的な力はより大きかったといえる。しかし、歴史学者の思考を生のまま開いても高校生にとっては理解が難しい部分が残る。それに対して、教育的に効果のあるフィクションをゲームに織り交ぜることで、レキシーカーはより高校生に開かれたメディアになりえたのだと考えられる。

人文学を社会に開くために

本稿では歴史学者の思考をゲーム化した場合、学校に対してどう開かれたかを紹介してきたが、最後に、人文学を社会に開くために今後取り組むべきこと

をまとめる。

1つ目は、人文学者の「思考」を可視化することである。SNSの反響や、レキシーカーを使っている高校生の様子を見ても、人文学者の思考は社会的に希少性が高く、純粋に興味を持ってもらえる潜在的な力がある。もちろん人文学者が生み出した「知識」を社会に開くことも重要であるが、その知識を生み出すに至った「思考」そのものを社会に開くことについても、同じくらい積極的に取り組むべきである。その際、本稿でも紹介した熟達者研究は、人文学者の思考を明らかにするための有効な手段になるだろう。

2つ目は、人文学者の思考を「体験」できるメディアを創造することである。人文学者の思考は複雑で暗黙知になっている部分も多いため、言語化しようとしてもしきれない部分が残り、結果的に文字だけでは読者が十分に理解できなくなることがありえる。そのため、文字で伝達する方法に加え、言語化しにくい部分も丸ごと体験させて理解を促すメディアをもっと創造すべきである。その際、舞台設定や理想的なやり取りを表現でき、個人のペースで体験させられるゲームは、思考の体験と相性の良いメディアといえるだろう。

以上が、本稿で伝えたいことを文字でまとめたものだが、本稿は読者によるレキシーカーのゲーム体験をもって結びとさせていただきたい。本稿の文字とゲームの体験を重ねることで、より一層「ゲームを通じて歴史学者の思考を体験する」を味わっていただければ幸いである。

本研究の一部は、科学研究費助成事業平成30年度基盤研究（C）（18K02892）「理想的な歴史的思考を段階的に体験できるデジタルゲーム教材の開発と評価」の助成を受けたものです。また、インタビューにご協力いただいた教師X、教師Yの二名に厚く御礼申し上げます。

参考文献

Wineburg, S. Historical Problem Solving: A Study of the Cognitive Processes Used in the Evaluation of Documentary and Pictorial Evidence. *Journal of educational Psychology*. 1991, 83, 73-87.

22

#体験する

街歩きを通じた人文学の発信
「まいまい京都」での実践を通じて

福島幸宏

はじめに

本稿は、地図資料と街歩きの幸運な出会いの物語である。

デジタライゼーションされた地図が、文化資源が重層的に蓄積されている地であり、観光地でもある京都の街歩きに、十二分に活用されている、という事例を対象とする。本書のテーマに引き付ければ、人文学の主要な研究対象でもあり、また人文学的知の集積が表される地図が、デジタル化されてweb公開されたあと、どのように活用されたか、を筆者自身の実践を通じて紹介することになる。

また、舞台である京都は、非常に魅力的な街であるが、魅力的であるからこそ、観光に訪れる人々のみならず、住まっている人々、深く関係している人々でも、それぞれの観点からの固定的なイメージを持ちがちである。一般的には、大きな寺院や神社、伝統工芸や茶道などに代表される日本独特の古くからの生活様式を良く残している、などが、日本の古都である京都の主要なイメージであろう。

だが、実際に150万の人々が生活している現代都市京都は、まさに本稿で取り上げる地図資料である「京都市明細図」が成立した1920年代から1950年代に、その基盤が形成された。その意味で、「京都市明細図」は「ありきたりの京都」ではない、まさに現代都市である京都を、その生活に寄り添って歩くのにふさわしい素材となっている。

1 京都市明細図とは

では、「京都市明細図」とはどのような地図資料であろうか。1927 年に大日本聯合火災保険協会が、保険料率の計算のために作成したもので、この時期から世界中の都市で作成された火災保険図（fire insurance map）の一種である。作成時の京都市域（東は東山の山麓まで、西は西大路通付近、南は十条通付近、北は北山通付近）を 288 区域に分割して作成されている。一枚の縮尺は 1200 分の 1 で、それぞれの大きさは、ほぼ 38cm × 54cm でそろっている。つまり、住宅地図のような精度の地図が 300 枚近く印刷物として作成され、それが 1 セットとなっている。

現在、この「京都市明細図」は 3 セット確認されている。京都府のアーカイブ機関である京都府立京都学・歴彩館が所蔵しているもの、京都市南区の東八条に所在し近代には府会議員も輩出した長谷川家が所蔵しているもの、京都市のアーカイブ機関である京都市歴史資料館が所蔵しているもの、である。このうち、京都府立京都学・歴彩館と長谷川家が所蔵している資料は、デジタル化されて立命館大学アート・リサーチセンターが運営する「近代京都オーバーレイマップ」に搭載されている。このマップは、google マップをベースにして、8 種の近代京都のベースマップを重ね合わせたもので、各図の透明度を簡単に変更することで、それぞれの比較等が容易に行えるようになっているものである。本稿では、特に京都学・歴彩館所蔵資料を取り上げる。改称以前の施設の名称から、京都府立総合資料館版と呼ばれているものになる。なぜ特にこの資料に注目するのか。この版には京都府の担当者が都市政策のために利用したと思われる書き込みや着色が全面にわたって施されているからである。この書き込みのそのほとんどは、第二次世界大戦後、日本がまだ占領下にあった 1950 ～ 1951 年に集中していると考えられる。この数年間は、現代京都の起点になった時期とも考えられる。

日本の主要都市は 1945 年 3 月以降、空襲でほぼ壊滅したが、大規模軍事拠点であった広島が 1945 年 8 月 6 日までほぼ無傷であったことと同様に、京都はアメリカの原子爆弾の標的とされていたために、大きな爆撃を受けることはなかっ

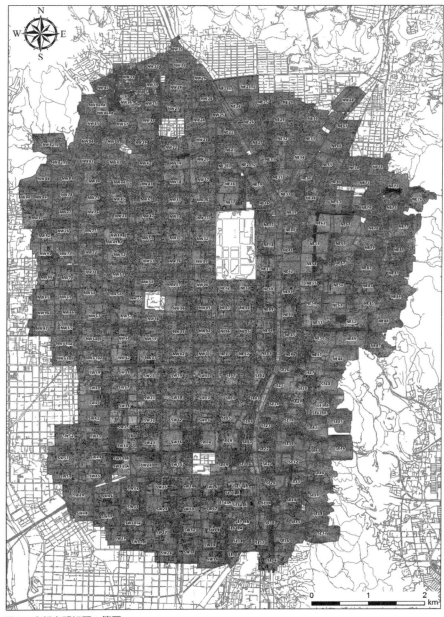

図1 京都市明細図の範囲

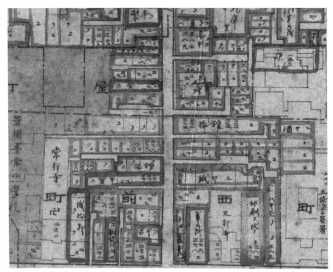
図2　仏光寺高倉付近

た。しかし、1944年以降、来るべき空襲に備え、延焼を防ぎ消火活動を行って被害を最小限にとどめるために、その障害となる建物を取り壊していった。この建物疎開によって、京都では最終的に2万戸が取り壊されることになる。戦後、これらの跡地をどうするか、そして、軍隊という非常に大きな社会装置を失った都市をどのように再建をしていくか、その二つの意味で、この時期は現代都市京都の基盤が作られた時期である。その検討の結果、疎開跡地の多くは、現在も使われている大きな幹線道路や公園となっていくが、「京都市明細図」は戦後の都市計画の参考資料としても使われたのではないかと推測される。

2　まいまい京都とは

　ここからは、京都での街歩きのプロジェクトについて紹介する。現在、行政や旅行会社、また有志が行っているものは沢山あるが、そのなかで最大のものは、合同会社まいまいが行っている「まいまい京都」というプロジェクトであろう。
　「まいまい」とは「うろうろする」という意味の言葉を由来としている。15〜20人程度の少人数にガイド1名とスタッフ2名がつき、2時間から3時間程

度で街なかの案内を行っている。このプロジェクトは、2011年3月に開始され、2012年には218ツアーが実施された。しかし、2023年には、211名のガイドにより1258ツアーを開催し、延18394人が参加した、という実績となっている。当初は京都の街の住人がガイドをするというコンセプトであったが、発足後数年後からさまざまな分野の研究者の参加も増えてきている。コースの内容は非常に多様である。街の住人が案内する地域の暮らしや風習を対象にしたもの、土地の微かな高さ低さにこだわったもの、建物や土木建築にこだわったもの、などである。共通しているのは、どのツアーでも地図は重要な要素になっている点である。「京都市明細図」もその当初はまいまい京都のさまざまなガイドが街歩きの参考資料として利活用したことが、利用拡大のきっかけともなった。また、その前提に、事実上のCC BYを宣言していたことも大きいと考えられる（現在はCC BY（2.0）を明示）。

　参加者層で興味深い点が二つある。一つは40パーセントほどの参加者が、東京など、旅行を伴わないと参加できない地域の居住者で占められていることである。参加者に直接聞き取りすると、土日の午前午後、4回のツアーに参加している事例も多い。つまり、関東などから京都に宿泊して参加しているのである。また、70パーセントが単独で参加している。家族や知人と一緒に楽しむことに主眼があるというよりは、街を歩くこと自体を目的としている層が多いのである。この二点から、最初に述べた「ありきたりの京都」に飽きてしまって、京都をより深く、多面的に知りたい人々が参加者層となっていると推測できる。人文学知の最初の宛先となるべき人々が集まっているともいえる。

3　筆者の実践から

　筆者はこの「まいまい京都」に、ガイドとして2012年10月から30回以上参加している。毎回20名程度は案内しているため、延600名前後を対象にガイドしたことになろう。筆者のツアーは、「京都市明細図」の性格とその魅力を知ってもらうため、ということを個人的な目標としている。現在は「【京都市明細図】研究者と巡る、京都市明細図に描かれた占領下の京都〜あのファッションビル

が米軍司令部！繁華街に残る闇市のなごり〜」「【京都市明細図・東山編】研究者と巡る、京都市明細図に描かれた戦中戦後の京都〜赤線地帯の残り香、壊された膨大な民家、消えた川を辿って馬町空襲まで〜」という二つのツアーを行っている。なお、「京都市明細図」は京都府立総合資料館の書庫で、当時同館に勤務していた筆者が 2010 年秋に「発見」して公開し、2011 年春には立命館大学地理学研究室によってデジタル化が完了し、同年 7 月から web 公開を行った。それから 1 年程度でガイドの依頼があったということになる。

　前者のコースは、京都の街の繁華街のど真ん中を歩くコースとなっている。京都の中心の交差点の一つである四条烏丸を起点とし、占領軍司令部跡、占領軍関係者が作った図書館、証券街の跡、建物疎開跡の公園、戦後の闇市の痕跡などをたどる。参加者には「京都市明細図」の当該地域のコピーを配り、参加者自らもデバイスでデジタル画像を参照しつつ、ポイントポイントを説明して、2 時間程度で歩いている。

図3　まいまい京都のツアー案内

「まいまい京都」に限らないが、街歩きのプロジェクトは、ガイド側に地図の読みを深めることが求められる。例えば先述の「証券街の跡」は四条烏丸の北東部となる。現在は京都を代表するデパート、大丸京都店があり、その周辺に飲食店が立ちならんでいる。しかし、20世紀初頭から半世紀ほど、この地域は京都における証券取引の中心地であった。しかし、ツアー当初、2012年から2014年ぐらいまで、ここの説明はごく簡単な「昔ここは証券街だったのですよ」という程度の平板なものであった。参加者のアンケートでも、この場所に触れたものはなかった。しかし、2015年のコースを準備する段階で、普段は人が通らない、少し入り込んだ大丸京都店のトラックヤードの前に「京はま稲荷」という小さな神社があることに気がつき、ストーリーを大きく展開することができた。「京」は京都の京、「はま」は大阪で証券取引をする場所が「北浜」であったことから来ている。そして「稲荷」は相場の神でもある。つまり「京都の証券取引関係者がその商業的成功を祈る神社」という社号で、実際に証券関係者によって取引所が廃止されてからも長く守り続けられてきた（その後、2024年春にこの神社の敷地は駐車場となっている）。

　この「京はま稲荷」をコースに組み込み説明を施すことで、周辺に現存する証券会社が入居していたビルなども説明することができるようになった。結果として、地域のイメージも重層的に提示することとなった。そして参加者からのこの場所や周辺地域への反応も、確かに多くなっている。証券街から飲食街へという変化、そしてその中に象徴的な痕跡が残っていた、という事実に興味ひかれるようである。

　また、「ありきたりの京都」に飽きてしまっている参加者が多いため、参加者からのフィードバックも非常に高度で貴重なものとなっている。参加者からの質問や情報提供を受け、次回の説明に活かすということは幾度となくある。つまり、人文学の成果を発信するとともに、その返信を受けているのである。ここにおいて、街歩きプロジェクトは人文学を巡っての交通の場ともなっている。

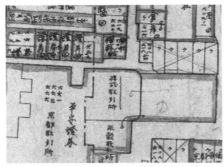

図 4-a　京はま稲荷　　　　　　　図 4-b　京はま稲荷

図 4-c　京はま稲荷

まとめ

　この「京都市明細図」は街歩きへの活用以外にも、都市計画研究、近代建築研究、花街研究などにひろく活用され、いまや、京都研究の基礎資料となっている。冒頭で述べたような、人文学的知の集積が表される地図が web 公開されたあと、街歩きに活用されるなかで、その学知の発信が行われている事例を紹介した。

　街歩きと地図の幸運な出会いの物語は以上である。今後もその出会いは広く深くなっていくだろう。

※本稿は、2018 年 3 月 4 日に立命館大学文学部地理学教室主催で開催された「2017 年度　国際ワークショップ「日本の古地図ポータルサイト」」で報告した内容をもとにしている。

参考文献

赤澤史朗「占領軍と京都 (一)」(『立命館法学』250 号、1996 年)

井ヶ田良治・原田久美子編『京都府の百年』(山川出版社、1993 年)

牛垣雄矢「昭和期における大縮尺地図としての火災保険特殊地図の特色とその利用」(『歴史地理学』vol.47 no.5、2005 年)

梅林秀行『京都の凸凹を歩く－高低差に隠された古都の秘密』(青幻社、2016 年)

加藤政洋・住沢杏子・福島幸宏「『京都市明細図』における地図表現の特色とその精度に関する予察ー「紫区画」に着目してー」(『立命館大学人文科学研究所紀要』103、2014 年)

川口朋子『建物疎開と都市防空：「非戦災都市」京都の戦中・戦後』(京都大学学術出版会、2014 年)

京都府立京都学・歴彩館 . " 京の記憶アーカイブ　京都市明細図 ". http://www.archives.kyoto.jp/websearchpe/list/;jsessionid=A6E70A8738547A84936DDC99DC9B61E1, (アクセス日：2024-9-1.)

京都民報社編『戦後京都のあゆみ』(かもがわ出版、1988 年)

近代京都プロジェクト『近代京都の絵図・地図』(佛教大学総合研究所、2016 年)

今まど子「京都にクルーガー図書館があった」(『紀要 社会学科』8 (中央大学文学部)、1998 年)

西川祐行『古都の占領－生活史からみる京都 1945 － 1952』(平凡社、2017 年)

福島幸宏・赤石直美・瀬戸寿一・矢野桂司「「京都市明細図」を読む－いくつかの素材の提示として」『メディアに描かれた京都の様態に関する学際的研究　平成 23 年度京都府立大学地域貢献型特別研究（ACTR）研究成果報告書』(京都府立大学、2012 年)

福島幸宏「京都府立総合資料館所蔵の占領期行政文書と地図について」(『アリーナ (特集 占領期京都を考える)』15 号、2013 年)

福島幸宏「占領期都市空間研究のためのアーカイブズ」小林宣之・玉田浩之編『占領期の都市空間を考える』(水声社、2020 年)

山近博義「京都市明細図の作製および利用過程に関する一考察」(『大阪教育大学紀要第Ⅱ部門』64-1、2015 年)

立命館大学アート・リサーチセンター . " 近代京都オーバーレイマップ ". https://www.arc.ritsumei.ac.jp/archive01/theater/html/ModernKyoto/, (アクセス日：2024-9-1.)

立命館大学産業社会学部鈴木良ゼミナール『占領下の京都』(文理閣、1991 年)

渡邉秀一「京都市明細図の作成に関する遡及的検討」(『佛教大学　歴史学部論集』10 号、2020 年)

23

#活かす

文化人類学の「応用」としての起業と実践

大川内直子

起業に至る経緯

　アメリカでは文化人類学者がビジネスの世界でも活躍していると知ったのは、確か大学四年のときだった。学部の後期課程に進む際、もともと勉強していた理系の研究分野とは全く異なる文化人類学を選んだ私は、マリノフスキーやエヴァンズ＝プリチャードといった古典を読みながら基礎を修める日々を送っており、自分と同時代の人類学者たちがどこでどのような仕事をしているかを真剣に考えたこともなかった。そんななかで冒頭のことを知ったのだが、大学に身を置いて人類学の文献を読んでいる限り、この学問にロマンは感じれど、実学としてビジネスに応用されるという実感は全く湧いてこなかった。

　そのまま大学院へ進み、自分は大学に残り続けるのだろうと漠然と思っていた折に、ひょんなことから「文化人類学×ビジネス」を実践する機会を得た。あの Google が、「日本人がどのようにスマートフォンを使っているか」を理解するために、文化人類学の方法論で調査できる人を探しているというのである。私は早速国内でフィールドワークを始めた。いろいろな属性のインフォーマントの自宅を訪れてはスマホを使う様子（そして使わない様子）を観察したり、話を聞いたり、一緒に街に出たり。こうした泥臭い調査は半年近く続いた。

　この調査やそれに続く分析自体が面白かったのはもちろんのこと、何よりも痛快に感じたのは、Google という世界最先端の IT 企業、ありとあらゆるデータを駆使して分析できないことはないとすら思われる企業に、（いかにも役に立たな

さそうな）文化人類学が提供できる新たな知見があるという事実であった。そして手前味噌ながら、自身の調査結果からも、あの泥臭いフィールドワークにこそ意味があったのだと言えるような手応えを得ていた。

　自分が調査した結果がなにかに役立っていると実感できたことは、大学にとどまって研究を続けるのではなく、外の世界に文化人類学を応用してみたいと考える契機となった。（もちろん、いまも当時も学問が即座に社会の役に立たなければならないとは全く思わない。むしろ、複雑な社会・自然環境の中で研究の投資対効果を短期的に測ろうとする姿勢は危険だ。）

　そこで2018年、私は、文化人類学の理論や方法論に基づくリサーチを実施する株式会社アイデアファンドを設立した。

　ちなみに、起業というとリスキーで大胆な決断に思われるかもしれないが、実は大学院での研究内容がその意思決定に至る補助線になっている。私は東京大学産学連携本部や東大発のバイオベンチャーであるペプチドリーム社についての調査を通じて、自然科学の発見がどのようにして商業的な価値を見いだされ、アカデミアからビジネスの世界へと"翻訳"されていくのかを研究していた。理系の研究をベースにした起業の事例は多いが、文系、特に人文系の研究をベースにしたそれは極めて少ない。そんな中で私が起業という決断に至ったのは、自分の研究を通じて、自然科学の応用とパラレルなものとして、文化人類学の応用を捉えていたからだ。

アイデア資本主義——文化人類学が求められ始めた背景

　アイデアファンドの設立に至る経緯からもおわかりいただけるように、当時は日本で文化人類学をビジネスに応用しようという例はほとんどなかった。それもあって、こうした取り組みの進んでいる欧米のクライアントを中心に事業を展開していった。しかし設立から設立から7年弱（2024年10月時点）が経ったいま、気づけば日本の大企業からも「文化人類学を生かしたリサーチについて聞いてみたい」、「自社の抱えている本当の課題を知るためには、文化人類学の手法が有効なのではないか」というような声が頻繁にかかるようになった。

大川内直子『アイデア資本主義』（実業之日本社、2021年）

　こうした変化——社会的なムーヴメントというよりはまだ萌芽的な変化だが、質的には非常に大きな変化に思われる——の背景には、日本経済に漂う停滞感とそれに対して日本の大企業が抱く危機感があるように思う。拙著『アイデア資本主義』でも取り上げたように、事業づくりにおいても組織づくりにおいても、「これまでのやり方が通用しなくなってきた」のが現在であり、その閉塞感を打ち破るものとして文化人類学に注目が集まっているように思われるのである。

　資本主義のフロンティアが地球上からほとんど消え去り、顕在ニーズが満たされ尽くしている現代では、消費者アンケートなどの結果をそのまま取り入れて商品を作っても人々が「本当に欲しいもの」が出来上がることはまずない。そうした環境でビジネスをしようとすれば、彼らが「言っていること」を鵜呑みにするのではなく、「していること」を注意深く観察し、そこにどのような意味合いがあるのかを徹底的に洞察することが重要だ。

　昨今ややバズワード化している「インサイト」は、本来こうした深い洞察を指す。文化人類学はその歴史を通じて「他者」についての学問であったが、「他者」を理解するなかで「自己」についても批判的に見つめ直すことを可能にしてきた側面がある。[1]この両側面が、文化人類学を応用せんとする私達の実践の中でも感じられる。例えば、事業開発において「他者」としての潜在顧客についての洞察を深めると同時に、自分たちが無意識のうちに彼らに対して抱いていた先入観が浮き彫りになり、考え方に変化が生じる。あるいは、会社の生産性が低下しているとすれば、フィールドワークによってコーポレート・カルチャーを調査し、他社と比較しながらその特徴を洞察することで、自社の強みを活かしながら弱みを補強するための打ち手が見えてくる。

1　グローバル化のますます進む現代社会では、「他者」と「自己」を明確に切り分けることはますます難しくなってきている。

事例1　ワクチン忌避はどう生じるか

　それでは、アイデアファンドで私達が日々どういう仕事にあたっているか、その一端をご紹介したい。

　1つ目は、ワクチン忌避についてのリサーチだ。新型コロナウイルスの流行によって、ワクチンは一躍社会の関心事となった。接種券はいつ届くのか、安全性や副反応はどうなっている

ワクチン忌避に関する文化人類学的調査

のか、効果はいつまで続くのか……。この原稿を書いているいまでは単に「ワクチン」と言うと新型コロナのワクチンを指すような状況だ。しかし、新型コロナの流行前から、ワクチンは私達にとって身近なものであったはずだ。例えばB型肝炎やBCG、おたふくかぜといった乳幼児期に接種するワクチン、そして季節性インフルエンザのワクチン。

　こうしたさまざまなワクチンを「打つ人」と「打たない人」がいるのはどうしてか。ワクチンを受け入れるか、忌避するか、拒否するかは、国や地域によって異なるのか。その差異はどのように生じているのか。こうしたことを知り、公衆衛生政策に役立てるために、私達は調査を実施した。

　まずは医師をはじめとする本領域の専門家に、日本を含む各国のワクチン忌避の実態や接種促進につながりうる制度・環境についてヒアリングを行った。次に、ヒアリングの結果を踏まえ広くアンケートを実施。各種ワクチンの接種状況などを幅広く調査するとともに、ワクチン忌避傾向のある人たちを特定し、次のステップのインフォーマント候補とした。こうしたプロセスを経て定性調査の対象となった42名と、ワクチンの安全性や費用について、医師や看護師との関係性について、あるいは家庭での医療やメディアの捉え方といったさまざまなテーマについての対話を、毎日、3週間かけて行った。この調査では、リサーチャーからインフォーマントへ質問して答えてもらうだけでなく、インフォーマント同士での自由な会話もなされ、こうしたことのすべてが分析対象となっ

た。

　この調査によって、ワクチン接種の意思決定に種々の文化的な要素が影響を与えるということ、特に、人々が家族や身近な友人といったミクロなネットワークにおけるコミュニケーションを通じて「（主観的な）ワクチンのリスク」を推し量っているということなどが明らかになった。

事例2　新しい調査手法の探求

　次に、文化人類学を社会のなかで応用していくにあたっての、新しい調査手法の検討・開発について手短に紹介したい。

　ビジネスの世界に文化人類学の手法をどのように当てはめうるかという問題は、ビジネス人類学では「あるある」だ。最もよく聞くのは、調査期間の短さについての悩みである。アカデミアでは1〜2年かけて調査を行うことも珍しくないのに対して、ビジネスの世界では環境が変化するスピードや予算といった制約から、数ヶ月あるいは数週間で調査を終えなければならないのが通例である。限られた期間でどのように文化人類学的な調査を実施すれば効果が得られるか、私達はいつも頭を悩ませている。

　文化人類学のものの見方がビジネスシーンでも有用であるというのは日々感じるところだが、方法をそのまま適用できないというのもまた事実。そんな中で、私達はビジネスサイドのニーズに応えうる新しい調査手法を研究・開発してきた。

　その一つが「データ・エスノグラフィー」である。これは、消費者の購買データ、メディア接触ログ、位置情報といったさまざまなデータを組み合わせることで消費者ひとりひとりの生活のあらゆる側面を再現し、そのデータをフィールドに見立

データ・エスノグラフィーによる生活者理解

ててフィールドワークを行う手法である。

ビッグデータを数理的に処理すれば全体の傾向は把握できるが、フィールドワークの対象とすることでそうした全体に還元されない「兆し」を捉えることが可能になる。また、この手法は通常のフィールドワークが前提とする同時性、同所性の制約からも私達を自由にする。注目すべき事象を特定したら、時空をさかのぼってその事象を再現し調査するということもいまや不可能ではない。もちろん一日でより長い期間の調査を行うことも可能だから、調査期間の問題解決にもなっている。

事例3　文化人類学のアウトリーチ

科学技術の分野では、研究者が研究成果を人々に周知することで研究活動や科学技術への興味や関心を高める活動をアウトリーチと呼ぶ。アウトリーチが盛んになってきた背景には、科学技術の専門分化、高度化が進んだことで専門外の人にとっては研究内容の理解が難しくなったことがある。

しかし、これは科学技術に限った話ではない。文化人類学も多くのビジネスパーソンにとってはまだ「どんなものかよくわからない」というのが実情だ。そこで、私達は一般のビジネスパーソンを対象として、科学技術におけるアウトリーチの文化人類学版とも言える活動を行ってきた。

例えば、文化人類学やエスノグラフィーとはなにか、ビジネスに応用した事例にはどんなものがあるのかといったことをテーマに、丸一日かけてエスノグラフィーに触れたり参加者自ら示唆を導いたりしてみる講座を、数ヶ月〜半年に一度開いている。

今後の展望

先に述べたように、ここ数年で、社会の閉塞感を打破しうるものとして文化人類学に関心が寄せられるようになってきた。文化人類学者を採用したいという企業も少ないながら出てきており、私が学生だった頃とは大分変わったなという感慨がある。2018 年にゼロから始めたアイデアファンドは、特段売り込み

をすることもなく面白い調査に携わりつづけて今に至る。これも、こうした変化を象徴していると思う。

　一方で、私達の社会は数字で表せない重要な事実、重要なインサイトをどう扱うかということについては、いまだに大変不得手であるとも感じる。ともすれば、数字は、――それがどんな出自であっても――客観的な真実のように思われ、数字で表わせない知見はそうではないとされてしまう。

　しかしこのままでは、アイデアの時代を生き抜いていくことはできない。文化人類学の調査を通じて見つかった兆しやインサイトを、数字を中心に成り立ってきた現代の企業経営がうまく取り扱えるようにするにはどうすればいいのか。これからも手探りで挑戦し続けようと思う。

参考文献
大川内直子『アイデア資本主義』（実業之日本社、2021 年）

24

#活かす

AMANE の取り組み
人文系学術専門人材が活躍できる社会の実現を目指して

堀井　洋

はじめに

　本稿では、「人文学を社会にどのように開いていくのか」というテーマについて、人文学分野をフィールドとした学術企業である合同会社 AMANE（以下、AMANE）の設立に至った経緯と、活動の紹介および今後の人文系学術専門人材に関する展望を中心に記す。

合同会社 AMANE 設立の経緯

　AMANE は、2009 年に研究者らによって設立された大学発ベンチャー企業である。代表社員であり創設メンバーの一人である堀井洋は、北陸先端科学技術大学院大学において、アルツハイマー型認知症を対象とした早期診断支援プロトコルの開発を目的とした医療情報分野の研究プロジェクトに従事していた。その一環で得られたセマンティック Web 技術などの医療分野外への応用として、人文学分野（歴史学）への適用の可能性を模索したことが、AMANE 設立の発端である。

　この人文学分野へのセマンティック Web 技術適用の試みは、北陸先端科学技術大学院大学に所属する理工系研究者および金沢星稜大学に所属する観光情報学分野の研究者、金沢大学に所属する文献史学の研究者、地元企業関係者による文理融合研究プロジェクト「遍（あまね）プロジェクト」として 2006 年にスタートした。「遍プロジェクト」では、幕末金沢の町人が記した日記史料である

「梅田日記」の翻刻およびデジタル化とその内容をもとにした「梅田日記ブログ」を作成し公開を行った。同ブログは、江戸時代の日記をブログ形式で発信する試みであり、2007年当時ではまだ少なかった古文書をもとにした活用事例であった。さらに、観光事業者と連携した梅田日記を題材とした学術観光ツアーの実施や、地元金沢市内の飲食業者およびフードコーディネーターの協力により、梅田日記に記述がある料理を再現し、歴史学者の解説とともに食事を楽しむイベント「遍夜」（あまねないと）の開催を行った。

　これらの活動により得られた成果・経験から、今後の社会において地域資料を積極的に継承および活用していくためには、歴史学的な専門知識および能力にとどまらず、地域資料のデジタル化・デジタルアーカイブ公開に関する技術、さらに地域資料の社会における活用などを実現するための事業構築能力が必要となるであろうことが明らかとなった。そして、これらの多様かつ複合的な専門能力を持続的に提供可能な事業組織が不可欠であり、そのニーズは今後ますます増加することが予想されたことから、「遍プロジェクト」を大学発ベンチャー「合同会社AMANE」として2009年に事業組織化した。

AMANEの活動内容：歴史資料の調査・整理

　AMANEの活動内容は実物資料の調査・整理からデジタルデータの生成・デジタルアーカイブの構築支援など多岐にわたるが、本稿では歴史資料の調査・整理を中心に述べる。

　古文書や民具などの所謂「歴史資料」と一般に称される地域資料は、日本各地に現存し、地域および社会のアイデンティとして高い価値を有する文化資源である。それら歴史資料は主に博物館・図書館や大学などの学術機関において整理・所蔵されているが、現実には物理的な分類・仕分けが未実施であり、かつ資料目録も存在しない"未整理"な資料が多数存在する。これら未整理資料については、資料の種類・形態・時代なども非常に多様であり、文書資料であれば長持（ながもち）や段ボール箱などに入った、大量かつ雑多な状態で発見されることも珍しくない。さらに、それらの未整理資料の所蔵環境は個人宅や閉鎖

岩手県奥州市での文書・民具資料調査の様子

された公共施設・寺社の一角など、必ずしも理想的な環境条件下でないこともしばしばである。しかしながら、博物館などに所蔵されている資料と同様に、学術資料・文化財として重要な情報が未整理資料には含まれている可能性が高く、さらに地域や組織など、資料と所蔵場所とのつながりを定義するためにも、それらの整理・保存は重要な課題である。

具体的な歴史資料の整理・保存については、これまで数多くの研究や知見の集積が行われてきたが、作業の構成は「物理的な整理」と「情報的な整理」の二つに大別することができる。「物理的な整理」については、未整理な"塊"としての資料群から、予め定めた粒度（1点とする資料の数・大きさ）と整理規則に従って、1点毎に分離し保存措置を行う。例えば、古文書などの文書資料の場合では、書簡などを1点毎に中性紙封筒に入れて保存する作業が「物理的な整理」に相当する。前述した未整理資料を対象とした整理作業では、虫害や水損など資料の状態が不良なケースも多々あり、保存状況および資料の状態に応じた適切な保存措置を実施することも求められる。「情報的な整理」については、所蔵されていた状態・環境（現秩序）を正確に記録すること、資料の存在を肯定するための固有な資料IDを資料ごとに付与することなどが挙げられる。さらに、資料の外観を撮影し、形態や内容・来歴などの情報をメタデータとして記録し、公開に適した形式のデータを生成することも「情報的な整理」の一環と言えよう。

ここで、歴史資料の調査・整理業務において従事者に求められる能力・専門性を考えてみたい。「物理的な整理」では、資料の種類や作業内容にも依存するが共通した基礎的な資格として、学芸員資格が挙げられる。学芸員の主な職務内容として、博物館資料の収集・整理・保管・保存・展示・活用・調査研究などが定義されている。[1] 加えて、歴史資料の整理・保存に関する経験や、文献史

---
1 文化庁「学芸員について」 https://www.bunka.go.jp/seisaku/bijutsukan_hakubutsukan/shinko/ab

学・考古学分野などの学術専門能力・素養も不可欠である。一方、「情報的な整理」では、デジタルデータを対象としたデータ処理や公開データの生成など、情報処理・人文情報学分野における専門性と併せて、情報の意味を解釈し検証する能力が必要である。前者の情報処理に関しては、デジタルアーカイブの公開や機械可読性を有したデータの共有など、急速に進歩する技術への対応が求められるのに対し、後者の情報の意味的解釈については、学術的な観点からの情報の検証および解説の作成、人権への配慮や必要な権利処理の確認などの公開にむけた検証を行う能力が必要とされる。

　このように、歴史資料の調査から公開に至る過程には、多様な高い専門性と経験が必要であり、一個人が全ての分野・専門性に対して精通していることは稀である。実際の事業においては、複数の異なる専門性・経験を有した従事者が所属組織の枠を越えて互いに連携し、協同できる体制を構築することが、中長期的な視点からも最適な解であると、著者はこれまでの経験から感じている。AMANE では、2024 年現在、全 7 名のメンバー中、文献史学や美術・宗教史などを専門とする学芸員資格を有したメンバーが 6 名在籍しており、自治体や大学・研究機関などの専門機関と連携して歴史資料に関するさまざまな活動を実施している。

「人文学を社会にどのように開いていくのか」という問い

　「人文学を社会にどのように開いていくのか」という問いを「人文学に関する専門能力を獲得した人材がどのように社会において活躍できるのか？」という、より具体的かつ AMANE にとっても切実なテーマに落とし込みたい。学芸員や司書、文献史学を専門とする "人文学系学術専門人材" が活躍する機会・場の多様性が乏しい現状は、これまで複数の専門家・関係者が深刻な課題として警鐘を鳴らしてきた。ここでは AMANE のこれまでの経験に基づき、より具体的な課題と現状として以下の 3 点を挙げる。

out/index.html（アクセス日：2024-4-29.）

①学術専門人材に関する供給（養成）量・質の低下

　急速に進む人口減少・少子高齢化などの社会的な問題や、人文科学を専攻する学生の減少の傾向は、種々の報告書・統計データにより明らかとなっている[2]。大学・大学院において、歴史学などの文献史学を専攻するコースおよび希望する学生の減少は、専門人材の養成という観点からも深刻な課題である。特に、学部から修士課程・博士課程に進学する学生数は横ばいまたは減少傾向にあり、学術専門能力や経験を一定の期間をかけてじっくり習得・獲得することが困難になりつつある現実が存在する。

②職業的な選択肢の少なさ・不安定さ

　歴史学を専攻し学芸員資格を取得した人文系学術専門人材が就職する先として、公共博物館・資料館や自治体における文化財専門職・中高教員・大学に属する研究者が従来から一般的であった。その一方で、公共博物館などでは、雇用環境が不安定な非常勤職員の割合が増加しつつあり、大学教員についても任期付雇用が助教や講師を中心に一般化している[34]。この人文系学術専門人材が直面している労働環境の問題は、職場での定着率・満足度の低下などの直接的な結果への反映のみならず、①で述べた人文系学術専門人材を志す学生の減少にも少なからず影響を及ぼしている。これらの現状を踏まえて、人文系を含む高度学術専門人材が将来に渡り活躍できる新たな職業的な選択肢および安定的な就労環境の創出が急務であると考える[5]。

2　文部科学省「人文科学・社会科学系における 大学院教育改革の方向性」（中間とりまとめ）（令和4年8月3日　中央教育審議会大学分科会大学院部会）https://www.mext.go.jp/b_menu/shingi/chukyo/chukyo4/004/mext_01176.html（アクセス日：2024-4-29.）

3　文部科学省「学校教員統計調査 - 令和4年度（確定値）結果の概要 -」https://www.mext.go.jp/b_menu/toukei/chousa01/kyouin/kekka/k_detail/1395309_00005.htm（アクセス日：2024-4-29.）

4　公益財団法人 日本博物館協会「令和元年度日本の博物館総合調査報告」https://www.j-muse.or.jp/02program/pdf/R2sougoutyousa.pdf（アクセス日：2024-4-29.）

5　内閣府 科学技術・イノベーション推進事務局「博士人材のキャリア」https://www8.cao.go.jp/cstp/gaiyo/yusikisha/20230119/siryo1-1-1.pdf（アクセス日：2024-4-29.）

③新たなニーズの拡大・人文系イノベーション創出への期待

　学術専門人材の養成および職業選択肢に課題が存在する一方で、人文系学術分野での新たな事業に対する需要は拡大している。その要因としては、公的機関が実施する歴史資料調査などの文化事業において、民間企業を含めた外部の専門機関・組織と連携することが普及しつつあること、さらに、オープンデータ・オープンサイエンスの普及や博物館法の改正などの影響により、多くの資料所蔵機関において、資料情報の積極的な公開の機運が高まっていることなどが挙げられる。また、教育や観光分野などを対象としたスタートアップ企業の出現や人文情報学分野におけるイノベーション創出など、我々 AMANE も含めた新たな人文系イノベーション創出への期待は大きい。

石川県西田幾多郎記念哲学館　学術イベント youtube 配信

まとめ

　本稿では、AMANE 発足の経緯から人文系学術専門人材の活躍までを簡潔に記してきた。人文学という学術分野と社会との接点を考えた場合には、積極的な学術研究情報の公開・人事交流の実現・社会貢献の実施などが挙げられるが、職業的・事業的な関わりについても非常に重要な要素の1つであると考える。AMANE では、人文系学術専門人材による事業を推進していくとともに、若年層を含む社会の多様な構成層と人文系学術分野の将来を真摯かつ率直に考え議論する機会を AMANE では積極的に設けていく所存である。

25

#楽しむ

歴史的な奥行きを考えるおもしろさ

過去と現在との対話としての記念碑遠足のススメ

柳原伸洋

人文学を社会に開くには

　この問いについて、私的な経験をもとに、つまり記憶文化研究をめぐる経験から、人文学がどのように社会と関わっているのかについて考えていきたい。

　私はドイツ現代史、とくに空爆・空襲の歴史を研究している。もう少し広げていえば、「戦争と社会」の歴史ともいえる。そして、勤務先の東京女子大学では現代教養学部・人文学科に所属し、西洋近現代史を担当している。このような関係から「女性と教養」に関わる書籍をよく読むのだが、最近、印象的だったのは、小平麻衣子『夢みる教養：文系女性のための知的生き方史』である。同書で、小平は女子教育と教養との関係の近現代史を分析している。この書籍は内容そのものも興味深いが、私は最後の小平の「思い」に触れる部分にマーカーを引き、「重要」と書き込んだ。その箇所には、「権力のレトリックを分析するそのスキルこそ、人文系で手に入れられる知性である」と書かれ、続けて「そして何より、おもしろい」とあった[1]。

　「おもしろい」が、本稿では重要である。しばしば看過されがちだが、人文学を社会に開いていくための核には「おもしろさ」がある。本来、生徒・学生、いやすべての人にとって、学びの原初には「興味関心」があるからだ。しかし、この純朴ともいえる知的動機は、日本で喧伝される「人文学を学んでも就職後

1　小平麻衣子『夢みる教養　文系女性のための知的生き方史』(河出書房新社、2016年、184頁。)

には役立たない」という情報などで濁らされてしまっている。もちろん「現実」を無視するわけでもなく、しかもいわゆる「理系」に興味関心を持つ人を、無理矢理に人文学へと引き入れるつもりもない。「おもしろさ」は、自然科学にもそもそも備わっている性格なのだから。ただし、ここでは「人文学」にこだわり、もう一度、その原点に立ち返ることを意識しつつ、記念碑研究についてお伝えしていきたいと思う。

記憶文化の研究

　では話題を歴史学、そして記憶文化の研究に絞っていこう。そもそも歴史への関心の根っこには、「誰もが過去を持っているということ」と、そして「今は存在しない過去世界への興味」というものがある。学問としての歴史学は、第一には「過去の発掘」というような役割を担いつつも、多くは過去の世界の理解、あるいは現在と過去とを往還しつつ過去の事象を体系的に理解すること、思考する素材を生み出すことにあるだろう。そして、いわば記憶文化の研究は、現存する「記念碑」や「歴史展示」などを通じて、「過去の認識」に接近していく。もちろん「失われた記念碑」に対する歴史学研究も可能である。そして、記憶文化研究とは、現在のわれわれが「歴史」をどのように残すのか、あるいは伝えていくのかという点において社会と接点をもつ。

　私は、ドイツ留学時代から「記念碑遠足」を続けている。留学仲間や現地の人たちと、今では学生と「遠足」に出かけている。それで分かるのは、記念碑をめぐる周囲の情報の圧倒的な量である。例えば、地区内のどの位置に記念碑が置かれているのか。周囲の環境、それは匂いなどに至るまで、文献では知りえない情報のシャワーである。当然のことながら、しかし重要なのは記念碑は「場」にあるということだ。だが同時に、「場」の内奥には歴史的な時間の深さがある。また記念碑にたどり着くまで、たどり着いてからの遠足仲間との会話を通じた知的交流もある。こういった記念碑踏査は、とにかく知的に楽しい。

　大学の講義でも、記念碑研究についての話は比較的好評だ。その理由は「身近さ」であり、過去の認識についてメタレベルで考えることができる点にある

のだろう。だが、このテーマで卒業論文を書く学生は少ない。要は、方法論的には難しいのである。表象や展示、それらを分析することは、「過去だけ」を対象とする歴史学とは、一線を画している。

このまま抽象的な話をし続けていても、「おもしろさ」のイメージが湧かないだろう。よって、ここでは2020年にドイツ南部ギルヒングに建てられた記念碑への踏査とフィールドノートを伝えることで、その知的楽しさについて伝えたいと思う。

ドイツ南部のとある空襲記念碑

2021年8月6日、筆者はドイツにおける広島・長崎原爆の追悼のあり方調査するため、ミュンヒェン近郊ギルヒングに向かっていた。ただし、この日の調査目的は追悼式典だけでなくもう一つあり、そのために小一時間ほど小高い丘を歩き続けた。天気は快晴で風は気持ちよかったが、途中で道に迷い、飲み水

南ドイツ・ギルヒング郊外の空襲記念碑

を持参しなかったことを後悔しはじめたとき、ようやくたどり着いたその記念碑は、ひっそりと、しかし不思議な存在感を放っていた。

この記念碑は、後述するが空襲に関わる記念碑で、2020年に建てられたものである。ドイツ南部の小都市にある極めてローカルな記念碑だが、「新しさ」を有している。それを説明していこう。

真ん中の4つの木製ブロックの表裏には上段から、次のように刻まれている。

加害者—犠牲者 Täter - Opfer

権力—無力 Macht - Ohnmacht

罪—償い Schuld – Sühne

異郷—故郷　Fremde – Heimat

「加害者／犠牲者」、「権力／無力」、「罪／償い」、そして「異郷／故郷」という四つの箱はそれぞれ回転させることができる。つまり、回転によりさまざまな組み合わせが可能となる。「犠牲者—無力—罪—故郷」となるかと思えば、「犠牲者—権力—償い—故郷」ともなる、といったように計16通りの組み合わせを作ることができる。この記念碑は可動式ゆえに、空襲の経験をさまざまな観点から想起でき、回転させることによって、私たちもまた記念碑の「共同制作者」となる。この記念碑の「制作」に自らも参加できたかのような「たのしさ」が、ここにはある。そして、可動式であるがゆえに言葉のコンビネーションによる発見の「おもしろさ」も体験できる。

ギルヒング空襲記念碑は、「時間旅行」（Zeitreise e.V.）協会が2019年に開催した特別展「1944年夏、ギルヒング空爆」を契機として、翌20年7月18日にこの地に置かれた。記念碑の木材は旧市庁舎の建材を再利用している。旧市庁舎は1938年に建てられたもので、当初はヒトラー・ユーゲントの宿舎だったとい

2　この記念碑の動く様子は、設置団体による Youtube 動画でも観ることができる。 Denkmalei nweihung am Parsberg, https://www.youtube.com/watch?v=WPPSp4c4CIg,（アクセス日：2023-05-08.）

3　Denkmal für die Opfer von Krieg und Verfolgung. Feierliche Einweihung, in: Zeitreise Gilching e.V. (Hg.), Zeitreise Gilching 2021, 12-13.

う。そして、この記念碑の想起の対象は、ギルヒング空襲の「被害」だけでは
ない。それは、撃墜されたアメリカ軍爆撃機の搭乗員である。B24 搭乗員の4
人が死亡し、7人がパラシュート降下によって助かった。ギルヒングの記念碑は、
いわば「爆撃側の被害」も想起している。

　次に、この記念碑の製作者に目を向けたい。実は、彼らはギルヒングの広島
原爆追悼式典の参加者とも重なっており、この点は「越境」を考えるうえで示
唆的だといえる。「時間旅行」協会の代表であり、この記念碑を考案したアネッ
テ・ラインデル氏は、インタビューにおいて歴史を複数の視点から見つめるこ
との大切さを切々と説いてくれた。以下、その一部を引用しておこう。[5]

　（協会の活動で）戦争体験の証言映像を撮影し、そこで気づいたことがありました。
　戦争において、それぞれの立場はある見方からは被害者だったり、別の見方では
　反対に加害者だったりすることです。（中略）この記念碑では、「故郷」と「異郷」
　を回転させることによって、故郷とは何なのかを考えてほしいのです。

　東ドイツからの亡命者を祖父母にもつラインデル氏は、歴史証言という分
野に長らく関心を寄せていたという。彼女はイタリアで造園学を修め、さらに
カナダ・トロントの大学でパブリックアートを学んだ。いわば彼女自身には存
在しない「東ドイツ」という社会主義圏との関わり、「西側」世界としての南
ドイツやイタリアでの体験、そしてそれをパブリックに伝えるための経験等の
「歴史の層」が刻まれているのである。この経験が、この記念碑に活かされてい
る。そして、ラインデル氏はインタビューの最後に、「私は世界に開かれた人間
（weltoffener Mensch）なのです」と語ってくれた。

記念碑と「社会」

　この記念碑は、歴史学（人文学）をパブリックに伝えるラインデル氏の実践で
あり、回転させるという行為によって氏以外にも参加して記念碑「制作」を実

4　Denkmal für die Opfer von Krieg und Verfolgung. Feierliche Einweihung, in: Zeitreise. Gilching e. V.
　(Hg.) Zeitreise Gilching 2021, 12-13.
5　Anette Reidel 氏へのインタビュー（於：Museum Schichtwerk, in: Gilching）2023 年 3 月 5 日。

289

践できる。ここには、過去を石像・銅像など固定化してしまう記念碑の限界を超えようとする工夫が見られる。むしろ、この記念を通じて、過去を「加害・被害」で固定的に見るのではなく、自分自身で「制作」しつつ過去の複層性を体験できる。

　戦争の記憶は、とくに昨今、重要になっている。戦争とその記憶は、2022 年2 月のロシアのウクライナ侵攻や、2023 年 10 月のハマースによるイスラエルに対する襲撃と誘拐、それに対するイスラエルのガザ地区空爆など、私たちは過去と連続した現在の惨状に「巻き込まれている」。すでに事態が起きたとき、私たち人文学を学ぶ者は、常に「遅れ続けてしまう」状況にある。だが、今すぐにロシア・ウクライナやイスラエル・パレスチナに何かアクションを起こせなくても、即断せずに、しかしじっくりと考えるための基盤、それを生み出しているのが人文学である。過去の戦争について考えることを促してくれる素材としての記念碑を訪問し、過去を現在にどう位置づけていくかを考えること、これが枢要となっている。ただし、やはりその発露は興味関心である。いてもたってもいられない焦りの気持ちでもかまわないが、同時に「おもしろさ」であってもよいのである。思考することを「苦しみ」だけと結びつけると、「選択的な無関心」を生み出すだろうし、それは最初に述べたような「人文学は役に立たない」という思考停止的な言明に繋がっていくのである。

さいごに

　人文学にかぎらないが、「知らないことを知る」、そして「考えたことがないことを考える」ことは、自分の限界を知り、そしてその限界の範囲を押し広げてくれる。そこでは、知の謙虚さともいえる態度もまた重要になってくる。実は、本稿を執筆するにあたり、私は悩みに悩んだあげく、大学院ゼミや都内の某居酒屋などで、歴史学（人文学）を学ぶ意味は何かと愚直に聞き続けた。そこでは、「知の謙虚さ」と結びつくコメントが多かったのが印象的だった。

　2024 年 3 月、東京女子大学の学生 30 人弱でドイツ研修旅行に出かけた。その際に、少人数で日ごとに目的地を決めて訪問する方式を採り、主体的な参加と

経験という点を重視した。そして、参加者の何人かは記念碑を回ってきた。その半年後の9月、そのうちの数名とベルリンやポーランドの記念碑、そしてアウシュヴィッツなどの収容所を回った。彼女たちには、記念碑探訪を通じた人文学知を「おもしろい」と感じる芽が確実に芽吹いていたのである。

インターネットの普及は、世界のどこにいても何かを知ることへのハードルを下げた。しかし他方で、記念碑の「その場にしかないもの」を訪問する経験の価値は、体験の強度ともに高まってきている。いかにテクノロジーが発達しようとも、人間は一回きりの生を体験として生きる。人文学の学びは、今後も「そこでしか味わえない強烈な体験」とともに、知的好奇心（愉しさやおもしろさ）を伴いながら、その重要度を増していくことだろう。

26
#楽しむ

歴史フェス、はじめました
歴史を楽しみたい すべての人へ

歴史フェス実行委員会
（大谷哲、河西秀哉、菊池信彦、福島幸宏、藤野裕子、堀井美里）

はじめに

　2024年3月17日、名古屋大学を会場として、「歴史フェス」と銘打つイベントを開催した。趣旨文では「歴史フェスは、歴史に関心のある人が一つの場に集まって、ともに歴史を楽しむお祭りです」と謳った。フェスという形式にすることで、アカデミズムの垣根を越えて、歴史に関心のある多くの人が集まれる場を設けたのである。パブリックヒストリー概念の広まりとともに、学界では、研究活動も日常的・非専門的な行為も等しく歴史実践と捉え、それぞれを歴史する主体と見なす考え方が共有されてきている。しかし、歴史研究者・歴史ファンなど、歴史に関心のある多様な立場の人が場を同じくする機会は少なく、研究者と非研究者の関係は、教える－教えられるという一方向的なものに陥りやすい。両者の関係を変えて、将来的な協働につなげることが、歴史フェスの主たる目的であった。

　実行委員会のメンバーは、大谷哲（東海大学）・河西秀哉（名古屋大学）・菊池信彦（国文学研究資料館）・福島幸宏（慶應義塾大学）・藤野裕子（早稲田大学）・堀井美里（合同会社ＡＭＡＮＥ）の6名である。各々1~2セッションを担当し、企画した。運営にあたって懸念事項の一つは、このように場を広く開放した場合に、参加の共通理解・合意事項をどのように形成すればよいかという点にあった。差別・ハラスメントなどに関する指針を明記したガイドラインを設けて、申込みの際

にガイドラインを遵守することへの同意をとった。また、少人数での運営となるため、参加申込みは、現地参加約150名、オンライン参加約300名で締め切ることとした。

フェスの構成は、まず全体シンポジウムで開催趣旨を説明したのち、第一部として四会場に分かれてセッション1~4を同時並行して開催し、休憩をはさんで、第二部でセッション5~8を開催した。以下は、全体シンポジウムと各セッションの概要である。

全体シンポジウムでは、実行委員の藤野が企画の趣旨を改めて説明した。その後、フランス現代史の剣持久木氏（静岡県立大学）に登壇いただき、大学での「公共史」の取り組みに加え、フランスで毎年開催されているブロワ歴史集会について紹介していただいた。来場者3万人、登壇者1,000人というブロワ歴史集会は、伝統と規模において今回の企画とは比べものにならないが、こうした集まりの持つ可能性を示唆するものであった。

その後、フロアを含めた討論に入った。参加者から歴史フェスに関する感想・意見が多く出された。高校教員のほか、カフェ経営者など研究者以外からも発言があった。こうした場を待ち望んでいたという声もあり、ニーズの高さが感じられた一方で、フェスというからには音楽が欲しいという改善点や、このように場を開いた時に歴史否定論にどのように向きあうのかという懸念も出された。今回は初回であるため、結局は研究者が中心となった企画にすぎなかった。しかし、この場でさまざまな意見が交わされたこと自体が大きな一歩であり、回を重ねることで、本当の意味での「協働」の形が見えてくると考える。

（藤野裕子）

歴史フェス全体シンポジウムの様子

以下は、歴史フェス実行委員が担当した各セッションの概要である。なお、歴史フェスでは、本書に寄稿いただいた佐藤二葉と石棒

クラブのセッションもそれぞれあったが、この小稿ではその紹介を省いている。

　セッション２「**地震資料の利活用を考える in 東海－みんなで翻刻と減災古文書研究会の取り組み－**」は、加納靖之（東京大学地震研究所）、平井敬（兵庫県立大学大学院減災復興政策研究科）、森脇美沙（鉄道総合技術研究所）の各氏を中心に、名古屋を中心に地震や風水害に関する古文書を解読して被害の様相と復興の過程を明らかにし、今後の対策に活かす活動をしている「減災古文書研究会」のメンバーが多く参加して開催された。

　まず、加納氏からクラウドソーシングによって歴史資料の解読を一挙に推し進めようという「みんなで翻刻」プロジェクトの説明があった。続いて、平井・森脇の両氏をファシリテーターとして、「災害かわら版すごろく」の解説のあと、数チームに分かれて実際にプレイした。このすごろくは、1854年に発生した安政南海地震を伝えたかわら版をすごろくにして、遊びながら被害の様相を学べるものである。親子連れを含め、多くの方が歴史資料に「読む」以外の形で接する場となった。また、期せずして参加者同士の交流の場ともなった。

　いずれは確実に発生する東南海地震への防災意識の向上に、実際の歴史資料が活用されている。この企画を歴史フェスの一環で行えたことは、大きな意義があろう。

（福島幸宏）

　セッション３では、「**デジタルアーカイブを使いこなそう！－アジア歴史資料センターの魅力と活用法－**」と題して、国立公文書館アジア歴史資料センター研究員の中野良氏に登壇してもらった。

　実は、このセッションは、歴史フェスを計画して、そこから内容を考えたものではない。中野氏から以前、「アジア歴史資料センター（以下、アジ歴）について、名古屋で紹介したいのだが」という相談を受けていたことから始まっている。アジ歴はインターネットにつながっていれば研究者でなくても誰でも使える一方で、知名度の問題や活用の仕方など、一般に知られていないことも多い。アジ歴としてはその存在を世間に広めたいという意識があったのだろう。そこで、

歴史フェスを計画した際、そのなかの一セッションとして構成することを考えた。

　当日は、アジ歴に関する説明や検索システムの使い方などについて話があったあと、参加者が自身のスマホなどを使って実際に検索を試み、史料を閲覧するような実践の演習も組み込まれた。さらに、グロッサリーなど、アジ歴の特徴的なページも紹介された。参加者が、今後にこのサイトを活用していくことを期待できるセッションだった。

（河西秀哉）

　セッション4のタイトルは「**未来は明るい！？〜歴史学系学生のキャリア形成をめぐって〜**」である。大学・大学院で歴史学およびその関連分野を学んだ者の職業といえば、研究者、教師、公務員（学芸員）がすぐに思い浮かぶだろう。ただ、社会には、程度の差はあれ歴史学と関連する職業はもっと多くあるし、さらに、そうした職業によって、歴史学や人文学、もっと広く学術や文化活動が支えられている。本セッションは、特にこれから歴史学を学ぶ若者が、そのことに気づき、自分の職業選択に多様な視点を持てる機会となるよう企画したものである。

　登壇者5名は、先の三つの職業人のほか、デジタルアーカイブ系および学術調査系の民間企業の会社員である。まず始めに、各自が仕事の紹介、就職した経緯などを報告し、後半は、ワークライフバランス、民間企業と公務員との違い、仕事のやりがいやモチベーションなどを論点として、会場やオンラインでトークセッションを行った。

　セッションやアンケートの結果からは、歴史学系学生のキャリア形成について、これまで具体的に考える機会が極めて少なかった印象を受けた。歴史学を学んだ先に、どのような仕事、ひいては生活があるのか、これから直面する若者だけでなく、関係者はもっと真剣に考えてもよいと思う。

（堀井美里）

　セッション5のタイトルは「**歴史研究者の若手支援現場に聞く！歴史家ワークショップの活動紹介**」である。歴史家ワークショップとは、大学院生を中心とする全国の歴史系研究者を対象に活動をおこなう若手歴史系研究者支援組織。

歴史フェスでは全体シンポジウムとセッション以外に展示スペースを設けた

支援内容は、初めての外国語発表から外国語原稿の推敲と査読のノウハウ、一流国際誌への投稿、一般向け講演の技術と実践などなど。

当日は、ワークショップの運営者、実際に大学院生として支援を受けた経験者、さらには支援を受けただけでなく、ワークショップの運営にも加わって積極的に企画を行っているというメンバーに登壇いただいた。セッションの狙いはこうした活動自体をさらに多くの方に知っていただくこと、さらにはトークを通じて、歴史学研究者が期待されている研究作業・成果発信とはどんなことなのかを、研究者（の卵）以外の方にも知っていただく機会を作ることだった。

当日はツイキャス配信も同時に行った。配信への反応、会場での参加者の質疑を合わせ、若手歴史研究者へのサポートには一定の関心が寄せられていることがうかがわれた。しかしながらセッション4での取り組みと同様、より広範囲に若手支援のニーズと方法が共有される必要も感じた。　　　　（大谷哲）

　2022年のDALL·E 2やChatGPTの登場以降、生成AIの話題には日々事欠かず、ビジネスはもとより教育や研究の場面でも活用が模索されている。これを受けて、**セッション7「歴史教育と研究で生成AIをどのように使うか？」**では、「多くの教育・研究の現場でもその危険性に注意を払いつつも、もっとウマい使い方を模索しているのが現状ではないでしょうか？このセッションでは、『こんな使い方ができる！』『こういうのは面白いのでは？』といった歴史教育と研究それぞれの場面での生成AIの使い方を紹介しあいながら、その知見を共有しあいます。」という案内文を設定した。あまりカタいものになりすぎないようにしつつも、それでも2024年時点で考えられる注意点や利用可能性を共有することを

目指して行ったものである。

　セッション前半では、生成 AI の国語科教育での利用をテーマに、大井将生特任准教授（人間文化研究機構／国立歴史民俗博物館）が、教員と学生の実践事例を交えた報告を行った。後半は歴史研究での活用をテーマに、本セッション担当の菊池が歴史研究の研究サイクル全体での生成 AI の利用可能性について、大知聖子准教授（名城大学）は中国古代史の特定の研究テーマにそれぞれが焦点を当てて論じるものとした。

　生成 AI は、研究活動への参入ハードルを著しく下げ、教育でも多様な可能性を感じさせるものである一方、ハルシネーションへの危惧を背景に、歴史学は今まで以上に専門家の役割が重要と感じたとする参加者のコメントが印象的であった。

（菊池信彦）

　セッション８は、ツイキャス番組「**真夜中の補講**」の特別編として、歴史フェスの会場から同番組を配信する形式で行った。「ネガティブな歴史を、地域の力に変える？！」と題して、ゲストにみずしま財団研究員（当時）の林美帆氏をお招きし、藤野裕子が司会を務め、インタビュー形式で進めた。

　岡山県倉敷市の水島地区は、戦後にコンビナートが建設され、大気汚染による公害が深刻化した地域である。地域のネガティブな側面を、どのようにして未来に継承できるか。林氏からみずしま財団でのこれまでの活動についてお話をうかがった。林氏の活動は、専門家が歴史を書き、住民に伝えるという一方向的な形式をとらない。当事者・住民・専門家が一緒に昔の話を聞き、語りあい、その内容を協働で『みずしまメモリーズ』という冊子にまとめる。学びと交流の場として「みずしま資料交流館」を設立するに際しても、本棚作りから住民と協働した。

　当日は、会場の参加者とツイキャスのリスナーとの双方からコメント・質問が寄せられ、それらに応答しながら話を進めた。ネガティブな歴史を、住民と協働で、楽しみながら学び、継承する。その実践例を広く共有できたことが、歴史フェスのセッションとして意味があったと考えている。

（藤野裕子）

あとがき

　人文学の研究は「個人商店」に例えられる。「人文学」とひとくくりに言われるものの、実際は、分野それぞれで独自性が高く、また、「隣は何をする人ぞ」という状況が続いてきた。一部の「店舗」は繁盛しているが、業界全体としては、人文学への逆風もあり、学生数の減少からも後継者不足の危機感が増している。シャッター通りを経て更地になってしまうのでは——というのは悲観しすぎだろうか。

　本書がその状況を変えてみせると豪語する気は毛頭ない。だが、さまざまな分野で同様の危機感を背景に、似たような取り組みを行っているのであれば、やはり「ショッピングセンター」、あるいは少なくとも活気のある「商店街」を目指して、関心を同じくする者同士集まって議論したほうが建設的であろう。外国の学界ではすでにパブリックヒューマニティーズは研究領域として存在しているのであって、日本での議論のきっかけとなればと思ったのが、本書のそもそものきっかけであった。

　パブリックヒューマニティーズがその範疇に収めるような、社会への発信や市民との協働という実践活動は、これまで社会貢献活動などと捉えられてきた。そのため、研究活動としては一段低い、場合によって雑務として認識されることもあったように思う。しかし、本書で論じられているように、パブリックヒューマニティーズは学問史の中に位置づけられるものであり、決して研究活動の「外」にあるものではない。（だが、「内」としてとらえると今度は研究評価という別の問題も抱え込むことになり、このあたり悩ましい。）

　本書にご寄稿いただいた方々のなかには、ひょっとしたらこのような編者の考えに、そして、特に序文のまとめ方に、不満を感じた方もいらっしゃるかもしれない。なので、個々の論文・コラムの著者と編者との考えは必ずしも一致したものではないということをお断りし、そしてそのように感じた執筆者の方には深くお詫び申し上げたい。また、最後になってしまったが、本書の企画から刊行まで、思うように編集作業を進めることができず、原稿をいただいてからずいぶん長く執筆者の方々をお待たせすることになってしまい、慙愧に堪えない。ここに改めて執筆者の方々にお礼とともに、深くお詫び申し上げる。また、文学通信の渡辺さんにも長くご迷惑をおかけしてしまった。文学通信の皆様にも感謝とともに、深くお詫び申し上げたい。

酷暑の洛南にて

編者

●執筆者プロフィール ［※執筆順］

菊池信彦（きくち・のぶひこ）
→奥付参照。

菅　豊（すが・ゆたか）
東京大学東洋文化研究所教授。専門は民俗学。主要業績に『ヴァナキュラー・アートの民俗学』（編著、東京大学出版会、2024 年）、『鷹将軍と鶴の味噌汁――江戸の鳥の美食学』（講談社、2021 年）、『パブリック・ヒストリー入門―開かれた歴史学への挑戦―』（共編著、勉誠出版、2019 年）、『「新しい野の学問」の時代へ―知識生産と社会実践をつなぐために―』（岩波書店、2013 年）

岡本充弘（おかもと・みちひろ）
東洋大学名誉教授。専門はイギリス近代史・歴史理論。主要業績に『「小さな歴史」と「大きな歴史のはざまで」：歴史についての断章』（花伝社、2022 年）、『過去と歴史：国家と近代を遠く離れて』（御茶の水書房、2018 年）、『開かれた歴史へ：脱構築のかなたにあるもの』（御茶の水書房、2013 年）

松田　陽（まつだ・あきら）
東京大学大学院人文社会系研究科准教授。専門は文化遺産論、パブリックアーケオロジー。主要業績に『Reconsidering Cultural Heritage in East Asia』（編共著、Ubiquity Press、2016 年）、『実験パブリックアーケオロジー』（同成社、2014 年）、『入門パブリック・アーケオロジー』（共著、同成社、2012 年）、『New Perspectives in Global Public Archaeology』（編共著、Springer、2011 年）

関谷雄一（せきや・ゆういち）
東京大学大学院総合文化研究科教授。専門は文化人類学、アフリカ農村開発、人間の安全保障学。主要業績に『やわらかな開発と組織学習――ニジェールの現場から』（春風社、2004 年）、『社会人のための現代アフリカ講義』（共編著、東京大学出版会、2017 年）『震災復興の公共人類学――福島原発事故被災者と津波被災者との協働』（共編著、東京大学出版会、2019 年）

盛山和夫（せいやま・かずお）
東京大学名誉教授。専門は社会学。主要著書に『協力の条件――ゲーム理論とともに考えるジレンマの構図』（有斐閣、2021 年）、『リベラリズムとは何か――ロールズと正義の論理』（勁草書房、2006 年）、『制度論の構図』（創文社、1995 年）

川上郁雄（かわかみ・いくお）
早稲田大学名誉教授。専門は日本語教育学、文化人類学。主要業績に『「移動する子ども」学』（くろしお出版、2021 年）、『移動とことば』（共編著、くろしお出版、2018 年）、『公共日本語教育学－社会をつくる日本語教育』（編者、くろしお出版、2017 年）

トマ・コヴァン（Thomas Cauvin）
Associate Professor of Public History, Centre for Contemporary and Digital History, University of Luxembourg. 専門は Public History, Coproduction, Museums, Memory. 主要業績に Thomas Cauvin (2022), Public History. A Textbook of Practice, 2nd Edition, New York/London: Routledge.; Thomas Cauvin (December 2022), "A Public History of Monuments" Studies on National Movements 10(1), pp. 7-43, https://openjournals.ugent.be/snm/article/id/85740/ ; Nicole Basaraba and Thomas Cauvin "Public

history and transmedia storytelling for conflicting narratives" in Rethinking History: The Journal of Theory and Practice, March 2023, https://doi.org/10.1080/13642529.2023.2184969

徳原拓哉（とくはら・たくや）
神奈川県立横浜国際高等学校／東京大学大学院情報学環学際情報学府修士課程。専門はパブリック・ヒストリー、ポピュラー・ヒストリー、アメリカ黒人史、歴史教育。主要業績に「教室空間・教室外空間・歴史文化・ライフ〜 IB 歴史教育と再帰的視座としてのパブリック・ヒストリー〜」（『社会科教育』786（10）、2024 年 9 月）、「インターネットが変える世界──周縁に置かれた人たちの Black Lives Matter 運動」（『つなぐ世界史 3 近現代 /SDGs の歴史的文脈を探る』清水書院、2023 年）、「歴史総合における問いのスケール化とカリキュラム──『フラクタル構造としての問い』モデル」（『山川歴史 PRESS』7、2022 年 2 月）

光平有希（みつひら・ゆうき）
国際日本文化研究センター総合情報発信室・助教。専門は音楽史、東西医療文化史。主要業績に『ポップなジャポニカ、五線譜に舞う──19 〜 20 世紀初頭の西洋音楽で描かれた日本』（臨川書店、2022 年）、『「いやし」としての音楽―江戸期・明治期の日本音楽療法思想―』（臨川書店、2018 年）、『国際日本文化研究センター所蔵 日本関係欧文図書目録　第 4 巻』（共著、フレデリック・クレインス編、臨川書店、2018 年）

山野弘樹（やまの・ひろき）
東京大学大学院総合文化研究科博士課程。専門はリクール哲学、VTuber の哲学。主要著書に『VTuber の哲学』（春秋社、2024 年）、『VTuber 学』（共編著、岩波書店、2024 年）、『独学の思考法』（講談社、2022 年）

石棒クラブ（せきぼう・くらぶ）
①**三好清超**（みよし・せいちょう）
飛騨市教育委員会課長補佐・学芸員・石棒クラブ創業メンバー。専門は古代瓦、文化財行政。主要業績に「関係人口とともに埋蔵文化財を楽しむ飛騨市・石棒クラブの取組」（『月刊文化財令和 4 年 11 月号』文化庁監修・第一法規出版、2022 年）、「関係人口と共働した文化財と博物館資料の活用―飛騨市モデルの報告―」（『デジタル技術による文化財情報の記録と利活用 4 ―オープンサイエンス・Wikipedia・GIGA スクール・三次元データ・GIS ―』奈良文化財研究所、2022 年）
②**上原　惇**（うえはら・しゅん）
フリーランス（石棒クラブ創業メンバー）
③**小林遼香**（こばやし・はるか）
IT 企業勤務（石棒クラブ二期メンバー）

佐藤二葉（さとう・ふたば）
俳優・演出家・古代ギリシア音楽家・作家。主要著書に漫画『アンナ・コムネナ』（星海社、2021 年〜）、『うたえ！エーリンナ』（星海社、2018 年）、小説『百島王国物語』シリーズ（星海社、2019 年〜）

庄子大亮（しょうじ・だいすけ）
関西大学等非常勤講師。専門は西洋文化史（西洋古代神話の継承・影響）。主要著書に『アトランティス＝ムーの系譜学〈失われた大陸〉が映す近代日本』（講談社、2022 年）、『世界の見方が変わるギリシア・ローマ神話』（河出書房新社、2020 年）

北村紗衣（きたむら・さえ）
武蔵大学人文学部英語英米文化学科教授。専門はシェイクスピア、舞台芸術史、フェミニスト批評。2024年6月から2025年3月までトリニティ・カレッジ・ダブリン図書館ウィキメディアン・イン・レジデンス。主要業績に『シェイクスピア劇を楽しんだ女性たち——近世と観劇と読書』（白水社、2018年）、「ウィキペディアにおける女性科学者記事」（『情報の科学と技術』70巻3号、2020年）、『批評の教室——チョウのように読み、ハチのように書く』（筑摩書房、2021年）

内山大介（うちやま・だいすけ）
淑徳大学地域創生学部教授。専門は民俗学・博物館学。主要業績に『山口弥一郎のみた東北ー津波研究から危機のフィールド学へー』（共著、文化書房博文社、2022年）、「震災・原発被災と日常／非日常の博物館活動ー福島県の被災文化財と「震災遺産」をめぐってー」（『国立歴史民俗博物館研究報告』第214集、2019年）

五月女賢司（さおとめ・けんじ）
大阪国際大学国際教養学部准教授。元吹田市立博物館学芸員。専門は博物館学。主要業績に『発信する博物館：持続可能な社会に向けて』（共編、ジダイ社、2021年）、「コロナの記憶を残す：吹田市立博物館の取り組みとその課題・展望」（『日本史研究』705号、2021年）、『挑戦する博物館：今、博物館がオモシロイ!!』（共編、ジダイ社、2018年）

青木真兵（あおき・しんぺい）
人文系私設図書館ルチャ・リブロキュレーター。専門は土着人類学。主要著書に『武器としての土着思考　僕たちが「資本の原理」から逃れて「移住との格闘」に希望を見出した理由』（東洋経済新報社、2024年）、『手づくりのアジール——土着の知が生まれるところ』（晶文社、2021年）、『彼岸の図書館——ぼくたちの「移住」のかたち』（夕書房、2019年）

橋本雄太（はしもと・ゆうた）
国立歴史民俗博物館研究部准教授。専門は人文情報学、歴史情報学。主要業績に「歴史資料のオープンデータ化とシチズンサイエンスの可能性」（『歴史学研究』1028号、2022年）、Yuta Hashimoto, et al. "Crowdsourcing as Collaborative Learning: A Participatory Annotation Project for the Photographic Materials of Shibusawa Eiichi", *Digital Humanities* 2022, pp. 479-283, July 2022.

矢野浩二朗（やの・こうじろう）
大阪工業大学情報科学部教授。専門は教育工学。特にVR・メタバースおよびAIの教育への応用について研究している。主要業績に『思考し表現する学生を育てるライティング指導のヒント』（共著、ミネルヴァ書房、2013年）、『アクティブラーニング型授業としての反転授業［実践編］』（共著、ナカニシヤ出版、2017年）、Yano K. A Platform for Analyzing Students' Behavior in Virtual Spaces on Mozilla Hubs. *Communications in Computer and Information Science*. 2023, 1904, 209-219.

池尻良平（いけじり・りょうへい）
広島大学大学院人間社会科学研究科准教授。専門は歴史教育、教育工学、ゲーム学習。主要業績に Ikejiri, R., Yoshikawa, R., Sumikawa, Y. Designing and Evaluating Learning System for Collaborative Historical Analogy. *International Journal of Educational Media and Technology*. 2019, 13, 1, 6-16.、「真正な社会参画を促す世界史の授業開発：その日のニュースと関連した歴史を検索できるシステムを用いて」（共著、『社会科研究』84巻、2016年）、「歴史的事象を現代の問題解決に応用する力を育成する教材のデザインと評価」（共著、『教育メディア研究』19巻1号、2012年）

福島幸宏（ふくしま・ゆきひろ）
慶應義塾大学文学部准教授。専門は、デジタルアーカイブ、アーカイブズ、図書館情報学。主要業績に『ひらかれる公共資料：「デジタル公共文書」という問題提起』（共編著、勉誠社、2023年）、『デジタル時代のアーカイブ系譜学』（共著、みすず書房、2022年）、『占領期の都市空間を考える』（共著、水声社、2020年）など。

大川内直子（おおかわち・なおこ）
株式会社アイデアファンド代表取締役、国際大学GLOCOM主任研究員。専門は文化人類学、科学技術社会論。主要著書に『アイデア資本主義　文化人類学者が読み解く資本主義のフロンティア』（実業之日本社、2021年）

堀井　洋（ほりい・ひろし）
合同会社AMANE代表社員。専門は情報システム学。主要業績に「"強靱な"学術資料デジタルアーカイブの実現にむけた考察と試行」（共著、『情報知識学会誌』33巻2号、2023年）、「"逐次公開"の考え方に基づいた学術資料調査・整理・公開に関する考察」（共著、『デジタルアーカイブ学会誌』3巻2号、2019年）

柳原伸洋（やなぎはら・のぶひろ）
東京女子大学現代教養学部人文学科歴史文化専攻教授。専門はドイツ現代史（空襲・戦争の歴史と記憶）。主要業績にジェームズ・ホーズ『超約　ドイツの歴史』（監訳、東京書籍、2024年）、『ドイツ国民の境界　近現代史の時空から』（分担執筆、山川出版社、2023年）、『ドイツ文化事典』（編集幹事、丸善出版、2020年）

歴史フェス実行委員会のメンバー
①**大谷　哲**（おおたに・さとし）
東海大学文学部歴史学科西洋史専攻准教授・せんだい歴史学カフェメンバー。専門は古代ローマ史・初期キリスト教史・熊の文化史。主要業績に「インターネット歴史学コンテンツと社会への発信―「せんだい歴史学カフェ」の活動より―」『史苑』79巻2号、2019年）、「『ヴィンランド・サガ』の世界を語る！歴史とサガとエンターテイメント！―せんだい歴史学カフェ座談会　幸村誠氏を囲んで―」（共著、『東海大学文学部紀要』110号、2020年）
②**河西秀哉**（かわにし・ひでや）
名古屋大学大学院人文学研究科准教授。専門は日本近現代史。主要業績に『皇室とメディア―「権威」と「消費」をめぐる一五〇年史―』（新潮社、2024年）、『うたごえの戦後史』（人文書院、2016年）
③**菊池信彦**（きくち・のぶひこ）→奥付参照
④**福島幸宏**（ふくしま・ゆきひろ）→上記参照
⑤**藤野裕子**（ふじの・ゆうこ）
早稲田大学文学学術院文化構想学部教授。専門は日本近現代史。主要業績に『都市と暴動の民衆史――東京・1905–1923年』（有志舎、2015年）、『民衆暴力――一揆・暴動・虐殺の日本近代』（中公新書、2020年）など。
⑥**堀井美里**（ほりい・みさと）
合同会社AMANE業務執行社員。専門は日本近世史。主要業績に「幕末期の日本海海運業者と政治情報活動」（見瀬和雄 編『中近世日本海沿岸地域の史的展開』岩田書院、2024年）、「「地域資料情報継承記録モデル」の構築と課題」（共著、『情報知識学会誌』31（4）、2021年）

［編著者］

菊池信彦（きくち・のぶひこ）

国文学研究資料館准教授。
専門は西洋近現代史、デジタルヒストリー、パブリックヒストリー。
主要業績に『19世紀スペインにおける連邦主義と歴史認識』（関西大学出版部、2022年）、ジョナサン・ブレイニーほか著『デジタルヒストリーを実践する　データとしてのテキストを扱うためのビギナーズガイド』（共訳、文学通信、2023年）。

［執筆者］

菅　豊／岡本充弘／松田　陽／関谷雄一／盛山和夫／川上郁雄／Thomas Cauvin／徳原拓哉／光平有希／山野弘樹／石棒クラブ／三好清超／上原　惇／小林遼香／佐藤二葉／庄子大亮／北村紗衣／内山大介／五月女賢司／青木真兵／橋本雄太／矢野浩二朗／池尻良平／福島幸宏／大川内直子／堀井　洋／柳原伸洋／大谷　哲／河西秀哉／藤野裕子／堀井美里

人文学を社会に開くには。
パブリックヒューマニティーズから考え・行動する

2025（令和7）年3月31日　第1版第1刷発行

ISBN978-4-86766-087-6　C0000　Ⓒ 著作権は各執筆者にあります

発行所　株式会社 文学通信
〒113-0022　東京都文京区千駄木2-31-3 サンウッド文京千駄木フラッツ1階101
電話 03-5939-9027　Fax 03-5939-9094
メール info@bungaku-report.com　ウェブ https://bungaku-report.com
発行人　岡田圭介
印刷・製本　モリモト印刷

※乱丁・落丁本はお取り替えいたしますので、ご一報ください。書影は自由にお使いください。

ご意見・ご感想はこちらからも送れます。上記のQRコードを読み取ってください。